China Nonprofit Review Vol.30 2022 No.2

本刊编辑部地址：清华大学公共管理学院429室
电话：010-62771789
投稿邮箱：chinanporev@163.com
英文版刊号：ISSN：1876-5092；E-ISSN：1876-5149
出版社：Brill出版集团
英文版网址：www.brill.nl/cnpr

中国非营利评论

清华大学公益慈善研究院 主办

第三十卷 2022 No.2

社会科学文献出版社
SOCIAL SCIENCES ACADEMIC PRESS (CHINA)

本刊得到明德公益研究中心的资助

明德公益研究中心
Philanthropy and NGO Support Center

激情 · 阳光 · 专业

卷首语

　　持续三年的疫情终于结束了。

　　癸卯春节，一次京城小聚中，受"一滴入魂"的催化，"三人行"升维为"三公周行"计划。以海南为起点，开启了我与刚师超师兄弟三人以周为单元的说走就走之旅，名为"果行"。

　　果行之旅从三亚入，经保亭、万宁、琼海、文昌、澄迈、海口，又回三亚，果行一周。所谓"三公"者，非古人所谓庙堂之三公，自谓如下三义：一曰三位家公，二曰三个主公，三曰三件公器。家公者谓三人皆为各自家长；主公者谓三者皆为所在机构领域的大佬；公器者谓三公皆致力于公益慈善之理论研究、人才培养与社会行动。

　　果行自排日程，自租自驾，自订酒店餐馆，自带茶酒，自备器皿，无应酬无接待无公务，于自由中体会三公果行之畅行畅饮畅思畅叙畅欢畅乐，自在自为，自得其乐，于自然无私中体悟公益：人生当致公益，果行当有三公！

　　果行，取自《周易·蒙》卦象辞"君子以果行育德"，强调果断出行，提升君子的道德境界。此次果行之旅，一扫三年疫情不敢出行之虑，将重压在我们身心之上的各种事物格式化，历云雷经纶，享饮食宴乐，持有孚饮酒，行明慎之旅，且有神鸟连接天地之间，在内观里仁、外润明德的果行之程中，不断共创迭代，为此后三公的思想和实践奠定了扎实的基础。

　　疫情之后的新生活，在果行中开始。

　　本卷以公益慈善为主题，入选的多篇论文及案例，从不同视角展现了公益慈善的光和影：有互联网公益，有社会企业，有枢纽型组织，有跨国公益，有网络慈善，有乡村振兴，有政社关系，有越轨与规范，有领导力，有慈善共同体和公信力，亦有跨越时代的善堂以及民国时期的医疗慈善等。公益慈善以果行育德，在实践中不断创新，在创新实践及其思考和研究中积小善成公益，积善成大德。

2023 年，注定是不平凡且果行的一年。翻去了三年疫情厚重的卷页，许多事情都要重来，包括我们的生活、内心和状态，也包括公益慈善及其研究。清华大学公益慈善研究院和明德公益研究中心共同推动的"家慈善与财富传承"项目正式启动，我和王杰、苏建诚三位教授共同发起和推进的"两岸文化探源田野研究"第一阶段成果《田野研究报告大陆卷》即将付梓，我们共同开发的主要用于支持该项目的"三个教授"系列产品（酒茶等）及其公益专项基金已产出并启动，以台湾五大家族为主要对象的台湾田野研究随着赴台解禁也将成行，如此等等。果行诸端，在阳康后的今天，育德和健康尤为重要。

果行一周后，我带着几位学生开始在三亚不及斋统稿。这次我们有一篇博士学位论文和三本书，压力不小。所幸基础打得好，三亚正值一年中最适宜的气候和时节，我们紧锣密鼓、夙兴夜寐，终于在新学期开课前收工返京。

高一的那路学业很重。周末偶有空和我聊起"第三次分配"，他问："彩票属于第几次分配？"他说政治课上讲到这个概念，他问老师不解。我们讨论，他若有所悟。孩子的成长和社会的重建一样，需要耐心和包容。

诚如复卦的卦辞所云："反复其道，七日来复，利有攸往。"

王 名

2023 年 3 月 7 日

于求阙堂

目　录

CONTENTS

NP

华人善堂的历史转型与当代发展[*]

——以旅港顺德绵远堂为例

景燕春　朱健刚[**]

【摘要】经历了清末民国的革故鼎新以及新中国成立之后的社会主义改造和改革开放，传统的善会善堂并没有如一些研究者所认为的那样成为历史记忆，而是继续在当代社会的脉络之中延续和发展。旅港顺德绵远堂创始于 1876 年，迄今依然活跃在香港和顺德两地，其历史发展与当代转型为我们提供了一个探究此类善堂的鲜活案例。本文以绵远堂为例，结合田野调查和历史文献，力图呈现这一华人传统善堂 140 余年的发展和转型，以此来丰富当下对公益慈善组织的研究。从绵远堂的百年发展历程中我们可以看到，华人祖先崇拜的文化认同、地缘性的同乡网络和全球性的慈善网络贯穿其发展的全过程，成为该组织延续与发展历程中具有稳定性的因素，持续地推动着组织的发展和演变。

【关键词】善堂；华人社团；绵远堂

---

* 本文为国家社科基金一般项目"铸牢中华民族共同体视阈下侨乡慈善的文化逻辑与动力机制研究"（22BMZ041）的阶段性成果。

** 景燕春，宁夏大学民族与历史学院讲师，硕士生导师，研究方向：海外华人与侨乡慈善研究；朱健刚，南开大学社会学系教授，博士生导师，中国社区建设研究中心主任，研究方向：公益社会学、发展人类学、非营利组织发展。

一 引言和问题的提出

在《中国善会善堂史研究》一书中，日本学者夫马进指出，善会善堂作为"民间自发结社而经营的公共事业"（夫马进，2005：644），在明末至民国的三百余年间，在中国各地蓬勃发展，显示出了中国民间社会的活力。同时他的研究也指出，中国传统的善会善堂到清末开始式微，因为它们或者陷入官营化和徭役化的危机无法自拔，或者自身无法完成近代化的转型而被国家吸纳，抑或因为理念无法相容而被政府取缔（夫马进，2005）。除了香港的保良局和澳门的同善堂，"其余所有的善会善堂基本上都在中华人民共和国成立之后消失了"（夫马进，2005：643）。今天国内学界依然深受夫马进这一观点的影响，然而实际情况并非如此。虽然经历了剧烈的社会变革，依然有一些发轫于清末的传统善堂经受了政治经济的巨变而延续至今，和当代的公益慈善组织一起，构成了华人慈善组织发展的图景。旅港顺德绵远堂就是其中的典型案例。

旅港顺德绵远堂（以下简称"绵远堂"）是1876年由旅港的顺德商人在香港发起成立的善堂组织，1930年正式注册为香港可豁免缴税的慈善机构，也是香港现存为数不多的具有百年历史的慈善机构之一。成立之初的绵远堂以围绕顺德人运棺和祭墓展开的慈善活动为中心，此后随着海外华人逐渐在移居地定居以及香港社会环境的改善，原籍归葬和义葬逐渐成为历史，绵远堂的服务宗旨也在逐渐转变，1980年以后开始转向以关爱社群、造福桑梓为核心。其慈善服务集中在医疗、教育和敬老三个方面，并在香港和顺德两地开展其慈善活动。本文基于2015～2017年在顺德和香港两地对绵远堂的田野调查和目前尚存的绵远堂的历史档案，以时间为轴，梳理绵远堂这一传统善堂140多年的发展历程，以此来探讨这类具有悠久历史并绵延至今仍然保持活力的传统善堂，其发展延续的内在动力究竟是什么。

二 文献回顾

传统中国的慈善活动以家族、宗教及官方的慈善救济为主。一个普遍被接受的观点认为，明末清初中国出现了专业的慈善组织，中国善堂善会的历史也正是从那时开始的。陈宝良、夫马进、梁其姿等都曾对中国的善堂做过重要的研究（陈宝良，1996；夫马进，2005；梁其姿，2013），研究主要聚焦处于明清地方社会之中的慈善组织和慈善活动，探讨其在国家与社会之间的角色和功能。

近年来，开始有学者关注那些在当代复兴并重新活跃的传统善堂之历史与当代发展的研究，这些研究拓展了我们有关此类慈善组织的认识。陈岱娜通过考察中国潮汕与马来西亚善堂互动的过程来探讨跨国社会场域建构如何推动传统善堂的复兴和延续（陈岱娜，2016）。陈蕊等关于改革开放之后潮州传统的大吴善堂如何在停滞近30年后再度发展的研究，指出大吴善堂之所以得以复兴和继续发展，其原因在于海外潮人及当地政府"引侨""联侨"政策共同发挥作用（陈蕊、杨锡铭，2020）。韩俊魁则通过汕头存心善堂的个案研究，指出历经百年延续至今的存心善堂集中体现出如下的特征：民间信仰驱动型、志愿性、内敛性、网络结构松散和专业性弱。他指出存心善堂无论是在组织名称、组织形式、制度还是慈善文化方面都表现出极强的延续性。信仰驱动的组织使命和捐款、相对封闭的慈善文化、内敛性的会员制、坚持古老的款物使用而非占有原则等制度，使得存心善堂能够延续至今依然保持活力（韩俊魁，2020）。

上述研究虽然角度不同，但兴趣大都集中在这类具有较长历史的慈善组织延续的动力上。正如章晓丹的研究所指出的，宗教信仰和慈善活动的结合是潮汕地区善堂得以生存和发展的关键（章晓丹，2020）。陈志明等基于对中国潮汕及东南亚地区奉有一位或多位神祇的拜神善堂的研究进一步指出，对这类善堂来说，慈善传统和宗教因素对其成功立足与持续发展都起到了关键作用，宗教性质增强了这些善堂的适应能力，而在需要强调其非迷信性质的时候，布施乐善的传统也有助于确立其世俗和慈善的形象（陈志明、孟庆波，2014）。此外，还有学者努力挖掘这类善堂延续的宗教信仰驱动之外的其他动因。

这些研究为我们理解传统中国的慈善组织提供了重要的支撑，但其视野仍然是聚焦中国内地的善堂，并未触及在中国香港和海外创立、与中国地方社会保持互动的善堂组织。而关于海外华人及侨乡社会的研究中对这类华人善堂则有不少关注。

高伟浓研究早年美国的华社善堂与华侨的落叶归根，他指出早年旧金山的一些会馆下属的善堂就是为了服务于这一目的而建立起来的，例如三邑会馆下属的南海福荫堂（1855）、番禺昌后堂（1858）、顺德行安堂（1858），冈州会馆下属的新会福庆堂和鹤山德厚堂，宁阳会馆下属的积庆堂，阳和会馆下属的12个善堂。在善堂成立之后，原来由会馆承担的这部分功能就逐渐转移到由善堂专责处理。并且这些善堂具有一些共同的特征：都在继续服务于本邑同胞的身后善事，都拥有稳定的物业、管理制度和机构使其可以长久地存在（高伟浓，2006）。钟大荣等对泰国华侨报德善堂百余年的发展历程进行了分阶段梳理，并概括出其在扩大宗教慈善的影响、凝聚华人社群、获得移居地主流社会认可、与"文化原乡"中国保持良好关系等方面的功能，以此来理解报德善堂延续百年的原因（钟大荣、王珊珊，2014）。景燕春对旧金山顺德行安堂的研究则指出，这样的传统华人社团杂糅了祖先崇拜的华人文化和现代非营利机构特征，使其可以在160多年的发展历程之中，成为推动海外顺德人面向家乡举行慈善活动的组织化力量，而以顺德家乡为核心的慈善活动和慈善网络也为其持续发展拓展了空间（景燕春，2018）。香港是华人向海外移民的重要中转地，同时也是海外华人返乡之路的中间点，因而，在同期的香港也成立了提供类似服务的机构，最显著的例子就是东华义庄（东华三院的前身）。东华三院随后发展出一套华人的全球运棺网络，为遍布世界各地的华人提供原籍归葬服务，借此也形塑了一个华人的全球慈善网络（叶汉明，2009）。本研究正是希望在前人研究的基础上，在全球华人社会的视野中来考察华人善堂的历史发展和当代转型。

三　初创期：以"义坟"祭拜为象征符号建立乡缘组织

　　1842年鸦片战争结束之后，香港开埠。越来越多的闽粤先民赴港谋生。由于地理区位上的邻近，顺德人赴港谋生的高潮大概也是从此时开始兴起，彼时也正是香港华人社会兴起的时期。在早期香港的华人社会中，华人在港死亡之后的义葬和祭拜是一项重要的工作，此时，在港谋生的地缘性群体主要参与到这样的公共事务之中。

　　绵远堂的成立也缘起于对华人义坟的祭祀和管理。早在绵远堂成立之前，在香港谋生的顺德人就承担了两座义坟的管理工作，它们分别位于西环摩星岭和下环咖啡园。关于西环摩星岭义坟的由来，文献记载如下：

> 西环义坟，有碑记沥石，"始由同治五年丙寅，四环盂兰值理，目击溪

谷草莽之间，旅榇鲜主，权厝无碑，乃将醮务余赀，拨充善举，搜拾遗骸八百余具，蒙当轴允许，合瘗于摩星岭。内有八十骨骸杂遝，莫分甲乙，瘗于中穴，排骼承骨，石盖而窆封之。又环骸塔八十，共成一大穴。其六百余具，各储新塔，每三塔一穴，层列共堂，阅数月而工竣"（照碑记录）。死者男女姓氏里居，均无可考，大率死于同治丙寅以前，或十年或数十年。其人生时，当在港埠未开，或初开，概可知矣；其人不能有据证实为我邑同乡，又可知矣（道光二十二年开港埠帆船往来，其时我邑人到港必不多）。[①]

据此，西环义坟是由"四环盂兰值理"设立的。根据香港早期华人社会的相关文献记载，西营盘、太平山、上环及中环等四区街坊曾于 1857 年成立盂兰委员会，负责盂兰节的筹备工作，包括巡游、宗教仪式、演戏、街道装饰和布施，以悼念先人。罗耀生根据义坟设置的时间来推测，指出这座义坟埋葬的并非顺德籍人士，因为这座义坟设立的时间是同治九年（1870），而捡拾掩埋的骨骼则估计是死于此前十数二十年，也即 1850 年前后。据此推测，义坟中埋葬的华人先民大致生活在香港未开埠之时及至开埠之初，而那个时候顺德人到港谋生的其实并不多，出现一处集中掩埋近千人的大规模顺德义冢的可能性几乎没有。

尽管如此，义坟一旦设立，就需要有人定期管理和祭拜。梁鹤巢和一群顺德商人在 1876 年发起成立了旅港顺德绵远堂，"诸公等，集资创立绵远堂，举办清明重九致祭本港义坟之事……心种福田，惠施幽宅"[②]。除了梁鹤巢之外，参与发起的顺德商人还有李泽庭、梁侣楷、刘荫泉、梁炳南等："联经商各行各业，有金山行曾荣珍、岑月泉，当押行黄宗晓、梁侣楷，银业界李阜声，杉木行谈振男，油漆行霍熙亭，搭棚行何信，街市肉行梁昌茂，省陈渡黄文耀，杂行陈瑞生、苏澄溪、李凤山等多个行业，共同组合，乐捐巨款为堂基金，筹得银币共达 2780 余两。群策群力，集腋成裘，奠定绵远堂今日基础。"[③]

梁鹤巢及各行各业的顺德商人最初集资成立绵远堂，主要的职责就是义坟的管理和定期祭拜。每年清明、中秋的春秋二祭，绵远堂都要招贴长红或者登

---

① 旅港顺德绵远堂《征信录》（1939 年）。

② 罗耀生：《初刊征信录弁言》，载旅港顺德绵远堂《征信录》（1939 年）。

③ 相关资料见于绵远堂 130 周年特刊（内部刊物，出版时间为 2006 年）。

报公告，邀约同乡前来参加祭祀义冢的事宜，拜祭义坟时，除了要准备香烛、纸帛、金猪之外，还要由当年的值理颂祷祭墓祝文，集体致礼之后，祝文要连同香烛纸帛烧掉。

1930 年前后绵远堂的清明祝文如下：

> 维 年 月 日乃清明之辰也，顺巳绵远堂值理等，谨以金猪食楮帛之仪，致祭于义冢诸亡灵而告之日，清明节届今，野草蒙茸。梨花飞白今，杜鹃啼红。羁魂怀乡今，莫知西东。莫知西东今，维天则同。达观随遇今，任大冶之陶镕。退一步思今，化万虑而皆空。彼或孤魂废祀今，求食无从。或耕犁而蹂躏今，泉潦激冲。兹则一水杯无盖今，马口高封。乡亲口至今，代扫蒿蓬。纸钱布奠今，麦饭虔供。魂今魂今，无悲以恫今。你安尔宫今，毋为历于山中今。尚飨。①

在华人移民社会，"义冢"往往葬的是无亲人后嗣处理善后和祭祀的孤魂。定期祭拜"义冢"是地方士绅的责任，以此来确保孤魂不来侵扰本地居民。在香港早期的华人社会，华人移民中的绅商主动承担起祭拜"义冢"、祈福地方的职责。在 19 世纪新加坡及东南亚海外华人的宗乡社群之中，通过建构和祭祀社群共祖实现宗乡社群整合，是海外华人社群整合的途径之一，而社团名下的总坟、义坟则成为社群共祖的象征（曾玲，2007），成为衍生华人社团的一种机制：以义冢、总坟作为中介设立"社群共祖"，使之具备社群认同象征的特性，以具体操作和落实坟山崇拜来完成对华人移民社群的整合（曾玲，2001）。桑高仁也注意到了类似的现象，他对台湾祭祀公业和神明会等崇拜组织的研究指出，华人"以形式和功能上十分类似血缘组织的非亲属基础，建立社团"（Sangren，1984），华人社团的这种华人性反映在运作规则的弹性和适应性上，这些社团包含了轮替、工商决议以及委员会的阶层组织等机制。

而绵远堂的创立正是以义冢设立"社群共祖"进行社群整合和凝聚的一个典型例子。旅居香港的顺德商人通过集资建堂管理义冢并定期拜祭的方式参与到早期香港华人社会的社区治理之中，以集体的方式承担起在传统乡村社会之中由乡

---

① 资料来源：旅港顺德绵远堂 140 周年会刊（内部刊物，出版时间为 2016 年）第 48 页。

绅所承担的社会功能。通过对归于其名下的义冢的管理和祭拜,一方面这些旅居的顺德商人可以在当地社会中站稳脚跟,另一方面,通过"社群共祖"的义冢将旅居的顺德移民凝聚在一起,结成团体,参与地方事务,提升商人的地位以保护自己的利益和商业的发展。与东南亚社会相比,香港与移民家乡的距离更近,因而除了在香港华人社会的经营之外,绵远堂还于1895年在家乡顺德大良建立怀远义庄并设立义冢,转运从海外经香港东华三院还乡的骨骸。可以说,绵远堂完成了其作为同乡慈善机构的早期符号建构,从而实现了双边的社群共祖的祭祀,以完成对移民社群的凝聚以及与家乡之间的频密联系。

四 发展期:参与全球运棺,开展家乡慈善,建构顺德人的全球慈善网络

东南沿海地区的先民沿着水路下南洋进而散居世界各地,香港因其特殊的政治经济地位,成为华人向海外移民的重要中转地,同时也是海外华人返乡之路的中间点。在19世纪末20世纪初,为了达成海外华人落叶归根的心愿,在香港,逐渐发展出了以东华医院为核心的一套华人全球运棺网络,主要服务于遍布世界各地的华人。东华医院主要作为联系中国与海外的枢纽,而在香港的各地会馆则承担着由香港往内地家乡转运的功能(叶汉明,2009)。旅港顺德绵远堂也由此成为嵌套在东华三院的全球运棺网络之中服务于顺德移民的华人社团,承担起将运抵香港的顺德同乡的棺柩转运回顺德大良进行安置的职责。

绵远堂得以成功嵌入东华医院的全球运棺网络之中,要从它的主要发起人梁鹤巢说起。梁鹤巢(即梁云汉,又名梁安,字鹤巢,广东顺德人)是19世纪60年代香港华人社会中重要的华人领袖。在发起绵远堂之前,梁鹤巢在1870年创办了香港东华医院并担任总理,1871年参与创立了广州爱育善堂,之后的1880年他又参与创办了香港保良局并在其中担任要职。成立之初的绵远堂与东华医院一度保持非常密切的联系,[①] 正是由于与东华医院的这种密切关系,绵远堂成立之后不久便嵌入东华医院的全球运棺网络之中,为海外顺德移民提供

---

① 根据叶汉明的研究,在东华三院的董事会记录中,有关于绵远堂从东华三院提取经费的内容,绵远堂的公产一度交由东华医院托管,直到19世纪90年代中期因在大良修建怀远义庄才将这笔钱从东华三院全部取出。

原籍归葬服务。绵远堂之所以能够实现在香港和顺德两地之间的运棺，有赖于绵远堂与顺德地方士绅合作在顺德大良兴建的怀远义庄。也正是通过在家乡大良的怀远义庄和在香港的东华医院的全球运棺网络，绵远堂成为早期顺德海外移民与家乡联络的枢纽。

关于大良怀远义庄的兴建，有文字记载如下：

> 溯其缘起，乃逊清光绪廿一岁次乙未（1895 年）顾煜炜、刘荫泉、吴永年、卢荣光、何斐然、顾洪熙及龙光等邑人，鉴于海外邑人，远离桑梓，他乡作古，旅榇无归，仁者所惜。有感于此，邑中贤达，发起筹募倡建怀远义庄之举，由绵远堂发起，募得巨款，觅得大良佩江碧鉴海边龙窝社坊内兴建义庄。自怀远义庄建成后，从此先友不致凄风冷雨，骨骸无所栖息，海外先友在天之灵，足慰于泉下矣。①

由这段记载可知，怀远义庄是由顺德和香港两地的顺德籍人士联合发起、共同兴建的。时隔 27 年之后的 1923 年，顺德本地的绅商、旅港的顺德商人和南洋各埠的顺德移民再次共同发起募捐，对怀远义庄进行重修。

> 民国癸亥年（1923 年）商务局主席梁弼予、刘星昶发议，以义庄正座日久恐防倾塌，应当筹款重修，共推苏震朝、龙翰臣等办理，连注视勘需款 9000 余元，历八个月而竣工，是役由何华生经手向南洋各埠劝募得银 1800 余元。②

负责向南洋筹款的何华生（1871～1945）是顺德伦教人。他是瑞昌药行和鹦鹉牌药品的创始人，被称为香港华人药业的先驱。他的"鹦鹉牌良药"在 20 世纪初风行省港和东南亚，其药铺分号遍布两广及东南亚；与此同时，他还非常热心慈善事业，担任东华医院及香港保良局的总理、香港华商总会常务理事、香港顺德商会主席等，同时他还是绵远堂的永远理事③。

---

① 旅港顺德绵远堂《征信录》（1939 年），"补录怀远义庄义坟地址方向所在"。
② 旅港顺德绵远堂《征信录》（1939 年），"补录怀远义庄义坟地址方向所在"。
③ 旅港顺德绵远堂《征信录》（1939 年）。

和兴建义庄时相比，重修义庄时的筹资范围显然是扩大了，从基于顺德和香港两地顺德人的筹款网络，扩展到"南洋各埠"。从中我们能看到，义庄重修的募款网络、绵远堂会员的商业网络以及顺德海外华人的移民网络叠加在一起。这显示出，成立之后的50多年里，由于参与到全球运棺的慈善网络之中，绵远堂在顺德海外华人同乡群体中的影响力逐渐得到提升和扩展。

1923年重修怀远义庄，绵远堂共捐资白银4700余两。重修时采用水泥混凝土结构，并且用红石砌了台阶。从那之后，棺椁沿大良河运抵义庄的时候，上下就方便了很多（绿榕，1985）。根据现有资料初步估计，在从1876年到1950年的74年间，通过绵远堂的网络运抵顺德家乡进行原籍归葬的旅外乡亲有数千人。

到1937年，因为停厝在义庄的棺柩过多，棺满为患，由海外运回来的骨骸无法存放，绵远堂计划再筹建一间"邑中海外先友停厝所"。但正在策划这件事的时候，抗日战争全面爆发，时局动荡，于是这个计划就搁置了。1949年之后，随着民族国家的兴起，海外华人逐渐转向定居，从"落叶归根"转向"落地生根"，海外华人的全球运棺网络逐渐走向终结，绵远堂的慈善事业也随之发生转变。

在参与东华三院的全球运棺事业时，绵远堂与大良怀远义庄形成一个跨境合作的实体，扮演了顺德海外移民与家乡联系的中间枢纽角色，在很长一段时间之内都是顺德家乡与海外之间的中介。与此同时，绵远堂还很重视在香港和家乡顺德两地敦睦乡谊的慈善行为。绵远堂在香港的次活动主要是兴办义学，1938～1942年，绵远堂在香港举办养正义学，为顺德旅港同乡的子女提供平民教育。另一方面，绵远堂还以顺德家乡为中心开展慈善活动，辐射到了广东省及上海，慈善活动的主要内容是救灾赈济，也包括建医院这样的义举。

早在20世纪初，顺德遭遇水灾，绵远堂就积极组织募款支援家乡救灾。绵远堂1930年的《章程》中规定，每年用于顺德家乡的各种慈善支出不能超过当年会内实际收入的25%。1931年，粤省水灾，为响应东华医院赈灾，联合捐赠善款，送交东华医院代为施赈；1932年上海风灾，哀鸿遍野，联合捐款送交东华医院代为施赈，得到东华医院总理致赠的巨匾赞扬善举，以作留念；1938～1941年，顺德出现饥荒，绵远堂与旅港顺德商会发起募捐赈灾，得到温哥华及南洋邑侨响应，举行平粜，买米运返顺德各乡，以赈济饥民，渡过厄困，办理平粜工作达三年之久，直到 1941 年才结束。日军占领香港之后，绵远堂的陈伯益、李间笙、黄灼臣、简萼云、潘晓初、区汇川、刘星昶、罗韫赤、梁秀彝、何智煌等协助政府解决劫后民生问题，联手筹募善款，租赁专门的船只，运送在港的顺德人返乡避难。这一事项持续了两年之久。绵香顺德家乡的慈善活动成为绵远堂慈善事业中除了运棺和春秋二祭之外与家乡保持联系的重要方式。

从绵远堂成立直至 1949 年的 70 多年的历史我们可以看出，通过处理移民社群的死亡、安置与安抚事务，以为其后参与运送海外顺德移民的骨殖返乡，在处理移民死亡的过程之中，绵远堂逐步确立起其立足香港整合顺德移民社群的地位和功能，而每年拜祭义坟的仪式性行为不断加强香港的顺德同乡对社团的认同，从而将顺德海外移民的商业网络、地缘网络及慈善网络整合在一起。

五 当代转型：以顺德家乡为核心的慈善网络的重整

1949 年之后，绵远堂与顺德及怀远义庄之间的联系中断，跨境运棺、祭拜义坟、救灾赈济等活动都逐渐停滞。直到 1975 年前后，随着中国逐渐开放与境外海外的联系，在顺德地方政府积极联络华侨华人、引进外资发展地方经济的大背景之下，绵远堂恢复了与家乡顺德之间的联系。

1976 年春，绵远堂的会员何植发回乡探亲，得悉怀远义庄原址仍存。当时义庄所在地已被占用举办大良水上子弟学校，原来停厝在义庄里的骨殖和棺柩都被迁移到后山停放。当地居民罗监澄代表绵远堂向当局反映，请求政府拨地营葬骨灰。第二年，绵远堂的会员刘小吾、李锐志、李君勉等为这件事情，专门回乡拜访顺德有关部门，陈述大良义庄历史，力争领回义庄。经过协商和沟通，最终于 1977 年由地方政府在原址背后的猪仔岗拨出一段山地，把积存在后山的 101 件棺柩骨骸火化，安葬骨灰，并立"怀远海外先友公墓"石碑。从此之后，绵远堂每年清明、重阳的春秋二祭都会组织会员回乡扫墓，称为"公祭"，以表达对先友慎终追远之意。至此，在中断联系数十年之后，绵远堂恢复了与家乡顺德之间的联系。

20 世纪 80 年代，绵远堂进行改组，在保持传统的前提之下，重新确定了组织的愿景使命，定位为一个跨境的慈善组织，在顺德和香港两地开展慈善服务，服务领域集中在教育、医疗、敬老、扶贫助困几个方面。绵远堂及其会员先后在大良捐资兴建凤城敬老院、大良医院、吴宗伟托儿所（社区活动中心）、清凉法苑幼儿园，修缮锦岩公园，并且参与了顺德县政府发起的大型的公共事业的募捐活动，诸如顺德教育基金百万行，顺德体育中心、顺德职业技术学院的筹建。2000 年以后，绵远堂与大良医院合作建设了健康管理中心及口腔中心并进行持续的捐赠和医生的培训，促成顺德职业技术学院与香港理工大学合作培养人才，在大良慈善会设立贫困大学生助学金。刘鼎新是刘氏家族在绵远堂的第五代传人，绵远堂自 20 世纪 80 年代以来的转型和改组基本上是在他父亲和他的任内完成的。刘鼎新还担任顺德的政协委员，并且一直致力于推进顺德的医疗体制改革，他希望借助自己的医学背景和在香港医学领域的关系网络，帮助顺德建立起更加科学合理的社区医疗体系和全科医生制度。

除了这些大型和专项的公益慈善活动之外，绵远堂每年春秋二祭回乡祭拜公墓的时候，都会组织会员及家属、后代走访绵远堂在顺德的捐赠项目以及顺德本地的慈善项目，并进行捐赠活动，在开展慈善活动的同时，加强会员及移民二代、三代对家乡的了解和认同。与此同时，利用在香港进行春秋二祭的机会，绵远堂也会邀请顺德的各级政府官员到香港进行短期的参访，了解香港的公共设施和服务、绵远堂在香港的捐赠项目。

绵远堂依然保留了其作为一个早期华人社团最核心的认同要素：关于祭墓的传统。只是祭拜义坟的传统与当代社会的需求进行重新整合，以另一种方式呈现出来。

1990 年，绵远堂提出在大良兴建"怀远纪念堂"（骨灰楼）的设想。而当时内地刚刚开始推行殡葬改革，提倡火葬。绵远堂建骨灰楼的提议，恰好符合地方政府的政策需求，于是受到地方政府的重视。对于绵远堂来说，这是恢复其慈善传统的行动，旅港乡亲响应地方政府的政策号召，推动地方政府进行殡葬改革，得到了地方政府的大力支持。大良镇政府无偿拨出邻近怀远义庄旧址和"怀远海外先友公墓"的一块大约 800 平方米的山地，绵远堂投入大约 100 万元用于工程及配套设施建设，兴建"大良怀远纪念堂"，并且委托大良镇的侨联会具体协助开展工程和工程监理。工程从 1990 年启动，到 1992 年完成。

新建的怀远纪念堂为庭院式布局，占地 838 平方米，建筑面积 572 平方米，两座二层主楼分别位于东西两侧，中间有一条连廊贯通两座主楼。纪念堂内总共有骨灰（牌）位 1438 个。大门右侧主楼上下两层为公共的灵骨堂，提供给本地乡亲及绵远堂会员的亲戚朋友等安放金塔，收费远低于市场价。另一栋楼的一楼作为接待室，楼上则作为绵远堂会董及会员和家属存放金塔的独立空间，绵远堂的会董和亲属如果愿意在去世后将骨灰送回家乡，可以使用这些专属的位置，满足了绵远堂成员落叶归根、原籍归葬的内在需求。怀远纪念堂的收入除用于维持怀远纪念堂日常运作管理和庭院修缮保养之外，主要用于绵远堂在顺德本地的公益慈善活动。20 世纪 90 年代担任大良侨联主席、副主席的两位侨务干部，一直承担着为绵远堂管理怀远纪念堂的工作，退休之后仍然义务承担这项工作至今。

这座纪念堂的建成，意义非凡。用大良老侨干黄姨的话说，"公墓和纪念堂的建成，彻底地把绵远堂的根留在了顺德。只要有公墓在，有绵远堂的会董们的先人骨灰停厝在此，绵远堂的人就一定会回来，不管到多少代，都是一样的"（访谈记录：DB-HYY-201704）。

而事实也是如此。春秋二祭作为绵远堂的古老传统和信仰，是绵远堂每年两次最重要的例行公事。虽然参加春秋二祭的以年长的会员为主，但也有年轻一代的会员参与其中。笔者在香港访问了前任会长潘生，他说：

> 春秋二祭这样的事情，从我个人来讲是没有太大兴趣的，但因为有一班老人家在，有堂的规矩在，就有一个基本盘，我也就得跟着去。（访谈记录：HK-PS-201610）

恰恰是这种社团的制度与祖先崇拜的华人文化结合在一起，形成了一种体制化的力量，每年两次香港及从香港移民海外的绵远堂会员从世界各地赶赴顺德，开展各种各样的慈善和祭祀活动。

20 世纪 90 年代，伴随着中国在海外的大规模乡团主义运动，顺德市政府动员顺德籍海外华人华侨和港澳同胞成立了世界顺德联谊总会，绵远堂作为香港最早成立的顺德人的同乡社团，也加入其中并成为理事单位，从而再次接入世界性的同乡网络之中。

改革开放之后，绵远堂借助家乡顺德改革开放、招商引资的契机，借助自己在香港及海外的商业网络，成功地重新嵌入家乡地方社会之中，在协助地方政府招商引资的过程中，绵远堂逐渐通过重建公墓和纪念堂、恢复春秋二祭、在顺德开展慈善事业、参与家乡改革开放的各项公益事业的建设，重整其香港和顺德两地的慈善网络。

六 华人传统善堂延续的动力：移居地社会、家乡与华人信仰

夫马进基于史料剖析上海同仁辅元堂经历剧烈社会变革但依然能够持续运作的原因，指出稳定性是重要的因素：业务范围、资金、经营团队的稳定性使它的经营基础没有发生改变，这也避免了善堂徭役化和官营化的危机，使得善堂历经剧烈社会变革但依然能够持续运作（夫马进，2005：533～599）。而处在中国与海外华人世界中间地带——香港的旅港顺德绵远堂，从清末服务同乡原籍归葬的传统善堂发展到当代关注医疗、教育、敬老等事业的公益组织，在一百多年的历史中实现了从旧式的华人善堂向现代慈善组织的转型，已然成为华人慈善的文化样本（景燕春，2022）。

通过对绵远堂历史与现状的考察，我们试图从移居地华人社群的推动力、祖籍地的拉动力以及华人信仰文化的催化力三个方面来理解传统善堂延续至今的动力机制。

（一）移居地华人社群的推动力

华人在移居地建立社团，凝聚社群，融入移居地社会。而社团精英则通过经营社团来实现其在移居地和祖籍地双边的社会地位提升。华人社团的持续发展，一方面为移民群体提供社会支持和保护，帮助他们更好地融入移居地社会，另一方面，在经营社团的过程中，社团领袖也在不断地积累和提升自己的社会声望。随着中国在世界范围内影响力不断提升，与祖籍国保持密切的联系也成为海外华人社团发展的重要动力。海外华人社团作为一种重要的推动力量，推动寓居华人与他们在顺德的家乡之间建立起联系，从而凝聚和重整顺德人的跨国网络；另外，在这个推动的过程之中，海外华人社团也获得了自身发展的空间、动力和合法性，并且社团成为社会资本积聚、个人社会身份和阶层提升的空间，从而成就和塑造了一批社团的领袖，为其实现社会阶层的转换提供了可能性。

（二）祖籍地家乡的拉动力

改革开放以来，华侨华人被视为重要的"资源"，侨务工作与国内经济发

展、文化传播、扩大海外影响的目标联系起来。在这一思想的指导下，国家和地方政府的侨务政策都积极鼓励海外华人华侨加强与祖籍地之间的联系。20世纪90年代以来，顺德在世界范围内的乡团运动也在客观上再次激发了顺德籍海外华人社团的活力，地方侨务干部则借助深入人心的"爱国华侨"观念，借助"乡亲"与"乡情"的动员以及政策资源、社会关系网络，恢复与海外顺德乡亲之间的联系与互动。这成为海外华人社团持续发展的重要拉动力量。

（三）慎终追远的华人信仰的催化力

绵远堂最初成立时模拟血亲的"社群共祖"，祭祀顺德旅居香港的先民，此后这种社群认同成为凝聚移居地社会的重要象征符号。这种模拟血亲的信仰方式成为绵远堂的文化基础并且一直延续下来。这一套文化机制是与祖籍地共享的，因而在与家乡顺德中断联系近三十年之后，绵远堂还能通过重新安葬解放前运回家乡的海外先友骨殖、建立公墓、恢复春秋二祭、建怀远纪念堂，重建与顺德家乡之间的慈善网络。与此同时，也实现了当代绵远堂会员及其亲属落叶归根、归葬原籍的愿望，这实为海外华人在居住地以社群共祖的方式凝聚社群这一策略的反向运用。这种方式，更加强化了绵远堂在顺德与香港两地之间的文化纽带作用，为绵远堂在顺港两地的跨地域慈善活动奠定了坚实的文化基础。

七　结语

正如华若璧对香港新界宗族祭墓的研究所指出的那样（华若璧，2011），像绵远堂这样的传统善堂，将华人祖先崇拜的信仰与顺德人海外移民的经历结合在一起，一方面保持与祖籍地的联系，另一方面又嵌入全球的地缘性网络中，从而具有持续运作的文化动力，这也成为持续地推动传统华人社团及其周围的海外移民不断地与家乡进行互动和联系的文化动力。在140多年的发展历程之中，绵远堂逐渐从一个传统的华人社团转变为具有现代组织特征的慈善团体，在香港与顺德之间进行跨境慈善活动；从早期以东华三院为核心的全球运棺网络的一部分转变为当代积极参与顺德地方政府在全球范围内建构起来的全球性乡团网络。这些都使得社团能够获得持续发展的动力，而以顺德家乡为核心的慈善活动和慈善网络都为其持续发展拓展了空间。

参考文献

陈岱娜（2016）：《转型中的"侨"与跨国社会领域——以潮汕与马来西亚善堂的互动为例》，《广西民族大学学报》（哲学社会科学版），第 5 期。

陈宝良（1996）：《中国的社与会》，杭州：浙江人民出版社。

陈宝良（2011）：《中国的社与会》，北京：中国人民大学出版社。

陈蕊、杨锡铭（2020）：《多维度视角下的潮人社会与侨乡文化——以潮州市大吴善堂为例》，《潮学研究》，第 2 期。

陈志明、孟庆波（2014）：《善堂——中国、新加坡和马来西亚的慈善寺堂》，《华侨华人历史研究》，第 2 期。

〔日〕夫马进（2005）：《中国善会善堂史研究》，伍跃、杨文信、张学锋译，北京：商务印书馆。

高伟浓（2006）：《早年美国的华社善堂与华侨的落叶归根》，《华侨华人历史研究》，第 3 期。

韩俊魁（2020）：《本土传统慈善文化的价值与反思——以汕头存心善堂为例》，《文化纵横》，第 4 期。

华若璧（2011）：《纪念先人：中国东南部的坟墓与政治》，华琛、华若璧：《乡土香港：新界的政治、性别及礼仪》，张婉丽、盛思维译，香港：香港中文大学出版社。

景燕春（2018）：《华人移民慈善的动力机制：以广东侨乡顺德为例》，《华侨华人历史研究》，第 4 期。

景燕春（2022）：《绵远堂：华人慈善的文化样本》，《中国慈善家》，第 4 期。

梁其姿（2013）：《施善与教化：明清时期的慈善组织》，北京：北京师范大学出版社。

绿榕（1985）：《香港顺德绵远堂与凤城怀远义庄》，《顺德文史》，第 7 期。

叶汉明（2009）：《东华义庄与环球慈善网络：档案文献资料的印证与启示》，香港：三联书店（香港）有限公司。

曾玲（2007）：《坟山崇拜与 19 世纪新加坡华人移民之整合》，《思想战线》，第 2 期。

曾玲（2001）：《"虚拟"先人与十九世纪新加坡华人社会——兼论海外华人的"亲属"概念》，《华侨华人历史研究》，第 4 期。

章晓丹（2020）：《慈善与信仰的探索：以潮汕善堂为中心》，《潮学研究》，第 2 期。

钟大荣、王珊珊（2014）：《泰国华人慈善组织的主要功能及其对中国慈善组织的启示——以华侨报德善堂为例》，《华侨大学学报》（哲学社会科学版），第 3 期。

Sangren，P. S.（1984），"Traditional Chinese Corporation：Beyond Kinship," *The Journal of Asian Studies* 43（3）.

Historical Transformation and Contemporary Development of Chinese Shantang

—Take Shunde Mianyuantang of Hong Kong as an Example

Jing Yanchun & Zhu Jiangang

[**Abstract**] After the revolution of the late Qing Dynasty and the Republic of China, and a series of political waves of the People's Republic of China, the traditional Chinese Shanhui and Shantang did not become a historical memory as some researchers thought, yet it continued to exist and develop in the context of contemporary society. Shunde Mianyuantang of Hong Kong （旅港順德綿遠堂）, which was established in 1876, is still active in Hong Kong and Shunde. Its historical development and contemporary transformation provide us with a vivid case to explore this kind of charitable organization （shantang）. Based on field work materials and historical documents, this paper takes Mianyuantang as a case to study the continuity and transformation of this Chinese traditional charitable organization in the past 140 years, so as to enrich the current research on charitable organizations. Tracing back to the development of Mianyuantang, we can see that the cultural identification of Chinese ancestor worship, the geographical network of fellow villagers and the global charity network run through the whole process of its development, becoming a stable factor in the continuation and development of the organization, and furthermore, promoting its evolution.

[**Keywords**] Shantang; Chinese Traditional Charitable Organization; Mianyuantang

责任编辑：马建银

互联网公益中的组织间共同创新与目标控制[*]

——以乐捐平台月捐项目为例

赵文聘　宋程成　乔丽楠[**]

【摘要】互联网公益天然是一个多元主体互动的场域，主体互嵌、多维赋能、目标控制，是互联网公益组织间合作并共同创新以面对技术更迭的可行方式。互联网月捐是公益组织与乐捐平台合作推出的一种创新公益项目，展现了主体互嵌下的月捐合作、多维赋能下的月捐开展、月捐开展中的一致性控制等实施过程，清晰地呈现了多元主体共同创新的推动框架，并展现了不错的功效。但在实施过程中仍面临主体嵌入约束力不足、多维赋能功效弱化、控制手段失灵、创新乏力等难题，需从制度上赋予组织间嵌入合法性和约束力，营造多元赋能赋权的公益氛围，推动一致性控制机制不断创新，激发各主体的能动性并有效约束各主体，促进其履行职责，进而使互联网公益领域产生更多有益创新。

【关键词】互联网公益；月捐；退捐；公益契约

---

　* 国家社科基金 2021 年重大项目"发挥第三次分配作用促进慈善事业健康发展研究"（21&ZD184）。

** 赵文聘，中共上海市委党校（上海行政学院）发展研究院教授、硕士生导师；宋程成，上海财经大学公共管理学院副教授、硕士生导师；乔丽楠，上海交通大学国际与公共事务学院研究生。

一　问题的提出

互联网公益形式日益多元，与传统社会公益形式相比，互联网公益大大提升了社会公益参与的便捷性、可及性和透明度（徐家良，2018），具有共享性、开放性、交互性及多向连通性特征，以及促成多元主体间开展合作的天然品质。民政部构建了统一信息平台（慈善中国网站），并依据法律授权已经遴选出30家互联网公开募捐信息服务平台，这些平台和各种纽带型组织如慈善联合会等在号召组织参与、组织协作、推动项目上线开展上具有突出优势，在促进组织协同合作、信息交流、资源配置等方面发挥着枢纽性作用。当前随手公益、人人公益、合作公益等社会公益新局面出现，社会公益实践日益丰富，社会公益主体日趋多元。我国互联网公益以互联网公开募捐信息服务平台作为基础依托，体现出合作化发展特征。互联网平台一方面作为信息交流平台，解决了公益市场中供应方与需求方的信息不对称问题；另一方面作为资源链接平台，促成了各方诉求资源与供给资源的对接，降低了跨界合作成本（王爱华，2019）。

相比于单一主体的公益实践样态，多元主体合作的方式能够链接资源、彼此赋能、共同创新，有力地支持公益行业发展。但在约束机制无力、目标一致性得不到贯彻时，多元主体合作同样面临巨大挑战。互联网公益实践中，多元主体合作往往会遇到关系松散、合作艰难等困境，也经常陷入能力提升缓慢、创新不足的尴尬境地，同时又饱受价值偏离、冲突矛盾和合作约束机制乏力、偏差行为频生的滋扰。互联网公益天然是一个多元主体互动的场域，既有着最活跃的资源，又面临众多考验。多元主体之间如何有效合作？如何避免偏差行为，通过组织间控制实现良性发展？这些亟待解决的问题，需要理论和实践的回应和解答。

二　文献回顾与分析框架

福利多元主义主张社会福利应该由公共部门、营利部门、非营利部门和家庭社区等多元主体协同供给（林闽钢，2002），鼓励架设多元福利提供者的框架（彭华民、黄叶青，2006），公益领域的多元合作也是大势所趋，但"多元"

本身并不是最终目的，互联网条件下需要"多元"参与来共同促进公益健康创新发展。共同创新是一种使用新技术与客户等外部资源共同创造价值的趋势（Romero & Arturo，2011）。这种新的创新范式将各种来自内部和外部资源的新思想和方法集成到一个平台，以产生新的组织和共享价值（Saragih & Tan，2018）。每个合作伙伴也可能拥有自己的合作伙伴组织网络。共同创新的平台可以在产品、用户、价值、效率和模式上进行价值创造。共同创新是一个平台，各种来自内部和外部的新想法或方法被应用，为包括消费者在内的所有利益相关者创造新的价值或体验。共同创新平台建立在思想融合、协作安排和与利益相关者共同创造经验的原则之上，核心要素包括共同参与、共同创造和共同价值创造（Lee，Olson & Trimi，2012）。共同创新可以促进社会改革，为利益相关者创造共享价值。依托于互联网技术的互动如线上社群被视为促进共同创新的最有力的方式之一（Bugshan，2015）。越来越多的主体通过线上媒介促进共同价值创新（Raasch，Herstatt & Lock，2008）。

（一）共同参与中的主体互嵌

Polanyi 等在 1944 年首次提出嵌入性概念并将其用于经济分析中（Polanyi & MacIver，1944），经过 Granovetter（1985）等学者的拓展，嵌入性已经成为一个分析经济社会的关键视角。嵌入被用来形容多主体的彼此衔接与互动（王名、张雪，2019），能够使得各主体能动性提升，形成赋权（纪莺莺，2017）。在主体互嵌下，各主体既是独立运作的系统，又嵌入其他主体中（符平，2009），进而各主体产生了一体化的倾向（刘世定，1999）。

已有研究表明，嵌入性直接影响组织间合作（Lee，et al，2004）。主体互嵌反映的是主体建立合作、社交网络（Hagedoorn，2006）。主体的资源可以跨越主体之间的边界，主体可以嵌入主体间的资源和例行事务中，因此，主体互嵌能够共享特定的资产、知识，互补资源与能力并促进有效治理；此外，主体间合作经验积累有助于缓解信息不对称，促进建立信任关系，故而有助于消弭过高的交易成本（Dyer & Singh，1998）。主体互嵌能够自我强化，这是因为主体受合作主体不断重复的关系的影响，在复杂现实中，在有限信息决策下，为了降低建立合作关系的搜寻和筛选成本，主体倾向于与既有合作主体进行合作（Chung，Singh & Lee，2000）。

数字平台重塑着各个行业（Drewel，et al.，2020），链接各方主体和资源

（Parker，Van Alstyne & Jiang，2016），互联网公开募捐信息服务平台既是公益实践的重要主体，又在创新中扮演着重要角色，是多元主体参与的窗口，公益行业也因平台发展再焕活力。平台并不是一个简单的信息发布工具，互联网公益联动着多元主体，例如非公募的公益组织通过寻求与公募机构的合作，获取在互联网公益平台上开展募捐活动的资质，多方在这个过程中联动。不同主体的角色也在时刻转化，公众、公益组织、公益平台，从捐赠者、受助者、监督者，到互联网公开募捐信息服务平台、社交媒体，呈现线上线下联动的面貌。互联网公益合作共同创新，有赖于合作各方在互联网公益平台完成深度互嵌。

（二）共同创造中的多向赋能

共同创新是各方主体通力合作共同创造的过程，在这个过程中各方会在一定程度上互相赋能。赋能一方面强调赋权增能（empowerment），即侧重于主体资格和权力，是一个积极的、参与性的过程（Rappaport，1987），通过赋权，个人、组织和社区层面都能获得更大的控制、效力和社会福祉（Solomon，1976）。赋权是创造性地分配权力，当更多主体共同分享信息、知识和责任时，总体权力会增加，所以赋权是一种非零和博弈；赋权所涉及的既包括正式权力，也包括非正式权力（雷巧玲，2006）。以往，赋权理论通常局限于个人研究，但已有研究关注到组织层面的赋权，其包括组织内、组织间和组织外的赋权（Peterson & Zimmerman，2004）。其中，组织间的赋权包括组织可以获得其他组织的社交网络（Gulati & Gargiulo，1999）并参与联盟活动（Foster-Fishman，et al.，2001），这能够促进组织间合作（Baum & Oliver，1991）与资源获得（Zimmerman，et al.，1991）。

赋能另一方面则强调促进提升主体行动能力（capacity building），即侧重于主体的能力建设。李长文认为，我国社会组织能力建设的特点与时代背景紧贴合，有本土化、规范化、专业化等特质，且多元主体间合作是公益组织能力建设中的活力因子（李长文，2013）。赋能蕴含着数字时代组织变革和创新的潜在能量与前进方向，赋能在主体间的建构需要满足一些必要条件，如平等的关系、创新精神、有强大支撑的平台以及良好的合作机制（罗仲伟等，2017）。赋权与赋能二者相辅相成，"能"代表着主体的行动能力，而"权"暗含着行动的空间，赋能更具有战略性和持久性，有助于根本性扭转主体的生存状态，拓展主体的行动能力（孙中伟，2013）。

互联网条件下，传统意义上的公益事业边界变得模糊，跨界合作较之以往更为常见，特别是遇到特殊事件的时候要求公益组织不断地从外界寻找资源。与其他组织的联合与合作将会拓展和优化已有的公益组织资源配置结构，根据内部环境和外部环境的变化，公益组织打破边界，做出更协调、更迅速的反应。这有助于战略联盟、协作网络的建构，组织间建立通畅的信息传播渠道，共享信息。互联网时代，公益领域形成了公益组织间的合作、公益组织和公共部门的合作以及公益组织和企业的合作等多种新合作方式。公益合作中的赋能是多向的，既有互联网公开募捐信息服务平台对公益组织的赋权赋能，又有公益组织对平台的赋权赋能。平台通过筛选、审核等，赋予公益组织在互联网公开发布信息、募捐筹款的资格，又通过各种培训、咨询和业务指导，促进公益组织的能力建设。公益组织通过加入平台进行活动，为平台的影响力和品牌建设进行赋权，而公益组织中的优秀运营案例，则可以为平台提炼、总结经验进行赋能。同时，公益组织其他主体之间也互相赋能，包括具有公募资格的公益组织通过组织间合作赋能不具有公募资格的公益组织，还包括公共部门对公益组织的赋能，以及公益组织对具有公募资格的公益组织和公共部门的支持等。

（三）共同价值下的目标控制

共同创新中各方为达成最终的一致目标，需要在共同价值的基础上对彼此的行为进行控制。创新的主要功能是为组织及其利益相关者创造价值。如果一个组织只对追求自己的目标感兴趣，而不考虑与利益相关者的共享价值，它就不会长久存在。控制是组织为达成其目标而从事管理和支配的一种约束性机制（Clegg，1981）。在组织间合作中，控制则表现为组织为了与其他合作组织达成共同目标并实现预期效果而创设条件以激励彼此更好地产出（Dekker，2004）。正因组织间的合作建立在复杂的组织间互动上，所以，控制机制的出发点是更好地促进组织间的协调和创新，有效的控制机制在良好的组织间合作中扮演重要角色（Das & Teng，2001）。一般来说，控制机制通常可以划分为正式机制与非正式机制两种。在正式机制中，主要的控制策略包括技术机制、法律机制和管理机制；在非正式机制中，则涉及信任机制、互动机制等控制策略。这些控制形式在实践中的具体表现形式如图1所示。需要说明的是，不同的控制机制和策略，可能蕴含于同一个具体的实践活动中，也就是说，控制机制的实现方式并不是排他的，不同控制形式之间可能会有叠加与重合。互联网公益中的正式控制可以是平台对公益机构组织行为的管理、监督所产生的客观约束和激励，非正式控制可以是更广泛且更含蓄的互联网公益文化传播和构建互联网公益行业导向的过程。

复杂网络研究者提出了基于可信第三方同意调度的行为一致性控制策略，其中同步记录、信任第三方评估机制、数据信息凭据的可信度和有效性、有效身份识别机制是关键。由于互联网技术急速发展，各种互动样态迭代不可预期，此时，线性控制框架可能会因其简单僵化，不能随实践发展调试而掣肘共同创新。架设在复杂体上的一致性控制可能是一个有益的思路。多元合作中的共同创新目标达成，需要通过特定的机制使得共同参与的各方实现互嵌，形成更加密切的互动关系，进而需要通过向彼此提供支持、释放资源，来进行互相赋能以实现共同创造过程。当然，共同创新中的各方主体都有各自的目标和方向，可能会产生离心力，使得创新过程偏离预定目标，因此需要一致性控制手段来控制各方行为，以实现共同创新目标。在互联网公益发展中，多元主体的合作是必然的，而在互联网公益合作当中，同样需要通过约束性的主体嵌入、互补式的彼此权能赋予和一致性目标的控制机制，促进共同创新和公益目标实现。

近年来，互联网公益聚焦精准扶贫、精准脱贫，聚焦各种困难群体、特殊群体的服务需求，为打赢脱贫攻坚战、消除绝对贫困现象、全面建成小康社会作出重要贡献，更在满足人民群众美好生活需要方面发挥着至关重要的作用，展示出深厚的公益共同价值。如何在互联网公益合作中贯彻公益共同价值，避免诈捐、骗捐的乱象，合理利用技术赋能，同样涉及控制机制问题，需要通过主体互嵌、双向赋能、目标控制来引导共同创新方向，真正做到共同参与、共同创造，实现共同价值（见图1）。当下互联网娱乐化、消费化、去行动化的特

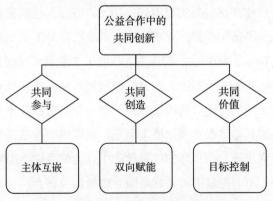

图1　公益合作创新控制机制运行框架

质，也潜移默化地影响着公益。正如《文化纵横》杂志在 2018 年"再造公益"专题中指出的："当社会正义的议题被简单消解为技术官僚的治理问题，公益事业的发展也就可能沦为娱乐明星们的一呼、一哭或一条微博。"在互联网公益共同创新中，各方主体尤其是公益组织的权限、"竞争"的正当性、合法合规的执行流程以及合理透明的执行结果等，都是公益推进过程中需要审视的问题，当然也是一致性控制需要解决的核心问题。

三　案例分析：互联网月捐项目中的合作创新

月捐，每月捐款的简称，是公益组织与互联网公开募捐信息服务平台合作推出的一种创新公益项目，互联网公益中多元主体合作的新兴活跃场域。以往多以单次捐赠为主流，月捐通常为按月定期捐赠，主要以互联网为媒介，通常是小额捐赠，捐赠者授权支付渠道自行扣款或者捐赠者定期主动操作进行捐赠，即可进行持续捐赠，月捐具有小额、定期、定额的特点，旨在通过持续性的捐赠，支持公益项目和公益机构的长期运转。

（一）案例来源及分析方法简介

本文案例分析材料涉及平台月捐退捐总体情况的数据和深度案例的数据。月捐总体情况数据来源于乐捐（文中均为化名）、互联网公开募捐信息服务平台（民政部指定平台之一），主要涉及 138 个使用乐捐平台上线的月捐项目，包括项目的活动信息、机构信息、业务情况信息等多个维度，数据起始时间为2018 年 1 月 1 日，截止时间为 2020 年 12 月 31 日[①]。在数据处理上，本报告涉及的数据为乐捐平台后端系统直接自动导出并进行了相应的脱敏处理。对于无法直接导出的信息，则依据人工筛选标记手动进行处理。深度案例数据则通过半结构化访谈和开放式访谈、参与式观察获取。

（二）互联网月捐项目实施过程分析

第一，主体互嵌下的月捐合作。

主体互嵌是月捐的合作形式，《慈善法》第 26 条规定，不具有公开募捐资格的组织或者个人基于慈善目的，可以与具有公开募捐资格的慈善组织合作，

---

① 　本文涉及的乐捐平台数据，均为笔者根据乐捐平台项目数据统计所得。

由该慈善组织开展公开募捐并管理募得款物。非公募的公益组织与公募公益组织合作，通过认领等方式获取在互联网公益平台上开展募捐活动的资格，并通过策划月捐项目开展月捐。月捐活动的运营，既需要互联网公益平台、公募机构和公益组织的通力协作，又离不开捐赠人的持续信任，这就形成了互联网月捐项目中主体互嵌的格局。

不是所有开展月捐的公益组织都可以成功推进月捐项目，各主体首先需要有效地嵌入，方能上线和运营月捐项目，获得筹款。这种互嵌的方式主要有三种。一是协议互嵌，按照法律规定，非公募公益组织不能单独开展公开募捐，其项目需要得到公募公益组织的认领，方能获得线上公开筹款资格，因此乐捐平台上的月捐项目，除少部分为公募公益组织单独开展外，大部分都是通过公募公益组织认领非公募公益组织项目的方式开展的联合募捐。"我们认领非公募组织的项目也挺谨慎的，一般只接受跟我们合作过的伙伴的申请，要非公募机构提交营业执照、已有项目情况、月捐项目初步方案等材料，我们会进行背景调查并对负责人访谈，看看他对月捐的认识，评审后签一个简单的协议。"（20201223，A基金会发展部负责人 G）二是运营互嵌，认领协议签订后，具有公募资格的公益组织需要备案月捐项目，然后在互联网公开募捐信息服务平台上开展公开募捐，"我们会审查发起月捐的组织的资质，并让他们提供详细的月捐运营方案"（20201225，乐捐平台传播部负责人 S），平台需要审核通过发起月捐组织的项目文案，进行展示并利用推广工具将项目向社会推广，"我们乐捐平台会将捐赠人的信息和数据全部开放给发起月捐的组织，协助组织维护捐赠人"（20201225，乐捐平台传播部负责人 S）。"捐赠款项是进入我们账户的，我们来给捐赠人开具捐赠票据，我们也会跟非公募组织一起开展拓展新捐赠人的活动。"（20201223，A基金会发展部负责人 G）三是责任互嵌，月捐项目开展后，合作各方需要共同承担相应责任，包括共同确保捐赠人捐赠的款项使用得合理合法，符合月捐运营方案设计，确保捐赠人个人隐私不被泄露，共同开展捐赠人维护工作，及时向捐赠人和社会公开月捐项目实施情况。

当前在互联网公益合作创新中，存在公募机构与非公募机构之间的合作协议、公募机构与平台之间的合作协议、捐赠者与公募机构间的捐赠协议、公募机构（执行方）与受赠者之间的协议、捐赠者与平台之间的权责协议、指定平台与指定部门之间的协议等多种协议，由此初步形成了公益契约环境。月捐项目各主体间的深度互嵌是实现组织间合作的前提，是赋能共创的有利基础，同时在主体互嵌中蕴含着控制机制，又增能共同创新，各方通过协议互嵌跨越主体边界，通过运营互嵌深度融入彼此的资源和事务中，并共享经验和知识，通过责任互嵌不断磨合，凝聚提升信任关系。

第二，多维赋能下的月捐开展。

在互联网月捐项目中，公募组织对非公募组织、互联网公开募捐信息服务平台对月捐运营方等会从各个维度进行赋能，合作各方之间会通过技术、数据、信息、知识甚至人员等方面的共享，实现互相支持。

一是技术赋能，互联网公开募捐信息服务平台对技术及其应用更为专业，乐捐平台通过搭建月捐技术框架、架设月捐运营思源操作系统、提供月捐相关功能和服务为公益组织进行技术赋能。月捐思源（化名）系统是乐捐平台提供的有效管理工具，能够帮助月捐发起者吸引捐赠人的持续关注，维系其信任。公益组织通过运用乐捐平台提供的系统，可以更高效地进行捐赠人维护和项目管理，思源系统能够帮助运营月捐项目，管理月捐人，并通过不同工具让营销传播更加精准，让捐赠关系更有黏性。而对平台而言，公益组织的使用可以促进系统和技术升级，产生月捐项目的基础数据，便于其进行趋势分析，更有针对性地拓展服务内容，提升平台服务专业度和行业影响力。"乐捐平台的系统是免费向我们开放的，上手比较快，用起来也便利，有很多功能比如项目信息反馈提醒等都是项目运营中需要的。"（20201227，B 公益组织月捐项目负责人 D）从乐捐平台数据来看，开通思源系统的月捐机构平均退捐率低于没有开通思源系统的月捐机构，并低于月捐总体的平均退捐率。二是运营赋能，在月捐项目运营中，"A 基金会提供了月捐顾问，月捐顾问指导我们设计月捐运营方案，我们还申请了他们的 U 泉计划，获得了资助，我们的项目很顺利过审上线，效果也不错"（20210106，C 公益组织负责人 K）。公益组织月捐项目中的优秀案例，也成为乐捐平台推广月捐业务的典型，发挥行业引领作用的重要抓手。"我们有些项目组织方做得非常好，月捐留存率很高，退捐率很低，他们也很愿意分享经验，我们就搭建了平台请他们分享经验给想要开展月捐的机构。"（20201225，乐捐平台传播部负责人 S）三是资源赋能，主要是互联网月捐项目合作各方会将自身所具备的资源赋予彼此，这里的资源一方面是捐赠人资源，一方面是公益伙伴资源。互联网月捐项目开展的核心是捐赠人的获取和维护，乐捐平台与实施月捐项目的公益组织共享捐赠人并共同进行维护。"捐赠人可以说是（公益）机构最宝贵的财富。我们的平台和其他平台不一样的，我们的捐赠人是直接给到机构（公益组织）的，他们可以自己维护自己的捐赠人。"（20201225，乐捐平台传播部负责人S）通过与乐捐平台合作开展月捐，公益组织链接到L公益平台的社交网络中，成为大的公益合作网络中的一员，能够依据自身需求发展公益合作伙伴，自身得到资源赋能。在此过程中，乐捐平台也扩大了捐赠人队伍和合作网络。四是影响力赋能，月捐是互联网公益的新生样态，往往因捐赠者具有陌生感而难以推进，公益组织在拓展月捐的同时，也产生了行业影响力。月捐的发展需要公益组织间的赋能以及行业赋能，以提高月捐的覆盖度、增能月捐的知名度和影响力。"我会在水滴筹、轻松筹看到触动自己的求助人时去捐赠，但一开始我不理解，不太能够接受月捐，觉得自己一下子去绑定，然后每个月还会被自动扣款，不是自己主动捐的，感觉这种形式非常不舒服，后来参加了几次乐捐平台和A基金会组织的评审会、分享会，我觉得还不错，挺有意义的，后来就开始了月捐。"（20210118，捐赠人T）

通过技术赋能、运营赋能、资源赋能、影响力赋能等多维赋能，互联网月捐项目中的合作各方间建立起了平等的关系和良好的合作机制，在这个过程中，既有捐赠人获取、维护方面的赋权，又有项目设计能力、运营能力等方面的增能，提高了合作各方主体的行动能力，助推了互联网月捐项目的顺利开展。

第三，月捐开展中的一致性控制。

由于互联网月捐项目是新事物，社会公众的接受度还不是很高，合作各方之间的合作模式、项目具体运营方式、项目成效如何有效展现等方面仍然处于探索阶段，在这种情况下，月捐项目初始目标的达成就迫切需要合作各方通过各种方式开展一致性控制，乐捐平台中互联网月捐项目合作各方，共同探索了一些控制机制（见表1），来确保月捐目标的达成。

表1　乐捐平台中互联网月捐项目的控制机制

控制类型	控制策略	实践形式
正式	技术	思源系统
	法律	签订合同
	管理	按期反馈，宣传形式，筹款流程
非正式	互动和信任机制	评分机制，日常联系交流、慈善晚宴等活动

一是技术控制，乐捐平台对上线的项目有明确的反馈要求，在平台提供的思源系统中明确了各方面要求的具体参数，包括：1. 形式要求，包括标题字数、图片拍摄手法、格式等；2. 反馈要求，不同阶段有不同反馈，包括项目日常反馈、结项反馈；3. 内容要求，包括项目执行准备、执行时间、执行人员、执行进展、善款使用去向/明细、执行结果、执行中的故事等；4. 时间要求，当天项目执行后反馈，禁止集中发布项目反馈，若因为客观因素不能及时反馈，可以申请将累积下来的反馈内容整合到下一次反馈中进行提交。乐捐平台希望能够通过严格的技术控制措施，来规范互联网月捐项目设计、项目执行、项目反馈等行为。二是法律和管理控制，法律控制主要体现为背景调查，合作协议、捐赠协议等法律文本的运用，管理控制体现在对月捐项目文本提交、按期反馈、宣传形式、筹款流程等方面的控制，例如乐捐平台对月捐项目按照上线文案框架进行审核，要求文案结构完整、条理清晰、图文并茂，能吸引报名人/捐款人的注意，易阅读，无错别字，格式统一。上线文案框架是指导公益伙伴在乐捐平台发布筹款项目、月捐项目的文案指南。三是互动控制，在乐捐平台中，形成了互动式的月捐项目评分机制。乐捐平台开发了评分机制和评分系统，在捐赠者评价的基础上进行相应的加权处理，进而得出评分。捐赠者可以在平台对项目进行星级评价，星级评价依据公式转化为项目评分。用户评分计分规则参考 IMDB 所使用的贝叶斯平均计分算法。公式为 $WR = v/(v + m) \times R + m/(v + m) \times C$，其中 WR 为得分，v 为当前项目打分人数，m 为最小人数，R 为当前项目平均分，C 为一个定值。评价的同时可以留言，凡是浏览项目页面者均可见，这是平台针对捐赠者与项目执行机构、平台方以及其他潜在捐赠者的互动反馈机制。项目评分会较为突出地展示在首页，为捐赠人提供参考。四是信任控制，信任是一种广泛的、非正式的控制机制（Reed，2001），组织间通过长久的合作，方能积累对彼此的信任。信任的来源是本身的能力建设、既往较为成功的合作经验和深入的了解。而信任约束机制则是通过日常交流和行业内交流分享会等非正式机制展现的。"我们也是选择可靠、有能力的组织给它们开展月捐。我们不会一上来就推月捐（给公益组织），我们也是需要至少合作过，了解情况，才会给它上线月捐项目，对于不靠谱的我们也会强制下线处理。"（20201225，乐捐平台传播部负责人 S）"我们选择乐捐平台也是因为他们做得比较好，很专业，还有赋能工具包。"（20210201，C 基金会负责人 H）月捐项目各方都会选择值得信任的伙伴开展合作。分析乐捐平台的数据可知，平台上线月捐项目的文案比较规范，上述控制机制提升了月捐项目的运营效果，例如对反馈频率和月平均退捐率进行分析可知，当按照技术要求反馈次数超过 2 次时，平均退捐率有较大幅度的下降。

月捐面向社会大众，门槛低、捐赠额度小、捐赠途径便捷，是一种长期、长效的筹款方式。特别地，月捐深度链接了捐赠人对于公益项目、公益组织发展的长期关注，使得月捐不仅产生了简单的捐赠额积累的公益加法效应，而且带来了扩大公益社会支持、促进行业持续发展、凝聚公益资源、创造良好风尚的公益乘法效应。2018 年至 2020 年，乐捐平台月捐项目共募集到款项 1027.56 万元，平均每年筹得 342.52 万元[①]。月捐，作为吸引公众筹款、扩大个人捐款范围的代表，为公益组织寻求财务的可持续性，为更多的受益人提供帮助，并在更大范围内获得社会对其社会公益事业的认可，提供了一个选项。

（三）从退捐看月捐项目共同创新的难点

月捐项目共同创新成效还可以从两个有代表性的纬度显示出来，一是项目持续度。从乐捐平台的数据看，截止到 2020 年 12 月 30 日，138 个月捐项目中还有 95 个仍在继续筹资，其他项目因为各种原因中途取消下线[②]，其中有 2 个属于结束合作，7 个未达到公募基金会合作的最低要求，还有具体实施方主动要求下线的，主要是由于运营能力较弱、月捐合作不理想、与公募方结束合作等。138 个项目平均持续时间 18.5 个月，最短 1 个月，最长达到了 56 个月。二是月捐退捐率和留存率。月捐退捐，指捐赠人在月捐过程中的解约行为。月捐退捐率，指退捐的捐赠人在签约的总体捐赠人中的占比。与月捐退捐率相对应的是月捐留存率，指持续签约月捐的捐赠者在签约的总体月捐赠者中的占比。退捐率、留存率在一定程度上能够直观反映出月捐项目共同创新的成效。从乐捐平台数据来看，138 个项目的平均退捐率达到 41.03%，退捐现象在几乎所有的项目中都有发生，而且平均退捐率相对较高。

从以上情况可以感知，月捐项目共同创新依然面临不少难点。上述下线、退捐等情况的出现，有捐赠人的原因（本文暂不讨论），但从月捐合作各方的角度而言，也存在不少短板和不足。

---

① 该数据为笔者根据乐捐平台项目数据统计所得。

② 该数据为乐捐平台提供，中途取消或被下线后的月捐项目不再继续筹资。

第一，月捐项目共同创新中主体嵌入约束力不足。公募公益组织对非公募公益组织、平台对于公益组织和月捐项目的审核并不具有强约束力，且平台、公益组织都是双向选择，各方违约所带来的沉没成本并不高，在互联网月捐项目中，主体互嵌的基础并不牢固，对于发起月捐的组织来说，可以选择在乐捐平台上线，也可以选择其他平台，造成各主体的可替代性较强，互相合作的约束力不足。

第二，月捐项目共同创新中多维赋能功效弱化。尽管平台对公益组织所开展的月捐项目有技术、运营、资源等多方面的赋能，但在月捐项目的实际运作中，公益组织还是高度自主的，无论是运作还是维护都需要依靠公益组织自身，这意味着如果公益组织缺乏学习和践行精神，月捐的实际运作就会陷入共同创新失灵的困境。以月捐运营为例，"我们会要求它（公益组织）做好运营反馈，参加我们组织的捐赠人联动活动，如果它不反馈、不参加，我们会提醒，但是它不去做我们也没有办法"（20201227，乐捐平台月捐项目负责人 T）。由于平台对于公益组织项目执行并没有具有实质效力的约束机制，公益组织可能出现不按期反馈的情况，进而造成月捐项目运行效果差，退捐率高，甚至只能被迫下线。

第三，月捐项目共同创新中控制手段失灵。月捐运营的技术控制约束是有边界的。月捐的各种控制仅局限在平台系统内部和合作各方之间，控制失灵的典型偏差行为有利用微信虚假宣传诱导公众捐款。"就是它微信公众号引流的文章特别戳人，煽情，但是打开链接跳转到我们平台是另一个不相关的项目……这个是系统监测不到的，它在平台上放的就是合规的项目，我们是月捐人打电话问才发现的（项目和微信宣传不一致）。"（20201227，乐捐平台月捐项目负责人 T）对于平台覆盖外的，公益组织在策划、宣传和实际运营月捐方面的技术控制约束则是微弱的，易造成公益合作控制失灵，诈捐、骗捐等恶性公益事件风险增加。

互联网月捐的合作创新是一个新事物，需要持续努力。要想实现月捐筹款项目运营成功，实现低退捐率，公益组织就要意识到这一进程不可能一蹴而就，相反，是一项长期工作。公益组织应将月捐筹款纳入长期战略，并将这种筹款模式作为日常运作的一个组成部分，同时需要各方在主体嵌入、多维赋能、一致性控制等方面投入更多的精力和资源，提升项目的规范性、吸引力和公信力。

四 结论和思考

主体互嵌、多维赋能、一致性控制，是互联网公益组织间合作并共同创新以面对技术更迭的可行方式。互联网公益中有多元主体，各主体各有专长，在未来的发展中，共同创新是共同进化以面对挑战的有效途径。然而，在现行公益合作中，主体互嵌的联结程度不足，多维赋能的功效有待提高，一致性控制机制仍有待加强，现行风险防范、责任追溯有所局限，偏差行为常有发生。对此，应从制度环境上加强赋予组织间嵌入的合法性；营造创新的多元赋能赋权氛围，使得多元赋能更加均衡；此外，一致性控制机制本身也需要不断创新和与时俱进，激发各主体的能动性并有效约束各主体履行职责，促进公益产出，匡正公益价值。

第一，改善公益契约精神和环境，增效主体互嵌。在互联网公益实践场域中活跃着迥异而存在互补性的多元主体。互联网公益的丰富实践表明，组织互嵌能够加深组织间的信任，减少组织间合作的成本，加强并提升组织间合作的深度与效能。主体互嵌的基础是制度环境，为更好地促进互联网公益组织间合作，应从制度环境上加强赋予组织间嵌入的合法性。首先，建议明确更多的协议运用场景，提升全社会公益契约精神，例如建议《慈善法》第 24 条增加"募捐方案应当包含主要权利义务条款"、第 26 条增加"联合募捐应签订书面协议"内容。其次，在公益数字化转型的背景下，应当加强智能合约规范应用及条款备案管理，例如在月捐等产品中推出并规范智能合约场景。再次，建议设立社会公益争议解决中心，并引入法律援助和公益诉讼，发挥民间监督和纠纷化解的力量。最后，建议增加柔性的规制措施和手段，例如将公益组织、捐赠人、受益人等守约、违约记录归集到信用平台上，为开展联合激励惩戒提供依据。

第二，丰富多元赋权赋能机制，鼓励多元合作创新。创新是互联网公益长远发展的助推器。互联网公益既面临着技术手段的不断迭代创新，如区块链、5G 技术，又在其发展中切实创新着公益组织方式与实践方式，如月捐。在互联网公益组织间合作中，需要继续丰富多元赋权赋能的形式，并增益创新效能。对此，互联网公益主体必须增进自身学习能力，面对最新技术的挑战，不断发展。一是通过技术赋能、运营赋能、资源赋能、影响力赋能等多维赋能，建立起良好的合作机制。二是在多维赋能下促进项目设计、运营等方面的增能，提升公益主体的行动能力，为互联网公益扩大社会影响、营造社会正能量奠定基础。

第三，增益目标控制和行为约束机制，确保公益价值实现。互联网公益，归根结底是社会公益事业的重要构成。因此，互联网公益实践必须抓住其公益本质，通过控制约束机制激发各主体能动性并促进公益产出，匡正公益价值。对此，一是与时俱进，调适互联网公益的一致性控制约束机制，以公益为最终目标，合理利用技术手段避免滋生违背公益规范价值的偏差行为。二是增进一致性控制约束机制的激励作用，合理有效的一致性控制约束机制服务于公益产出，有利于促进公益增长。三是增进一致性控制约束机制的有效性，充分约束各方主体，规范履行公益责任，践行公益价值。

本文探讨互联网公益中的组织间合作机制，以期为主体多元、价值多元的互联网公益发展提供一个有益思路，促进互联网公益平台发挥更大效能，并促进互联网公益的良性发展，为公益样态提供有益启示。

参考文献

符平（2009）：《"嵌入性"：两种取向及其分歧》，《社会学研究》，第 5 期。

纪莺莺（2017）：《从"双向嵌入"到"双向赋权"：以 N 市社区社会组织为例——兼论当代中国国家与社会关系的重构》，《浙江学刊》，第 1 期。

雷巧玲（2006）：《授权赋能研究综述》，《科技进步与对策》，第 8 期。

李长文（2013）：《我国非营利组织能力建设发展的历史回顾与思考》，《宁夏社会科学》，第 4 期。

林闽钢（2002）：《福利多元主义的兴起及其政策实践》，《社会》，第 7 期。

刘世定（1999）：《嵌入性与关系合同》，《社会学研究》，第 4 期。

罗仲伟、李先军、宋翔、李亚光（2017）：《从"赋权"到"赋能"的企业组织结构演进——基于韩都衣舍案例的研究》，《中国工业经济》，第 9 期。

彭华民、黄叶青（2006）：《福利多元主义：福利提供从国家到多元部门的转型》，《南开学报》，第 6 期。

孙中伟（2013）：《从"个体赋权"迈向"集体赋权"与"个体赋能"：21 世纪以来中国农民工劳动权益保护路径反思》，《华东理工大学学报》（社会科学版），第 2 期。

王爱华（2019）：《基于互联网平台的公益跨界合作：过程、机制与风险——以腾讯"99 公益日"为例》，《公共管理与政策评论》，第 1 期。

王名、张雪（2019）：《双向嵌入：社会组织参与社区治理自主性的一个分析框架》，《南通大学学报》（社会科学版），第 2 期。

徐家良（2018）：《互联网公益：一个值得大力发展的新平台》，《理论探索》，第 2 期。

Granovetter, M.（1985），"Economic Action and Social Structure：The Problem of Embeddedness," *American Journal of Sociology* 91（3）.

Baum, J. A. C., & Oliver, C.（1991），"Institutional Linkages and Organizational Mortality," *Administrative Science Quarterly*.

Bugshan, H.（2015），"Co-Innovation：The Role of Online Communities," *Journal of Strategic Marketing* 23（2）.

Chung, S., Singh, H., Lee, K.（2000），"Complementarity, Status Similarity and Social Capital as Drivers of Alliance Formation," *Strategic Management Journal* 21（1）.

Clegg, S.（1981），"Organization and Control," *Administrative Science Quarterly*.

Das, T. K., & Teng, B. -S.（2001），"Trust, Control, and Risk in Strategic Alliances：An Integrated Framework," *Organization Studies* 22（2）.

Dekker, H. C.（2004），"Control of Inter-Organizational Relationships：Evidence on Appropriation Concerns and Coordination Requirements," *Accounting, Organizations and Society* 29（1）.

Drewel, M., Özcan, L., Koldewey, C., & Gausemeier, J.（2020），"Pattern-Based Development of Digital Platforms," *Creativity and Innovation Management*.

Dyer, J. H., & Singh, H.（1998），"The Relational View：Cooperative Strategy and Sources of Interorganizational Competitive Advantage," *Academy of Management Review* 23（4）.

Foster-Fishman, P. G., Salem, D. A., Allen, N. A., et al.（2001），"Facilitating Interorganizational Collaboration：The Contributions of Interorganizational Alliances," *American Journal of Community Psychology* 29（6）.

Gulati, R., & Gargiulo, M.（1999），"Where Do Interorganizational Networks Come From?," *American Journal of Sociology* 104（5）.

Hagedoorn, J.（2006），"Understanding the Cross-Level Embeddedness of Interfirm Partnership Formation," *Academy of Management Review* 31（3）.

Lee, S. M., Olson, D. L., & Trimi, S.（2012），"Co-Innovation：Convergenomics, Collaboration, and Co-Creation for Organizational Values," *Management Decision*.

Lee, T. W., Mitchell, T. R., Sablynski, C. J., et al.（2004），"The Effects of Job Embeddedness on Organizational Citizenship, Job Performance, Volitional Absences, and Voluntary Turnover," *Academy of Management Journal* 47（5）.

Parker, G., Van Alstyne, M. W., & Jiang, X.（2016），"Platform Ecosystems：How

Developers Invert the Firm," *Boston University Questrom School of Business Research Paper* (2861574).

Peterson, N. A., & Zimmerman, M. A. (2004), "Beyond the Individual: Toward a Nomological Network of Organizational Empowerment," *American Journal of Community Psychology* 34 (1 – 2).

Polanyi, K., & MacIver, R. M. (1944), *The Great Transformation*, Boston: Beacon Press.

Raasch, C., Herstatt, C., Lock, P. (2008), "The Dynamics of User Innovation: Drivers and Impediments of Innovation Activities," *International Journal of Innovation Management* 12 (3).

Rappaport, J. (1987), "Terms of Empowerment/Exemplars of Prevention: Toward a Theory for Community Psychology," *American Journal of Community Psychology* 15 (2).

Reed, M. I. (2001), "Organization, Trust and Control: A Realist Analysis," *Organization Studies* 22 (2).

Romero, D., & Arturo, M. (2011), "Collaborative Networked Organisations and Customer Communities: Value Co-Creation and Co-Innovation in the Networking Era," *Production Planning & Control* 22 (5 – 6).

Saragih, H. S., Tan, J. D. (2018), "Co-Innovation: A Review and Conceptual Framework," *International Journal of Business Innovation and Research* 17 (3).

Solomon, B. B. (1976), "Black Empowerment: Social Work in Oppressed Communities".

Zimmerman, M. A., Reischl, T. M., Seidman, E., et al. (1991), "Expansion Strategies of a Mutual Help Organization," *American Journal of Community Psychology* 19 (2).

Co-Innovation and Goal Control among Organizations in Internet Charity

—A Case Study of the Monthly Donation Project of Lejuan Platform

Zhao Wenpin, Song Chengcheng & Qiao Linan

[**Abstract**] Internet charity is naturally a field for multi-subject interaction. Subjects are embedded, multi-dimensional empowerment and target control. It is a feasible way for nonprofit organizations and other subjects to cooperate and innovate together to face technological change. The Internet monthly donation is an innovative charity project jointly launched by charitable organizations and the Lejuan platform. It has demonstrated the implementation process of the monthly donation cooperation under mutual embeddedness, multi-dimensional empowerment, and consistency control. It presents the promotion framework for the joint innovation of multiple main bodies and shows good outcomes. However, in the process of implementation, there are still some problems such as the insufficient binding force of multi-subject embedding, weakness of multi-dimensional empowerment effect, failure of control means, and lack of innovation. It is necessary to give legitimacy and binding force to inter-organization embedding from the system, create a positive charitable atmosphere of multi-dimensional empowerment, promote continuous innovation of consistent control mechanism, stimulate the initiative of all main bodies and effectively restrain all main bodies to promote their performance of their duties, promoting more beneficial innovations in the field of Internet charity.

[**Keywords**] Internet Charity; Monthly Donation; Withdraw from Donation; Charity Contract

责任编辑：俞祖成

积极数据驱动下的捐赠行为达成：信息框架与证据类型对网络捐赠意愿的影响[*]

周如南　缪伊婷　金　晶[**]

【摘要】"互联网＋慈善"是现代慈善高速发展的基础，具有参与门槛低、动员范围广、传播效果持续的优势。为理解社交媒体上募捐信息的劝服效果，本研究以高校大学生为实验参与者，将目标框架和证据类型两个概念纳入分析中，探究不同的目标框架和证据类型对个体捐赠意愿的影响。研究发现：比起损失框架，采用增益框架的信息会有更佳的劝服效果。同时，证据类型和目标框架间存在交互效应，"数据—增益"的信息组合对行为意愿的提升程度最高。本次研究验证了框架效应的理论预测与经验结论，将双因素交互设计运用于本土公益传播研究中，并为我国NGO在社交媒体中如何进行募捐的信息设计提供了实践指导。

【关键词】互联网慈善；捐赠意愿；目标框架；证据类型；框架效应

* 本文受到国家社科重大项目（21&ZD184）资助，为发挥第三次分配作用促进慈善事业健康发展研究成果。

** 周如南，中山大学新闻传播学院副教授，中山大学广州大数据与公共传播基地副主任；缪伊婷、金晶，中山大学广州大数据与公共传播基地助理研究员。

一 问题的提出

慈善捐赠在现代社会有着重要的意义，它不仅能够促进社会经济救助，更能推动不同群体的社会融合，提高公民个体的责任意识。近些年来，以"互联网＋慈善"模式为代表的网络捐赠更是成为日常慈善捐赠的主要方式，《慈善蓝皮书：中国慈善发展报告（2021）》显示，2020 年"99 公益日"在慈善资源募集方面再创新高：平台互动高达 18.99 亿人次，有 5780 万名爱心网友通过腾讯公益平台进行捐赠，善款共计 23.2 亿元。网络捐赠正因其门槛低、筹资成本低的特点，成为提高我国个人捐赠总额的突破口。移动互联网产品的不断发展推动了网络捐赠形式的多元化，社交媒体已经被广泛用于网络募捐。以微信等为代表的社交媒体与传统媒体相比，用户参与深度、互动性都更强，社交性凸显，社交媒体开始成为 NGO 进行募捐筹款的最有利工具。

然而，与之相生的事实是，不同公益项目的网络募捐效果差异明显。方德瑞信社会公益创新发展中心（2021）数据显示，在 2021 年的"99 公益日"里，筹款目标低于 10 万元的项目有 1467 个，仅有 13% 的项目达成筹款目标，近半数项目的筹款目标达成率低于 10%。在网络募捐过程中，通过社交媒体转发公益慈善信息已成为慈善筹款信息传播扩散的重要方式。而与其他类型信息相比，由于缺少"身体在场"的人际互动，依托社交媒体发布和传播的募捐信息在激发潜在捐赠者的捐赠意愿中的作用更加突出（Majumdar & Bose，2018），它能帮助拉近慈善组织与公众之间的距离，并围绕项目规划、捐赠监管等细节展开有效、及时的沟通。因此，在慈善信息的传播过程中，为获得预期的传播效果，慈善组织会使用各种策略以改变目标捐赠者的态度。

在信息的建构过程中，语言艺术风格、表达方式、证据观点的阐明和传播技巧都是影响劝服效果的重要因素（霍夫兰、贾尼斯，2015：81～87）。若要达到预期传播效果，仅采用单个因素，或者仅用单个因素对已有的态度及行为意愿变化现象做解释，都是不能令人信服的（Haydarov & Gordon，2015）。因此，在公益传播语境下，多因素的组合效应应当成为学者关注的研究领域。基于此，本研究开展了一项双因素交互的随机实验，探究目标框架和证据类型对大学生捐赠意愿的影响。通过解释水平理论（Construal Level Theory，CLT），重点实证检验目标框架和证据类型两个核心解释变量对大学生网络捐赠行为的影响。一方面，该研究能为我国慈善组织的传播内容策略提供实证支持；另一方面，大学生是较特殊的研究对象，本研究发现他们会因接触到不同的社交媒体募捐信息而表现出不同的捐赠行为意愿，不同框架和证据下的公益传播内容设计的效果差异可以帮助学界和业界进一步清晰受众捐赠意愿和捐赠行为的变化规律。本文以大学生为对象的实验结果可以作为未来研究者的一个参考系，从而为之后探索全民捐赠意愿及捐赠行为提供一种借鉴的视角。

二　文献综述

（一）证据：信息说服的"数据"和"叙事"

既有研究发现，在信息内容中加入有利证据可以增强说服力（Reinard，1988）。关于证据类型的研究主要侧重于比较"叙事型"和"数据型"这两类证据，数据型证据通常提供人口的统计数据，可以在人群中进行推广（Allen & Preiss，1997）。叙事型证据则呈现了一个连贯的故事，它会描述出场景和事件，通常涉及目标、计划、行动和结果（Kopfman, et al.，1998）。总体来说，数据型证据更为客观和可验证，很难令人对其进行驳斥。而叙事型证据则是生动的、有趣的、可读性强的，因此人们容易记忆并且能较快地回忆起这些信息。对于证据类型对个体行为意愿的引导作用和强度，有关证据类型对受众行为意愿影响的不同研究尚未得到较为一致的结论，由于研究者操作、话题类型和参与者个人特质的不同，会呈现出差别甚至相互矛盾的结果（冉华、耿书培，2021）。

在公益传播的背景下，少有研究探讨信息证据的有效性。Ye 等（2021）发现在鼓励接种 COVID-19 疫苗方面，叙事型证据比数据型证据的信息更有效，因为叙事型证据让公众更容易地了解拒绝接种 COVID-19 疫苗的潜在风险和接种疫苗的好处。然而，在改变女大学生日光浴行为的实验中，Greene 和 Brinn（2003）发现数据型证据增加了女大学生对皮肤癌的感知易感性从而减少晒黑行为。目前，大部分研究的共识是叙事型证据对信息接收者情感反应的影响更为显著，并认为叙事型证据通过影响人们的情感达到说服的效果。数据型证据则易让用户产生较强的认知反应，并对用户的信念、态度具有显著影响。

与叙事型证据相比，数据型证据更具理性和客观性，有助于个体模糊的信息需求明确化。接触含有数据型证据的信息可促使个人产生更明确的信息需求。同时，本研究的对象为大学生群体，他们的总体知识水平较高，由量化数据支持的数据型证据可能会更具说服力，因此本研究提出：

H1：与叙事型证据相比，数据型证据更能促进大学生捐赠意愿的提升。

（二）目标：内容描述的"增益"与"损失"

目标框架起源于前景理论。前景理论表明当面临行为的负面结果时，人们往往会主动寻求风险；而面临积极结果的人则更愿意规避风险（Kahneman & Tversky，1979）。之后，Kahneman 和 Tversky（1981）发现改变信息呈现的方式会影响参与者的决策偏好，他们将这种现象称为"框架效应"。框架效应，特别是目标框架，早已被发现能有效影响公众的行为决策（Gallagher & Updegraff，2012）。

目标框架效应指的是说服信息的影响力会受到信息在陈述行为结果或目标时所采用框架的影响，主要分为"增益"框架和"损失"框架两种，损失框架表现为不进行某一行为所放弃的收益或所承受的损失；与之相反，增益框架则表现为进行某一行为可获得的收益或所避免的损失。在公益传播的背景下，有少数研究探讨了框架的效应（罗寒冰等，2013）。Clark 等（1987）指出损失框架给人一种无能、无助和依赖他人的感觉，因此受众会认为受助者比他人更需要帮助。但与此同时，损失框架也会引发受众的回避倾向，因为受众拒绝被消极情绪所感染（Elliot，2006）。与之相反，增益框架呈现出了一种乐观、向上、怀有希望的态度，这一态度能够引起人们的积极情绪（Jackson，Firtko & Edenborough，2007）。Berger 和 Smith（1997）认为，增益框架更能提升捐赠者的捐赠意愿，而损失框架能增加捐赠者的捐款数额。因此，本研究提出：

H2：相较于损失框架信息，增益框架更能促进大学生捐赠意愿的提升。

（三）证据类型与目标框架的交互作用

证据类型和目标框架对个体的态度、意愿的影响是复杂的。然而，既有文献表明，两者之间存在潜在的相互作用。本研究引入解释水平理论（Construal Level Theory）来解释信息框架和证据类型之间的相互作用。解释水平理论是心理学领域的重要理论成果之一，它认为，人们对于认知客体的心理表征会呈现出不同的抽象程度，即解释水平，人们所感知的与认知客体的心理距离决定着解释水平，进而系统性地影响人们的决策与判断（李雁晨等，2009）。当心理距离相对较远时，人们会以更加简单、抽象、去背景化和图示化的核心特征来理解事物，即高解释水平；而当心理距离相对较近时，人们倾向于以更加复杂、具体、背景化和非图示化的方式反映事件的表面特征，即低解释水平（Liberman, et al., 2007）。

在慈善捐赠的背景下，本文将解释水平理论和"增益－损失"框架相结合，先前的研究表明，增益框架通常被认为是高解释水平的，损失框架与低解释水平有关（White, MacDonnell & Dahl, 2011）。从本质上来说，损失框架突出了不捐赠的消极结果，研究表明，消极的事件和状态倾向于作为一个信号，告诉人们存在一些威胁或问题需要解决（Baumeister, et al., 2001），这就导致了行动动员。因此，损失框架会激活较低的解释水平。然而，增益框架则会引起更广泛的反应，也就是说，与高解释水平激活的思维模式相同，捐赠的益处通常会激活更抽象和更高层次的思维，从而引起更积极的循环意向和行为。与此同时，将解释水平理论与证据类型相结合，研究表明叙事型证据更多涉及人物和事件的情感维度，这与低解释水平相关，而数据型证据包含更抽象的数据，这需要高解释水平的参与。

基于既往有关信息框架和其他因素相互作用的研究，如行为频率、种族认同、媒体选择和时间框架等，可以发现，合理的信息匹配将获得更好的劝服效果，促进人们态度、意愿的改善和提升。

因此，本文推断，在相同解释水平上进行信息匹配将会获得更好的劝服效果。根据以上，本文提出如下假设：

H3：证据类型和目标框架存在交互作用。

H3a：对于数据型证据，增益框架的信息将比损失框架的信息更能促进大学生捐赠意愿的提升；

H3b：对于叙事型证据，损失框架的信息将比增益框架的信息更能促进大学生捐赠意愿的提升。

H4：目标框架和证据类型存在交互作用。

H4a：对于增益框架信息，数据型证据将比叙事型证据更能促进大学生捐赠意愿的提升；

H4b：对于损失框架信息，叙事型证据将比数据型证据更能促进大学生捐赠意愿的提升。

三 实验操作与方法

本次实验为双因素交互设计：2（证据类型：数据/叙事）×2（目标框架：增益/损失）。为了消除前测带来的影响（风笑天，2008：187～191），本实验采用无前测的设计。且本实验采用被试间设计，不同实验组的参与者相互独立。因此，本实验主要由一次实验材料刺激与一次后测组成。下面就本研究的实验流程设计及操作过程进行说明，具体包括实验样本选择、变量设计及测量、实验材料设计、预实验及正式实验等部分。

（一）实验样本

本次实验采用线上问卷作答的方式，2021年12月至2022年1月，线上招募广州市的大学生作为参与者参加实验。选择大学生作为被试主要考虑以下几方面：一是因为在我国网民群体中，学生最多（中国互联网络信息中心，2021），接触到互联网慈善的机会更大；二是因为互联网慈善具有捐赠配额限制低的特征，对捐赠人的经济能力要求低，而大学生群体普遍无固定收入来源，符合进行互联网捐赠的人群最低收入水平；三是接受过高等教育的大学生们在步入社会后，更有可能成为社会的中坚阶层，也是未来公益慈善捐赠的主要人群。综上，本研究认为大学生群体在一定程度上可以代表互联网慈善中的捐赠人群，因此招募广州市的大学生作为实验的参与者。

实验问卷首先询问参与者的个人信息，以便控制配额比例。接着，参与者将以线上抽签的方式随机分配进入4个实验情境（2×2）之一，并阅读所呈现的材料。阅读完成后，参与者将回答有关阅读材料提及的核心信息的知识题，用于控制被试作答数据的有效性。接下来，询问参与者关于捐赠意愿的问题。

最终本研究在 1 个月内共收集了 218 份有效样本。样本当中的女生比例
（58.1%）略高于男生比例（41.9%）。在年级分布方面，大学二年级学生比例
最高（37.39%），其次是三年级学生（30.18%），硕士生及以上占 19.82%。
专业分布较为均匀，45.04% 的学生属于文科/艺术类专业，42.79% 的学生是理
科/工科类专业（剩余为其他专业）。45.41% 的学生进行过一次线上捐款，
30.28% 有过两次及以上捐款，24.31% 的学生从未进行过线上捐款。总体而言，
样本学生大多有过线上捐款经历。

（二）实验变量设计

本研究的实验材料完全基于自变量进行设计，内容围绕嫣然天使基金的
"重塑唇腭裂儿童笑颜"月捐项目展开，主要包括唇腭裂的病因及治疗方法、
唇腭裂患儿的基本情况、唇腭裂对低收入家庭儿童的影响等。为了确保本实
验结果不被无关变量影响，每则实验材料都有相同的开头和结尾，并且材料
中间段落自变量所涉及的核心文本均为等价内容，且不同材料的文本字数被
严格控制。以下表 1 中的内容均改编自"腾讯公益"所发布的信息，信源真
实可靠。

在叙事型证据中，唇腭裂与嫣然天使基金的简介将会围绕患儿真实经历展
开；而在数据型证据中，唇腭裂与嫣然天使基金的简介则是以统计数字的方式
呈现。同样地，在增益框架中，材料内容将围绕"如果进行捐款，唇腭裂儿童
将会获得的益处"展开；相对应的损失框架将阐述为"如果未进行捐款，唇腭
裂儿童将遭受的损失"。实验解释变量所对应的材料内容如表 1 所示。

表 1　实验自变量所对应的材料内容

自变量干预	对应内容
开头	唇腭裂是口腔颌面部最常见的先天性畸形，而先天腭裂手术可以恢复进食和言语的机能，手术必须在适当的年龄进行，对手术后的远期效果有决定性意义
增益×数据	据统计，平均每 600～1000 个婴儿中就有 1 个唇腭裂。产前单纯腭裂的检出率仅为 0%～1.4%，一场唇腭裂手术的费用在 3 万～6 万元不等，常需数次手术才能完成。自 2007 年起，嫣然天使基金已 29 次带领医疗专家团队前往 21 个偏远地区开展医疗救助活动，为超过 1544 名唇腭裂患者提供免费唇腭修复手术。嫣然天使基金"重塑唇腭裂儿童笑颜"月捐项目自 2011 年 6 月 1 日上线腾讯公益平台，截至 2021 年 12 月 1 日共筹集善款超过 1073 万元，超过 744673 人次进行了捐款

自变量干预	对应内容
增益×数据	如果您进行捐款，唇腭裂患儿将有机会接受手术，并获得以下好处： 首先，进行唇腭裂矫正术可以让儿童恢复上唇的功能，恢复口鼻唇正常生理功能； 其次，可以有效减轻唇腭裂患儿的语言、听力等功能障碍； 最后，可部分恢复患儿外形，减轻患儿在社会交往中形成的心理障碍
增益×叙事	还未满 1 岁的小玉在出生时就被诊断为先天腭裂，得知这个消息的小玉父母犹如晴天霹雳，唇腭裂手术所需的费用需要这个五口之家不吃不喝几年才能攒够。2020 年的圣诞前夕，在嫣然天使基金的帮助下，小玉完成了唇腭裂矫正术，这个小女孩未来也能够和其他孩子一样正常地交流、学习，重新找回微笑。 如果您进行捐款，唇腭裂患儿将有机会接受手术，并获得以下好处： 首先，进行唇腭裂矫正术可以让儿童恢复上唇的功能，恢复口鼻唇正常生理功能； 其次，可以有效减轻唇腭裂患儿的语言、听力等功能障碍； 最后，可部分恢复患儿外形，减轻患儿在社会交往中形成的心理障碍
损失×数据	据统计，平均每 600～1000 个婴儿中就有 1 个唇腭裂。产前单纯腭裂的检出率仅为 0%～1.4%，一场唇腭裂手术的费用在 3 万～6 万元不等，常需数次手术才能完成。自 2007 年起，嫣然天使基金已 29 次带领医疗专家团队前往 21 个偏远地区开展医疗救助活动，为超过 1544 名唇腭裂患者提供免费唇腭修复手术。嫣然天使基金"重塑唇腭裂儿童笑颜"月捐项目自 2011 年 6 月 1 日上线腾讯公益平台，截至 2021 年 12 月 1 日共筹集善款超过 1073 万元，超过 744673 人次进行了捐款。 如果没有人进行捐赠，唇腭裂患儿将无法获得手术机会，并遭受以下损失： 首先，患儿口、鼻腔相通，直接影响发育，并常招致上呼吸道感染； 其次，患儿在生长发育期间说话时吐字不清，会影响到语言的发育； 最后，外观上存在的缺陷会让患儿形成自卑感，从而引起心理严重障碍
损失×叙事	还未满 1 岁的小玉在出生时就被诊断为先天腭裂，得知这个消息的小玉父母犹如晴天霹雳，唇腭裂手术所需的费用需要这个五口之家不吃不喝几年才能攒够。2020 年的圣诞前夕，在嫣然天使基金的帮助下，小玉完成了唇腭裂矫正术，这个小女孩未来也能够和其他孩子一样正常地交流、学习，重新找回微笑。 如果没有人进行捐赠，唇腭裂患儿将无法获得手术机会，并遭受以下损失： 首先，患儿口、鼻腔相通，直接影响发育，并常招致上呼吸道感染； 其次，患儿在生长发育期间说话时吐字不清，会影响到语言的发育； 最后，外观上存在的缺陷会让患儿形成自卑感，从而引起心理严重障碍

资料来源：腾讯公益（2021）：《一场旅程重塑了她的微笑："我知道，一切都会好的"》，腾讯公益公众号。

此外，本研究的因变量为大学生网络捐赠的行为意愿。控制变量包括人口统计学变量、过往捐赠经历（见表 2）。因变量的测量均采用 Likert 五级量表，具体的问题如下。

1. 因变量

网络捐赠的行为意愿：（1）我将在短期内捐款给嫣然天使基金"重塑唇腭裂儿童笑颜"月捐项目；（2）在不久的将来，我很有可能捐款给嫣然天使基金"重塑唇腭裂儿童笑颜"月捐项目；（3）我向嫣然天使基金"重塑唇腭裂儿童笑颜"月捐项目捐款的可能性很小；（4）如果当下面临选择，我会给嫣然天使基金"重塑唇腭裂儿童笑颜"月捐项目捐款；（5）我将会鼓励我的朋友和家人给嫣然天使基金"重塑唇腭裂儿童笑颜"月捐项目捐款。

2. 控制变量

人口统计学变量：研究测度的人口统计学变量包括性别、年龄、专业、受教育程度。

过往捐赠经历变量：既有国内外研究已经证实该变量对捐赠行为的显著影响。本文采用题项"过去一年参与过几次网络捐赠"进行测量。

表2　实验变量名称与简写

变量名称		变量名称（英文）	名称简写
证据类型	叙事型	Narrative Evidence	NE
	数据型	Statistic Evidence	SE
目标框架	增益	Gain	Gain
	损失	Loss	Loss
捐赠意愿		Donation Intention	DI

（三）实验程序与具体操作

本次实验采用线上问卷作答的方式，由研究者通过问卷星发放和回收问卷。

第一步，研究人员在大学生聚集的网络社群内招募符合条件的受试者。通过给予1~5元实验费吸引大学生报名参与实验。

第二步，正式实验开始前，研究人员在校内随机抽取80人（与最终受试者不重合）就初版实验材料设计进行预实验（每份材料20人），并根据80名学生的作答情况及他们对实验材料的建议，对正式的材料内容进行修改。

第三步，正式实验于2021年12月展开。提前招募的受试者被研究者随机分配到4个实验组，参与者在作答线上问卷前，需先在问卷星中阅读实验材料，阅读材料时长必须在一分钟以上，但对完成阅读的时间不作上限要求。在回收问卷后，研究人员会告知参与者本次实验的真实目的，并请他们严格保密本实验的内容。本研究在首次实验完成后共收集222份答卷，排除材料阅读检验不合格和漏答的4份后，收回有效实验问卷218份。

四　数据分析与结果

为避免不必要的误差，研究者在录入数据时删除了明显异常的数据，并进行了选项校对和概念均值的处理。对于实验干预的检验，本研究主要运用多元方差分析法。

从表3中的均值、标准差和偏度来看，本次实验的数据分布较好，在剔除异常值之后，克朗巴哈系数在0.7以上，说明因变量的测量结构较好。同时，经检验，本实验的三个人口学变量（专业、受教育程度、年龄）组间 p 值都大于0.05，各实验组之间无显著差异，实验组的随机性得到验证。

表3　本实验变量的描述统计信息

Variables	Mean	Std.	Min	Max	Skew	Cronbach's Alpha	No. of Items
捐赠意愿	3.34	0.65	1.2	5	−0.44	0.79	5
目标框架（1/2）	1.50	0.50	1	2	0.02	–	–
证据类型（1/2）	1.48	0.50	1	2	0.07	–	–

注：N=218；Mean为均值，Std. 为标准差。

表4列出了四种实验干预在因变量上的均值呈现，各组数据均符合正态且方差齐，满足多因素方差分析的基本假定。统计分析结果显示，证据类型与目标框架存在交互作用。

表4　四种实验干预对因变量影响的描述统计

DV	Interventions					
	Statistical × Gain	Narrative × Gain	Statistical × Loss	Narrative × Loss	p-value for equal variance	p-value for ANOVA
0.64	DI	3.66	3.30	3.17	3.25	0.69
–	N	60	50	53	55	–

结果显示，其他条件不变时，目标框架中的增益框架比损失框架更能促进大

学生的捐赠意愿提升（F = 11.51，p < 0.001）。但证据类型中叙事型证据和数据型证据对提升参与者的捐赠意愿的效果差异并不显著（F = 3.61，p = 0.06）。证据类型和目标框架间存在交互作用（F = 5.12，p < 0.03），具体交互效应有待进一步明确。

如图 1 所示，证据类型同目标框架对个体的捐赠意愿有着明显的交互效应。经简单效应的结果显示，在数据型证据下，相较于损失框架，增益框架显著提高了参与者的捐赠意愿（F = 16.57，p < 0.001）。而在叙事型证据下，两种目标框架的差异并不显著（F = 0.62，p = 0.43）。参与者无论处于何种目标框架都有着较低的捐赠意愿。因此，我们可以认为可能是叙事型证据弱化了两种目标框架之间的差异。

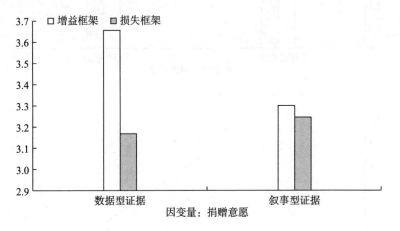

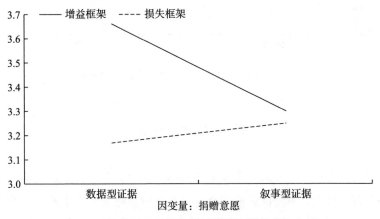

图 1　证据类型同目标框架对捐赠意愿的交互作用

如图 2 所示，在增益框架下，简单效应的组间差异显著，相较于叙述型证据，数据型证据明显提高了参与者的捐赠意愿（F = 8.59，p = 0.004）。而在损失框架下，简单效应的组间差异不显著，即两种证据类型无显著差异（F = 0.07，p = 0.80）。因此，我们可以认为，损失框架削弱了不同证据类型之间的差异。

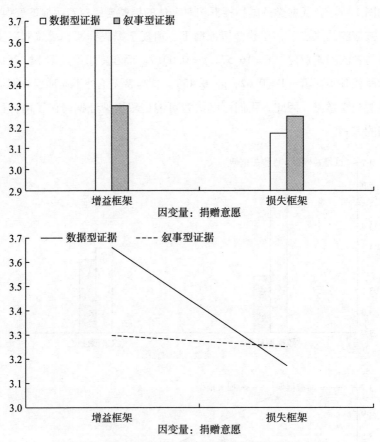

图 2 证据类型同目标框架对捐赠意愿的交互作用

五 结论与讨论

本研究旨在探讨不同的信息框架和证据类型对公众捐赠意愿的影响，得到了如下发现：首先，不同信息框架会对大学生的捐赠意愿产生差异影响。从目标框架来看，增益框架信息对捐赠意愿的提升效果要明显优于损失框架信息。其次，证据类型和信息框架具有对捐赠意愿的交互作用。对于数据型证据来说，增益框架的效果比损失框架更佳；而对于叙事型证据来说，增益框架与损失框架对于大学生捐赠意愿的作用没有显著差异。最后，对于增益框架信息来说，数据型证据比叙事型证据更具劝服优势；而对于损失框架信息来说，叙事型证据与数据型证据则没有显著差异。总体而言，"数据－增益"组合而成的信息具有最出色的劝服效果（见表5）。

表5 假设检验与研究发现的描述信息

研究假设	检验结果	备注
H1	否	假设不成立，对于信息证据类型，数据型证据和叙事型证据无显著差异
H2	是	假设成立，与损失框架相比，增益框架更能促进大学生捐赠意愿的提升
H3a	是	假设成立，对于数据型证据，增益框架的信息比损失框架的信息更能促进大学生捐赠意愿的提升
H3b	否	假设不被接受，对于叙事型证据，损失框架的信息和增益框架的信息无显著差异
H4a	是	假设成立，对于增益框架信息，数据型证据比叙事型证据更能促进大学生捐赠意愿的提升
H4b	否	假设不被接受，对于损失框架信息，叙事型证据和数据型证据无显著差异

本研究再次印证了公益传播语境下传播内容的重要性，证实了信息框架和证据类型的组合内容设计的交互效应会对大学生捐赠意愿产生复杂的影响，有效回应了解释水平理论的相关预测，得出了高解释水平的"数据－增益"信息组合可对中国大学生捐赠的行为意愿产生最优劝服效果的结论。同时，本研究也发现了高解释水平的证据类型和信息框架将会更稳固地影响大学生的捐赠意愿，并将其维持在很高的水平；而低解释水平信息因素则难以对大学生捐赠意愿产生促进效果，以至于在其影响之下，高解释水平信息的影响也被弱化，高、低解释水平信息影响所造成的差距将会被缩小。

在中国的公益事业中，通过有效的传播内容劝服个体进行捐赠行为至关重要。因此，劝服个体开展健康行为具有广泛的现实影响。要想得到良好的劝服结果，就应该先清楚劝服背后的信息作用逻辑，再将其付诸实践。目标框架和证据类型之所以引起学者们的关注，是因为这二者是公益传播信息设计中常被运用的两个因素，它们的特征及变化会导致劝服效果的差异。基于此，本文剖析了目标框架和证据类型这两个因素及其组合效应对捐赠意愿的不同影响。

首先，本实验中增益框架相比于损失框架更能促进个体捐赠意愿的提升，一方面,增益框架呈现出的乐观态度能够引起人们的积极情绪,从而促进捐赠;另一方面,我们的实验对象大学生群体知识素养水平较高,拥有更远端、更高层次的思维模式,对于劝服信息的接纳也会受到自身素养的影响,这也验证了过往学者强调的参与者个人特质对实验结果的影响,受教育水平越高的参与者越会偏向于接纳增益框架信息。因此,在增益框架下,个体的捐赠意愿会出现比较明显的提升,强调增益的信息建构会比强调损失的信息建构更有可能吸引大学生的注意力并促使他们做出响应。

其次,本研究的结果也对公益慈善组织募捐信息设计有实践指导作用。通过实验,本研究发现将高解释水平的"数据－增益"信息对应匹配将会获得比其他信息组合更好的疫苗接种劝服效果,而低解释水平的信息匹配则没有收获显著效果。尽管结论无法完全验证综述阶段提出的关于信息匹配的推断,即"在相同解释水平上进行信息匹配将会获得更好的劝服效果",但这也启示我们,在实际设计捐赠行为的劝服信息时,应当适当考虑不同信息的解释水平差异,进行高解释水平的信息匹配,以期获得更好的劝服效果。面对综合素养较高的人群,最好的信息组合方式应是给出具体的与公益活动对象、筹款等相关的数据,同时强调捐赠行为本身将为活动对象带来益处。而就目标类型信息而言,呈现捐赠行为将带来的益处将比呈现不捐赠造成的损失更能刺激人们产生捐赠意愿。

最后,本研究也存在一些局限。其一,网络捐赠是社交媒体时代大学生亲社会行为的主要表现形式,但正是因为过多研究都是基于受教育程度较高的学生样本展开,相应的结论能否推广到公众群体还不清楚。其二,本次研究主要通过文字内容的组合实现了受试者的干预。然而,现实的传播往往是文字、图片、音频、视频多种形式相结合,尤其在社交媒体中,受众可以从多载体、多样化的信息内容中接收到不同的信息框架和证据类型,未来的研究可以进一步关注信息载体对劝服效果的影响。与此同时,现实生活中公益信息的传播涉及更加充实的内容,一则广告或一个报道不能仅由一个框架或单个类型的证据支撑,所以未来研究者们还需要探讨更多属性、更多层次的组合框架在募捐推广上发挥的劝服作用。

除信息框架和证据类型外,后续研究还可以关注更多受教育程度、意识形态、收入水平和社会阶层不同的群体,对本实验的结果进行再验证与拓展。除了人口统计学因素，也应考虑个体差异，比如个体媒介接触、媒介素养等。此外，本研究仅测量了捐赠行为意愿，之后的研究或可将其延展到更具体的捐赠行为上。

参考文献

〔美〕卡尔·霍夫兰、欧文·贾尼斯（2015）：《传播与劝服：关于态度转变的心理学研究》，张建中等译，北京：中国人民大学出版社。

陈天祥、姚明（2012）：《个人捐赠非营利组织的行为影响因素研究——基于广州市的问卷调查》，《浙江大学学报》（人文社会科学版），第 4 期。

方德瑞信社会公益创新发展中心（2021）：《2021 年腾讯 99 公益日筹款数据盘点》。

风笑天（2008）：《社会学研究方法》，北京：中国人民大学出版社。

李武、李昕、毛远逸（2021）：《亲社会行为动机视角下公益众筹信息分享行为研究》，《新闻与传播评论》，第 2 期。

李雁晨、周庭锐、周琇（2009）：《解释水平理论：从时间距离到心理距离》，《心理科学进展》，第 4 期。

罗寒冰、徐富明、王伟、王岚、吴修良（2013）：《目标框架效应研究的回顾与展望》，《心理研究》，第 6 期。

冉华、耿书培（2018）：《健康信息的特质与组织方式对受众接受效果的影响研究——以女性宫颈癌预防传播为例》，《新闻与传播评论》，第 5 期。

冉华、耿书培（2021）：《远虑的冒险家：一项关于健康信息框架对女性 HPV 疫苗接种态度和意愿影响的随机实验》，《新闻大学》，第 2 期。

孙晓玲、张云、吴明证（2007）：《解释水平理论的研究现状与展望》，《应用心理学》，第 2 期。

中国互联网络信息中心（2021）：《第 47 次中国互联网络发展状况统计报告》。

周如南、卞筱灵、陈敏仪（2017）：《传播、赋权与公信力：新媒体环境下的公益慈善组织信息公开及其效果研究》，《广州大学学报》（社会科学版），第 1 期。

Allen, M., & Preiss, R. W. (1997), "Comparing the Persuasiveness of Narrative and Statistical Evidence Using Meta-Analysis," *Communication Research Reports* 14 (2), pp. 125 – 131.

Baumeister, R. F., Bratslavsky, E., Finkenauer, C., & Vohs, K. D. (2001), "Bad is Stronger Than Good," *Review of General Psychology* 5 (4), pp. 323 – 370.

Berger, P. D., & Smith, G. E. (1997), "The Effect of Direct Mail Framing Strategies and Segmentation Variables on University Fundraising Performance," *Journal of Direct Marketing* 11 (1), pp. 30 – 43.

Chong, D. , & Druckman, J. N. （2007）, "Framing Theory," *Annual Review of Political Science* 10 （1）, pp. 103 – 126.

Clark, M. S. , Oullette, R. , Powell, M. C. , & Milberg, S. （1987）, "Recipient's Mood, Relationship Type, and Helping," *Journal of Personality and Social Psychology* 53 （1）, p. 94.

Elliot, A. J. （2006）, "The Hierarchical Model of Approach-Avoidance Motivation," *Motivation and Emotion* 30 （2）, pp. 111 – 116.

Gallagher, K. M. , & Updegraff, J. A. （2012）, "Health Message Framing Effects on Attitudes, Intentions, and Behavior: A Meta-Analytic Review," *Annals of Behavioral Medicine* 43 （1）, pp. 101 – 116.

Greene, K. , & Brinn, L. S. （2003）, "Messages Influencing College Women's Tanning Bed Use: Statistical Versus Narrative Evidence Format and a Self-Assessment to Increase Perceived Susceptibility," *Journal of Health Communication* 8 （5）, pp. 443 – 461.

Haydarov, R. , & Gordon, J. C. （2015）, "Effect of Combining Attribute and Goal Framing within Messages to Change Vaccination Behavior," *Journal of Communication in Healthcare* 8 （1）, pp. 45 – 54.

Jackson, D. , Firtko, A. , & Edenborough, M. （2007）, "Personal Resilience as a Strategy for Surviving and Thriving in the Face of Workplace Adversity: A Literature Review," *Journal of Advanced Nursing* 60 （1）, pp. 1 – 9.

Kahneman, D. , & Tversky, A. （1979）, *On the Interpretation of Intuitive Probability: A Reply to Jonathan Cohen.*

Kahneman, D. , & Tversky, A. （1981）, "The Simulation Heuristic," *Stanford Univ CA Dept of Psychology.*

Kopfman, J. E. , Smith, S. W. , Ah Yun, J. K. , & Hodges, A. （1998）, *Affective and Cognitive Reactions to Narrative Versus Statistical Evidence Organ Donation Messages.*

Liberman, N. , Trope, Y. , McCrea, S. M. , & Sherman, S. J. （2007）, "The Effect of Level of Construal on the Temporal Distance of Activity Enactment," *Journal of Experimental Social Psychology* 43 （1）, pp. 143 – 149.

Majumdar, A. , & Bose, I. （2018）, "My Words for Your Pizza: An Analysis of Persuasive Narratives in Online Crowdfunding," *Information & Management* 55 （6）, pp. 781 – 794.

Reinard, J. C. （1988）, "The Empirical Study of the Persuasive Effects of Evidence the Status after Fifty Years of Research," *Human Communication Research* 15 （1）, pp. 3 – 59.

Rothman, A. J. , Martino, S. C. , Bedell, B. T. , Detweiler, J. B. , & Salovey, P. （1999）, "The Systematic Influence of Gain-and Loss-Framed Messages on Interest in and Use of Different Types of Health Behavior," *Personality and Social Psychology Bulletin* 25 （11）, pp. 1355 – 1369.

White, K. , MacDonnell, R. , & Dahl, D. W. （2011）, "It's the Mind-Set That Matters: The Role of Construal Level and Message Framing in Influencing Consumer Efficacy and

Conservation Behaviors," *Journal of Marketing Research* 48 (3), pp. 472 – 485.

Ye, W., Li, Q., & Yu, S. (2021), "Persuasive Effects of Message Framing and Narrative Format on Promoting COVID-19 Vaccination: A Study on Chinese College Students," *International Journal of Environmental Research and Public Health* 18 (18), p. 9485.

Positive Data Driven Donating: The Influence of Message Framing and Evidence Type on Internet Donation Intention

Zhou Runan, Miao Yiting & Jin Jing

[**Abstract**] "Internet + Philanthropy", which has the advantages of low participation threshold, wide spread and sustained dissemination effect, is the foundation for the rapid development of modern philanthropy. In order to understand the persuasive effect of fundraising message on social media, this study takes college students as experimental participants, incorporates the concepts of goal framing and evidence type into the analysis, explores the impact of message framing and evidence type on individual donation intention. The conclusion is that the gain-framed message is more persuasive than the loss-framed message. Meanwhile, there is an interaction effect between evidence type and goal framing, and the message combination of "statistic-gain" has the highest degree of improvement in donation intention. While responding to earlier theoretical predictions and empirical results on the framing effect, this study also reflects the value of two-factor interaction design in local public welfare communication research, and provides positive guidance for NGOs' fundraising information design practices in social media.

[**Keywords**] Internet Philanthropy; Donation Intention; Goal Framing; Evidence Type; Framing Effect

责任编辑：宋程成

积极数据驱动下的捐赠行为达成：信息框架与证据类型对网络捐赠意愿的影响

钟摆运动下的代理型调适[*]

——枢纽型社会组织的发生逻辑再考察

詹 轶 高 旭 李小雨 朱雅宾[**]

【摘要】 传统研究假设枢纽型社会组织是在一个相对恒定的制度环境中逐步兴起的,而从现实情况出发,我国的社会组织治理体系至今仍处于持续转型的进程中,主管部门经常会遭遇到"管-放"难题,在权力扩张与收缩间呈现出两极徘徊的钟摆运动。通过对制度文本和访谈材料的分析,本文提出枢纽型社会组织真正的发生逻辑:为同时回应政治稳定、行政效能和社会服务这三大需求并对存于其间的"管-放"矛盾进行调适,枢纽型社会组织被推至台前。凭借权威性、业务性和服务性三种代理模式以及地方化、具象化、外包化、循序化四种试验机制,其很大程度上缓解了之前频发的钟摆运动。但在"重管轻放"的底层逻辑下,枢纽型社会组织"平衡点"的功效可能存在部分失调的潜在风险。

【关键词】 枢纽型社会组织;钟摆运动;"管-放"矛盾;代理型调适机制

---

* 本文为上海市社科规划青年课题"新时代党领导下的协同型社会组织治理机制研究——以上海为例"(2020EDS004)的阶段性成果。

** 詹轶,上海政法学院马克思主义学院讲师;高旭,上海政法学院马克思主义学院讲师;李小雨,北京中医药大学马克思主义学院讲师;朱雅宾,上海师范大学马克思主义学院博士研究生。

一　问题的提出：为什么需要枢纽型社会组织？

时至今日，传统的社会组织管理体制已悄然蜕变，纯粹的管治模式正为愈发良性的互动机制所取代。但是，此种"相对恒定"的局面并非一蹴而就，而是经过长期摸索和磨合后才取得的阶段性成果。对有关部门而言，一个困扰已久的问题是：公共权力始终面临着"管"与"放"的两难抉择。地方经验表明，相关的制度变迁及政策革新经常会遭遇"一管就死"或"一放就乱"的局面。① 对此，我们可以用钟摆运动来形容该种"相对的不确定性"。

事实上，这也是进一步推进政社互动所必然要面对的核心难题，"管 – 放"抉择的背后是多重主体出于各自需求而产生的矛盾交织。国家若过快向下放权可能会令不确定的治理风险陡增，而过于强调秩序又难以激发社会活力，在阻碍公共产品多元发展的同时背上沉重包袱（周雪光，2011；李友梅，2012；黄晓春，2015；黄晓春、周黎安，2017）。

故而，枢纽型社会组织在"相对不确定"的环境下作为一种新型治理手段应运而生。过去十余年间，该类组织在经济社会较为发达的地区已呈规模化与体系化的趋势（王川兰、陈艳诗，2021）。从一系列官方文件中，我们能对其所扮演的角色窥知一二，如北京市《关于构建"枢纽型"社会组织工作体系的暂行办法》就明确了其组织定位，即"在政治上发挥桥梁纽带作用、在业务上处于龙头地位、在管理上经市政府授权承担业务主管职能"；上海在《关于进一步加强本市社会组织建设的指导意见》中则强调枢纽型社会组织是"搭建社会组织党的建设、业务建设和合作共治的平台"；广东也在《关于构建枢纽型组织体系的意见》中，将其定义为"增强党和政府对社会组织的领导和带动作用的社会组织服务平台"。显而易见，此种背景下的枢纽有着特殊的组织人格：它不仅将其他第三部门视作服务和管理的对象，自身又具备权威性、统筹性和协调性等特征，在各类社会组织中独树一帜（詹轶，2018）。

如今，枢纽型社会组织在体系变革的过程中逐步成为一个不可替代的选项，通过一系列跨越政社的代理型调适，其部分程度上做到了以"柔性机制"化解

---

① "一管就死"通常指运动式整治后社团数量大幅缩减、登记注册及项目审批难度上升等现象，而"一放就乱"往往表现为如违规事件猛增、监管系统外各类组织浮现等现象。

秩序与活力兼容的问题（李友梅等，2016：38～39；汪锦军，2015；郁建兴、沈永东，2017）。可以认为，枢纽型社会组织的确改善了钟摆运动的强度和频次，使"管－放"抉择不再是一个让人完全束手无策的难题，进而令相关体制从"相对不确定"的状态向"相对恒定"迈进了一大步。

针对此类社会组织，学界的研究方兴未艾，但对该类组织的发生逻辑，即其兴起的政治、行政与社会诱因及其相互之间的关联并未进行更深入的分析。换言之，在社会组织治理体系转型的大背景下，多重主体的基本诉求分别有哪些？这些诉求为何会在相互交织的过程中频频触发钟摆运动，从而使整体制度从"相对恒定"转入"相对不确定"的状态？而枢纽型社会组织又在何种意义上被视作一种重归"恒定"的治理工具？其缓解"管－放"矛盾的具体机制为何？实际成效又如何？笔者认为，有必要通过更为细致的观察，来回答上述疑问，进而廓清枢纽型社会组织真正的发生逻辑及功能定位。①

二 文献回顾与综述：从"相对恒定"到"相对不确定"的视角转变

学界对枢纽型社会组织的兴起抱有极大关注，许多研究都试图对其发生逻辑与功能定位进行把握，主要可以归为以下三类。

第一类观点往往凸显枢纽的政治"稳定器"功效。部分学者认为，许多地方之所以由群团牵头，首要考量便是政治因素，即在一个相对成熟的体制结构中，自上而下的变革相对可控且能高效推广（李璐，2012）。现实中，地方政府也将枢纽视作"代理人"，以对社会组织展开间接监管（杜平，2019）。民间力量的迅速膨胀带来了许多不确定因素，枢纽便是为了回应这一挑战并为"国家重塑社会"奠定的"组织基础"（张荆红、丁宇，2018）。有研究者直言，这是

---

① 需要说明的是，受制于观察样本和研究方法的有限性，文中提到的枢纽型社会组织采用相对广义的概念界定，包括体制内由地方党政部门发起的综合/行业联合会、社会组织服务中心、群团成立的民间组织服务中心，以及体制外自发组建的、承担类似职能的各类支持型服务机构（两者均在民政部门正式登记、拥有社会组织法人身份）。相对地，本文将工青妇等人民团体排除在外。在当前中国特有的现实场域下，群团虽被许多地方直接认定为枢纽，但因其属于模仿权力机关而设的科层式组织，带有极强的政治属性，可视作党政系统的旁支。且由于其于法理层面不在民政系统登记（区别于由群团发起、在民政部门注册为民办非企业单位的枢纽），严格意义上不适用于本文对社会组织管理体制本身的讨论，故将其排除。

"做强做大自己的'亲儿子'，用'亲儿子'管'后儿子'"（康晓光等，2011：46）。此外，类似研究还发现，某些枢纽型社会组织的主要功能往往集中于意识形态、政策宣传及对应群体把控上，发挥着"泵"一般的聚合与输送作用（范明林等，2015；程坤鹏、徐家良，2018）。

第二类观点主要集中于枢纽对行政效能的提升方面。面对社会组织数量的井喷式增长，政府缺乏足够的行政力量来进行管理，需要将这一职能委托给第三方（丁惠平，2017）。通过统合、引导和政策支持等途径，主管部门使社会化资源"为我所用"，得以将枢纽转化为公共服务的帮手，从而达到增强治理绩效的目的（唐文玉，2010）。如某些地方为了提高行政效能，将登记管理的前置事项交由专门成立的枢纽操办，民政系统只负责最后的审批把关。这恰恰就是为了解放一些"过劳"部门，使其在机构、人员、资产等方面不必要的职能尽数外包（张玉强，2017）。沿着这一思路，"职能载体社会化"等理论被提出，跨越政社藩篱的职能转移被认为是克服政府失灵的必需品，枢纽作为"更灵活、更具弹性的社会机制"来弥补官僚系统的缺失（苏曦凌，2020）。

第三类观点则在枢纽如何满足社会的服务需求方面给予关注。出于群体认同、归属感及互利互通等缘由，功能趋同的社会组织间自然会衍生出相互结盟的动机。同时，为了在政社间架起桥梁，也需要有一个兼具整合与代表性的窗口，枢纽便恰好是这样的载体（刘洋，2016）。诸如强调协调各方、搭建多元治理格局的"协同联动"，由于掌握资源分配技能而被急需的"价值主导的专业化协同"等理论均指向了一系列社会性功能：从孵化培育、资源聚合到咨询指导与合作发展，再到自治自律和集约供给（姚迈新，2016；杜平，2019；卢磊，2018；张起帆、彭善民，2021）。

综上，三类文献已大致勾勒出枢纽型社会组织的发生逻辑及功能定位，对后来的研究贡献良多。但问题在于，这些观点多从政治、行政、社会等单个功能层面出发，割裂了不同维度间的紧密关联，所谓"只见树木不见森林"，丧失了从整体上把握枢纽定位，进而剖析社会组织治理体系变革全局的机会；而另一些研究尽管注意到了复合视角的重要性，并试图以"行政圈层社会""多重政策叠加"等概念来对不同维度需求的相互交织进行解读（顾丽梅、戚云龙，2021；王学梦，2021），但却浅尝辄止，只谈表层联系与"相对恒定"状态下的"融合性"成果，无意间忽略了各需求互动过程中潜在的"管-放"矛盾及其后续的"负外部性",从而也失去了进一步理解体制转型过程中"不确定"的钟摆运动频发、枢纽型社会组织得以发展的机会。

可见,即便是"复合视角",也对不同维度需求在相互纠缠后所引发的潜在张力重视不足,假设枢纽型社会组织是在一个相对恒定的制度化环境中茁壮成长的,这显然与实际情况有所出入。如前所述,在社会组织治理体系持续转型的大背景下,钟摆运动及"管-放"矛盾恰是一种相对不确定的表现。因此,有必要从"相对恒定"的单一/复合视角中跳出,转向"相对不确定"下的复合视角,以此来探明钟摆运动的内在成因与表现形式,并于该基础上,指出枢纽型社会组织与之相对应的定位——试图通过三种主要的代理模式来实现其"平衡点"的功效,以在最大程度上调解既有矛盾。①

三 钟摆运动的构成要素:三大需求及其内在张力

如前所述,社会组织治理体系的现代化是由多重主体共同推动构建的。其中,国家、官僚和社会虽在行动逻辑上各有侧重,但其之于改革的诉求在本质上是紧密交织、相互作用的。总体来看,这些基本共识主要体现在以下三个维度,即政治层面的稳定需求、行政层面的效能需求和社会层面的服务需求。②不论是相关政策的制定者还是具体执行人,抑或是作为监管和服务对象的社会组织,均围绕三大需求进行规划并开展活动。也正是在同一时刻,枢纽型社会组织作为改革"试金石"被逐步推至台前。

另一方面,一个被忽略的现实问题是:多重主体在实现三大需求的过程中,常常会为了达成某一目标而不得不放缓对另一目标的追求,甚至可能出现"零和博弈"——"一管就死""一放就乱"便是其最极端的表现。换言之,三大

---

① 本文仍属于传统意义上的质性研究,除公开的政策文本和既有相关文献作为参考外,其余资料均来自2016~2021年各类结构性专访及非结构性的集体座谈会。各类访谈和座谈会地点主要位于S市,对象包括市内具有代表性的枢纽型社会组织、行业主管部门及其他参与各类集体研讨的业内代表人士、一线工作人员及相关专家学者。

② 之所以要区分政治需求和行政需求,原因在于其分别对应的是国家与官僚两种不同逻辑。前者考虑的更多的是维系整体制度的刚性,即地方创新必须在稳定可控的节奏下展开,不能跨越红线(如2016年两办46号文件要求);后者主要是地方有关部门在创新过程中如何有效完成改革目标的技术问题,考虑的主要是对外发包,政社合作等是如何缓解行政机构压力的。两者的价值内核实际都指向了体制认同与执政绩效。

需求间存有潜在张力，并以"管–放"矛盾的形式显现。在地方改革的过程中，"管"与"放"往往是一个两难抉择，这导致公共权力难以把握运行尺度，在扩张和收缩间徘徊不定，最终呈现出钟摆式的剧烈波动。①

（一）社会组织治理体系现代化的三大需求

其一，政治层面的稳定需求。当代中国，"上下分治"的机制见诸方方面面，社会组织治理体系自然也包含在内（曹正汉，2011）。近年来，无论是行政脱钩、登记从简还是服务购买，地方都走在前列。中央则在 2013 年十八届三中全会上给予原则性肯定，如社区备案等创新举措正式落地。② 2016 年，两办联合印发了《关于改革社会组织管理制度促进社会组织健康有序发展的意见》（以下简称《意见》）。作为迄今为止最高规格的指导方案，其充分展露出全力变革的意愿。如培育社区组织、完善政策扶持、推进登记改革等事项，均在《意见》中得以体现。纵观此类举措，无一不是"地方创新、中央审核"的结果，这是政策试点在社团治理领域的表现，它将求进和企稳有效地结合在了一起（韩博天、石磊，2008；曹正汉、王宁，2020）。

另一方面，在求变之余，稳定仍然是被着重强调的优先原则。《意见》中，"政治引领""有序推进""平稳过渡"等词反复出现，但与此同时，"创新治理""激发活力""引导支持"等内容也占据了大半篇幅。这就表明，下一阶段的工作将在"稳中求变"的节奏中全面展开。套用原文表述，即"一手抓积极引导发展，一手抓严格依法管理"。③ 这始终在提醒我们：历经重重考验后，中国的社会组织管理体制改革已迈入深水区。在未来很长一段时间内，如何正确处理"管"与"放"的关系就是行业主管部门亟待解决的首要难题。

自 2006 年起，枢纽型社会组织逐渐走进人们的视野。身为治理体系创新中的一环，官方赋予了它特殊的使命——在各地发布的权威性文件里，其政治定位一目了然，诸如"统筹""龙头地位""主管职能""党建平台""领导和带动作用"

---

① 此种意义上，钟摆运动的"负外部性"恰是社会组织治理体系改革的内在诉求间接导致的，是主动打破"相对恒定"，朝"相对不确定"迈进的一种尝试，而枢纽型社会组织便被视作是"由负转正"、使体制变革重归确定状态的"自我修正"。

② 即社区服务类社会组织直接登记。参见人民网《中共中央关于全面深化改革若干重大问题的决定》，http://cpc.people.com.cn/n/2013/1115/c64094–23559163–13。

③ 民政部：《中办国办印发〈关于改革社会组织管理制度促进社会组织健康有序发展的意见〉》，http://www.mca.gov.cn/article/zwgk/mzyw/201608/20160800001526.shtml。

等措辞屡见不鲜。可见，虽以社会组织的形象示人，枢纽仍有较为浓厚的政治色彩。考虑到监管主体的稳定需求，上述情形的产生完全在情理之中。

其二，行政层面的效能需求。面对纷繁复杂的治理环境，单纯的官僚系统在公共物品的供给上往往显得力不从心。当社会需求日趋多元、资源整合陷入僵局时，一个更包容的"协同治理网络"必不可少（Blau & Rabrenovic，1991；Rhodes，1996）。基于此，各类社会组织大量涌现，开始承接政府的外包职能。在高层看来，这始终是国家治理能力和治理体系现代化的重要途径。如在《中共中央关于全面深化改革若干重大问题的决定》里，"简政放权""理顺关系""购买公共服务"等要求一一在列。"面对纷繁复杂的社会事务，政府要保持必要的谦抑，把那些不擅长、做不好的事情交给社会组织去做。"①

实际上，"借道"机制的背后是政府"退出式服务吸纳"的行政逻辑，实现的是"行政合法性"（黄晓春、周黎安，2017；黄六招等，2021）。该逻辑通常包含两个具体指向：第一，降低成本，缓解压力；第二，转移职能，提升绩效。更通俗地讲，便是"甩包袱、精业务、促成果"。如对地方主管部门的访谈就表明，其在面对日渐繁重的行政事务时，常力不从心。

> 目前，本市社团局的体量在全国数一数二。即便如此，分配到每个处的具体人员依然不足。伴随工作要求的提升，问题变得尤为突出。区县层面，51 位公务员分别对应 16 个区，平均每个区 3 人左右，最多的也只有 7 人，最少的才 1 人。以民非处为例，每个经办人员要负责近 200 家组织的日常管理，压力之大可想而知。（SHQGY151208）

其三，社会层面的服务需求。社会组织在提供社会服务、影响公共政策等层面正变得愈发举足轻重。但无法否认的是，诸如资源匮乏、能力有限、专业程度低下乃至公信力缺失等问题依然普遍存在。之所以会形成此种局面，除去"法律和社会经济"等外部因素的干扰，关键在于"（组织间）缺乏交流、学习和互动的机制"（贾西津，2005）。有学者就曾指出，若能使各种组织建立联系，并突破单位、行业、区位的局限，那么一个被各种制度所分割的社会就会

---

① 《孟建柱：照准鼓励创新与防空风险的平衡点》，http://legal.people.com.cn/n1/2016/1013/c42510-28776239.htm。

被组织间的横向合作缝制成为一个内在联结的整体（高丙中，2006）。

当下，国内的社会组织尚处于由量向质转变的过程中。暂且不论长期接受体制供养的官办组织，为数众多的体制外组织一直饱受资源短缺的困扰，很难做到真正意义上的自立自强。故此，源于外部的扶持和引导就变得必不可少。在一些经济社会较为发达的城市里，相应的服务网络已悄然成型，如公益园区、孵化基地、社区基金会等项目都广受好评。作为整个治理体系改革的创新之举，枢纽型社会组织自然也榜上有名。既有经验表明，一些专业孵化机构已在新兴社会领域中有力地填补了结构性漏洞，初步建立起了跨部门联盟网络。作为中介，这些组织能在关系网的空白处起到桥梁作用（Yang & Cheong，2019：784-813）。

随着枢纽型社会组织的逐步成熟，社会资本得到了进一步联结，而民间活力也借机被唤醒。其中，官办枢纽背靠体制，按照专业需求，将具体事务输送至下游组织；① 民办枢纽则与草根组织往来甚密。通过企业赞助、设立基金等形式，它为许多初创的小微组织带来生机。更常见的是，两类枢纽均为社会组织间的横向互动提供了便利，一个横跨政府、市场与社会的多元网络形成了，在互信、互助、整合资源及凝聚共识等方面其都发挥着重要作用。

（二）需求间的内在张力及其结果

三大需求互为表里，在满足政治稳定需求的前提下，减轻不必要的行政负担并充分激发社会活力，无疑是累积执政绩效的最佳选择。为此，主管部门必须先解决一个看似矛盾的难题——如要实现稳定，"管"是必由之路，这很可能就意味着"权力扩张/干预"；而若以效能和服务为考量，"放"则是大势所趋，"权力收缩/不干预"才应是首选（见图1）。②

经验表明，"管-放"间的张力时常会以多元政策目标的方式出现，如

---

① 如区联合会把具体业务承包给各街道联合会，或以专业划分至文化、教育、劳动等行业联合会；再如群团枢纽会按类别分为下层的青年、妇女等组织匹配相应的政府购买合同。

② 行政和社会层面的"放"在内涵上有所差异。前者更多的是行政机构有意为之，即为了减轻负担而主动采取的职能外移行为。此时，社会组织作为任务承接者，其自身权限的大小完全由委托方政府部门根据其具体需求决定。因此可将其视作基于效能逻辑的"权力收缩"；而后者更多建立在社会自治及互助之上，目的是维系社会自主活力并更好地满足多样化需求。在既有秩序得到保证的前提下，主管部门通常对此采取默许和放任的态度，因此可称之为基于服务逻辑的"权力不干预"；另一方面，"收缩"和"不干预"的主体均是公共权力本身，且都是通过现实政策实现的。故本文统一用"放"来指代行政与社会层面的政策特征，具体区分见图1。

2016 年两办文件在强调"降低准入门槛"（"宽放"）的同时，又再次明确"严格民政部门登记审查"，"加强对社会组织负责人"、"资金和活动的管理"（"严管"）；① 而同年由国家统计局修订的统计监测方案，以"民主法治板块"硬指标的方式强行规定了每万人拥有社会组织的数量和权重，且将其纳入地方考核之列。如此一来，"从严登记"和"快速扩张"同时出现在了高层的宏观文件中。虽然文件中亦包含了"放管并重、处理好'放'与'管'的关系"等抽象的总体原则，但在缺乏具体操作细则的情况下，地方要同时贯彻落实这些指令，就必须充分发挥自由裁量权，加强主管部门在具体执行中的"权宜性"和"试验性"。同时，出于部门自利等原因，多元目标还可能导致制度"碎片化"，加大条条、块块以及条块间的冲突与矛盾（郑佳斯，2019）。换言之，从地方层面来看，不同需求在取向上似乎相互掣肘、背道而驰。

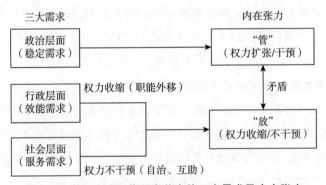

图 1　社会组织治理体系变革中的三大需求及内在张力

传统的双重管理体制带有浓厚的"强规制"色彩，基于稳定需求的"管"时常压抑着基于效能和服务需求的"放"。在严进严出、高频巡查和运动式整治等手段的作用下，"分类控制""嵌入型监管""甄别性吸纳"成为主旋律（康晓光、韩恒，2005；刘鹏，2011；陈天祥、应优优，2018），随之形成"重管轻放"的格局。而随着改革步伐的加快，效能和服务需求在"简政放权"等要求下逐步提升优先级。同时，在基本制度搭建完毕的情况下，"监控"的逻辑顺位会作相应下调。于是，以项目制、孵化支持体系、直接登记、备案制等

---

① 民政部：《中办国办印发〈关于改革社会组织管理制度促进社会组织健康有序发展的意见〉》，http://www.mca.gov.cn/article/zwgk/mzyw/201608/20160800001526.shtml。

为代表的"放"成为主流，甚至为追求改革效率而出现"急放急管"的情况，原本相对确定的状态也会因变数增多而丧失其恒定性。

对主管部门来说，这种顾此失彼很大程度上是两难境地中的无奈抉择。究其缘由，恰是因为相关制度正处于转型过渡期。一方面，传统的双重管理体制出现松动，社会组织在登记、运营、业务等方面的限制逐步放宽；另一方面，新的治理体系尚未彻底完善，"覆盖为先、量大于质、有名无实"等现象普遍存在。受此影响，许多组织在专业性、适应性、合法性等方面表现得不尽如人意，间接阻碍了公共服务的有效供给。处在新型治理格局的形塑阶段，主管部门面对诸多不确定因素使其只能"摸着石头过河"。换言之，"管"与"放"的取舍乃是特殊情境下的"尺度"问题，决策者与执行者都在通过实践"试错"。① 既然带有极强的试验性，做出政策选择时出现摇摆也就在所难免。

如上所述，钟摆运动通常见诸体制变革期，"重管轻放"与"急放急管"是此种相对不确定在社会组织治理领域的具体呈现。② 从现实经验来看，运动的两个极端是"一管就死"和"一放就乱"，分别对应国家在"纠偏"时的两种状态（周雪光，2017：11）。但这两种状态是钟摆一左一右的顶端，属于非常态。一般情况下，公共权力的扩张与收缩均会在不触及峰值的范围内徘徊——当社会活力接近枯竭时，钟摆就会由"管"向"放"划动；而当失序风险陡增时，钟摆作反向运动；其余多数时间内，则试图于动态中找到一个暂时的平衡点（见图2）。此类例证常见于现实中，如民政部就在近年来的全国视频会议上表示社会组织增速过快，需要对总量进行控制（郑佳斯，2019）；2016年两办文件又再次强调要"严格民政部门登记审查"。需注意，上述举措均是在直接登记等"宽放"新政颁布后数年才跟进的，这便是钟摆一次显而易见的"回摆"。当然，钟摆的相对不确定本身就是体制处于转型的表征。当新的治理格局大致奠定时，钟摆运动就会告一段落，静待新一轮

① 这就像一位司机虽然对老爷车驾轻就熟，但当某天他突然换了辆新车时，油门的松紧就变得不好把握，至少需要一段时间的学习和再适应。此种"试错"与当代中国许多经济、社会领域的政策试验一样，是在风险基本可控的情况下开展的。

② "急放急管"虽然表现得较为激进，但其本身不是一种政策导向，也并非国家刻意为之，而是在地方创新的过程中所产生的一种意想不到的间接后果。

变革。①

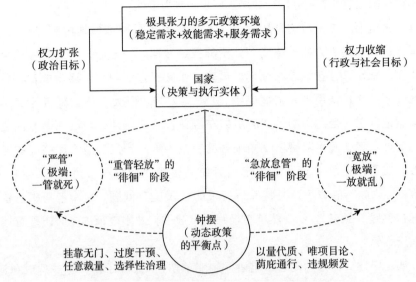

图 2 社会组织治理体系变革过程中的钟摆运动

作为回应，官方喊出了"放管并重"的口号，并将其视作一项指导性原则加以秉持。② 可以认为，钟摆运动所引发的弊端已为行业主管部门所深刻洞悉。关键在于，需要将其由高度抽象的原则转变为具体方案，在改革过程中找到一种切实可操作的调适机制。

四 "平衡点"：需求回应与代理型调适

（一）枢纽型社会组织对三大需求的回应

其一，对稳定需求的回应。从发起背景来看，许多枢纽型社会组织天生具

---

① 在国家意志的指导下，钟摆运动的强度和频率始终被牢牢把控。决策部门就如游走在"重管轻放"和"急放急管"间的"徘徊者"，其按照具体形势的变化左右逢源、寻找平衡，并尽可能规避"管死"或"放乱"的极端情况发生。但庞杂的不确定因素往往使政策制定带有滞后性，其通常只是针对上一轮"矫枉过正"所作出的补救。故此，"重管轻放"和"急放急管"会不同程度地交替出现，待其形成一定规模后才会被修正。换言之，钟摆运动的强度和频率即使可控，其操作精度也不甚理想。

② 民政部：《中办国办印发〈关于改革社会组织管理制度促进社会组织健康有序发展的意见〉》，http://www.mca.gov.cn/article/zwgk/mzyw/201608/20160800001526.shtml。

有维系稳定的属性，会经常性地履行业务指导功能，化身权力"代行者"。官方指定的枢纽型社会组织通常由党政机关发起组建，在特定的行政区域或是行业范围内，拥有强制性垄断地位。如S市下辖区早于2007年便形成了"1+5+X"的布局，用成立地域综合型联合会的方式来推动持续改革。① 有别于传统的管制模式，这些枢纽将替代部分机关单位，以社会组织的身份肩负起业务指导与管理协调的职责。②

再如，枢纽型社会组织对"脱钩不脱管，党建引领社建"的贯彻。这是地方在管办分离过程中始终遵循的宗旨，其旨在借助党建体系来掌控社会组织发展的整体走向，填补行政脱钩后产生的真空地带，并尽可能地消弭体制转型所带来的离心力。

> 为落实51号文件的精神，对"直接登记"的民间组织，我们将奉行"脱钩不脱管"的宗旨，狠抓其党建工作。凡是成规模社团，都会不遗余力地做到全面覆盖。（SHSGW160802）

此外，枢纽型社会组织还构建了分级式的网络化监管。截至2018年，S市已基本实现社会组织服务中心在市、区和街道层面的全覆盖。③ 若仔细观察这三级组织，就会发现它与权力机关有着千丝万缕的联系。在管理层的构成上，官方指派乃是最常见的制度体现。除特殊情况外，绝大多数负责人来自上层。同样，该类组织的活动经费也主要由市财政统一拨付，其一般会占到总收入的60%甚至更高。④

　　这些枢纽仅在名义上保持独立，从组建宗旨、功能定位等层面来看，

---

① "1+5+X"即一个区级、五个街道和各主要行业（如劳动、教育、文化等系统）。
② 一般而言，它们保留了对挂靠组织进行干预的权力。除日常工作基本不受影响外，凡涉及高层变更、资金流动、跨国合作及其他重大决策（如制定或修改章程）的事项，都需经由"代管人"审核方能正式生效。在这一方面，民办枢纽相对处于弱势。它们通常不具备业务指导资格，故对草根组织无强制性约束力，只能通过业务上的合作关系对其产生影响。
③ S市此类中心均为在民政部门登记的民办非企业单位。
④ 三级中心曾长期接受财政补助，但随着近年来政社分离的加速推进，政府购买服务的方式逐渐取而代之。

它们更像是民政部门的派出机构和"窗口"单位。①（SHQGY160622）

另一方面，在褪去了浓重的政治色彩后，民办支持型机构显得格外平易近人。借着这种与生俱来的优势，它成功地卸下了草根组织的防备，并使这些原本游走于监管系统外的个体纷至沓来，间接地实现了吸纳与渗透，并以平台化的方式实现了整合范围的扩大。对渴望稳定的党政机关而言，一个额外的"减压阀"自然是意外之喜。②

其二，对效能需求的回应。枢纽型社会组织的参与使相关制度的协同性、包容性得以提升。凭借与体制嫁接的良好相性，一个连通上下的社会化载体使有关部门获得了喘息机会。因此，随着枢纽的兴起，监管压力的舒缓和服务专业化的提升得以同时进行。

现实中，官办的社会组织服务中心按行政层级分布，负责承包所属区域内的"窗口业务"，并提供一定的资源对接、人才培训及信息共享等服务；③ 联合会与群团发起的半附属机构则按行业或人群划分，除为对应社会组织提供相关服务外，还在授权基础上履行部分业务指导及管理协调的职责。④

与之相比，民办的服务支持机构并没有雄厚的政治背景作为保障。在更多时间内，其工作重心处于制度外沿，草根组织才是最主要的交往对象。如前所述，日趋频繁的政社合作为民间支持机构创造了机会。凭借与生俱来的特殊身份，其更易获取草根组织的信任，从而进一步增强了体制的吸纳与整合能力；

---

① 官方文件显示，三级中心应当完善与党政部门、街道乡镇之间的协同机制。如定期会商、情况专报、列席会议等举措，都必须尽快贯彻落实，见 S 市民政局、S 市社会团体管理局印发的《关于加强本市社会组织服务中心建设的指导意见（试行）》（S 市民社非〔2015〕1号）。此外，各级中心还构建了以预警网络为核心的监管系统，如其通常会配备数量庞大的信息员和联络员，见 S 市社会团体管理局印发的《加强服务中心建设构建社会组织服务支持体系》。

② 民间支持机构扩展了枢纽的"外围"功能，在培育和扶持草根社团方面，该类组织所展现出的能力有口皆碑。一般情况下，官方通过两种途径与民办类枢纽组织进行合作：其一是以政府购买服务的方式与中标者签订正式合同；其二是建立在私人关系上的口头协议。前者通常是公开或半公开的，而后者则往往是私密性的。

③ 这些"窗口业务"（如咨询、备案、登记与年检的前置工作等事项）原属民政系统下的社团管理部门负责，现通过政府购买服务的方式，将相关工作剥离出来，交由各级社会组织服务中心负责。

④ 如前所述，官办枢纽的管理和服务对象一般都为体制内社团，尤其是业已登记在案的成规模组织。

同样宝贵的，还有长期扎根基层所凝练出的经验。相较某些官方机构，它对现实问题有着更为深切的认识，可迅速制订计划并作出回应。

其三，对服务需求的回应。从满足社会利益角度出发，体制内外的枢纽型社会组织并无二致。通常情况下，两者各取所长。现实中，官办的 S 市 J 区联合会在区社工委等部门的指导下，积极开展政社合作，引导民间机构向体制靠拢，如党建交流促进会、廉洁文化示范点、文明单位创评等，皆为个中典型；同时，定期举办财务、人事、法律、项目和评估等类型的培训与讲座；为加大扶持力度，还创立了 10 个"微基金"，以小额补助的方式保障基层社团的生存发展；搭建共建共治共享平台，发动辖区内各类组织打造"新新相惜""青春护航"等民众急需的品牌项目；① 自 2015 年起，联合会用于公益创投的专项资金已超 4000 万元，涉及养老、帮困、住宅区改造、社区矫正及体锻场所修建等多个民生项目。②

业内知名的某公益组织发展中心则彰显了民办枢纽的优势。自成立伊始，其就旨在发掘和培育草根组织。凭借独创的"孵化器"模式，中心早已声名远扬。截至 2018 年，其培育"出壳"的社团超过 500 家，涵盖扶贫、教育、助残、环保、社区服务、青少年发展等多个领域，部分机构更是成长为业内翘楚，极大地拓展了中国公益事业的版图；另一些尝试如联合劝募、公益创投、展会、企业社会责任咨询等，皆为国内首创。长远来看，整个行业都将由此获益。至今，中心已陆续发起成立了近 30 家民间组织，业务范围辐射至长三角、珠三角、京津、川渝及中部地区，项目点遍布全国 40 个城市，影响颇为深远。③

（二）枢纽型社会组织的代理型调适功能

前文业已提及，官民参半的组织背景赋予了枢纽型社会组织多元的身份属性。其中，监控属性的"管"，与效能、服务属性的"放"共同承于枢纽之上。现实中，正是凭借党政机关与枢纽型社会组织间的委托－代理关系，前述矛盾才得以部分缓解，令"管放并重"的抽象目标有了具体抓手。

---

① 参见 J 区社联会内部资料《百炼成纲：J 区社会组织党建工作十法》。
② 此类公益项目通常由区社联会创立，然后经政府购买，再由各街道联合会或行业协会承包。参见 S 市 J 区社会组织联合会官网《党建引领社建——枢纽型社会组织管理模式探索与实践》，http：//www. ngof. org. cn/info. asp？InfoId＝2567&cid＝2。
③ 公益组织发展中心官网：《简介》，http：//www. npi. org. cn/aboutus/2006/01/1. html。

在公共行政领域，委托－代理关系将关注点放在政府同外部主体的跨界合作上，如"协同治理""整体性治理""政社合作机制"等趋势皆是如此（Perri & Stoker，2002：29－35；Tom Christensen 等，2006；敬乂嘉，2013；罗婕、桑玉成，2018）。如今，越来越多的社会组织承担了原本党政机关的诸多事务，枢纽型社会组织自然亦不例外。其与主管部门间的委托－代理模式不仅有效地丰富了既有的监管举措，还让培育扶持上升到一个新的高度。一方面，官方若失去代理人，将更偏重于依靠行政手段来施加其影响力。这势必会引发过度干预或选择性治理等问题，最终落入"一管就死"的局面中难以自拔。另一方面，受制于行政成本及专业性等因素，有关部门对社会组织的"痛点""痒点"常常爱莫能助。长此以往，便养成了"不敢放"或"不会放"的习惯。故而，既可与体制对接，又身处社会组织之列的枢纽，就成了一个最佳选项。理想状态下，其主要通过以下三种路径发挥其调适性代理的功能。

第一，权威性代理。枢纽经授权于特定区域或行业内履行业务主管职能。根据地方公开的文件，其能代替原有的主管单位执行部分监管权，并被赋予官方性质的半垄断地位，可作为某区域、某行业内民间团体的代表集中处理对内和对外事务。① 在党建工作、政策传达、前置审查、日常巡视等方面，枢纽型社会组织接过了部分原属党政机关的监管职能，成为真正意义上的权威性代理人。

从稳定需求来看，此种代理关系较直接管理有两大优势。首先在形式上，从"官管民"转变为"民管民"，部分消解了挂靠无门和过度干预所引发的矛盾。在与其他社会组织相处时，枢纽更具亲和力和包容性，且在处理具体业务时也更具专业性和针对性。相比原有的直管模式，其通过分散、转移风险的方式，有效减少了"重管轻放"的情况发生。其次是利用枢纽型社会组织独有的吸纳和渗透能力，来改善之前无暇他顾导致的种种"急放怠管"，使党政意志得以借社会中介获得更广阔的覆盖范围和更有效的切实履行，在民间力量愈发多元化、不可测因素逐步增多的情况下保证了整个体系的稳定与可控。

第二，业务性代理。如前所述，出于"促成果"等行政需求，主管部门一再缩减其在人员经费上的投入，并试图"借道"外部资源，基于项目制的委托模式便应运而生。通常情况下，民政等政府部门只保留核心监管职能（登记、

---

① 如"在管理上经市政府授权承担业务主管职能"等规定。参见北京市社会建设工作领导小组办公室印发的《关于构建"枢纽型"社会组织工作体系的暂行办法》。

审批、执法等），而服务、协调工作（咨询、培育、评估等）则尽数交给枢纽。如此一来，主管部门过重的行政压力得以部分释放，其在扩大职能范围的同时也间接提升了治理绩效。

地方经验显示，业务性代理使传统的碎片化管理逐步转向协同共治：以党委相关部门为核心，构成社团治理的委托单位。其中社工委（组织部）等部门主管社团党建和政治引领，民政局（社团局）负责登记执法和政策规划，群团组织利用自身号召力整合对口社团，三者分工明确、相互协作；[①] 而枢纽型社会组织则为具体事务的承接者与代理者，形成了"官民分治"的格局。其中官办枢纽主要负责规制、整合、培育体制内社团，而民办枢纽则多以草根组织为目标，提供服务并对其加以筛查和引导（詹轶，2018）。较之以往，在没有牺牲"管"的情况下，"放"的步子迈得更大，避免了"重管轻放"的监控逻辑无限膨胀。

第三，服务性代理。枢纽的出现使资源下放的供给效率和专业性都有所提高和增强。经其牵头，大量社会组织同党政机关与市场部门联结。也正因平台渠道的畅通，众多求助无门的草根组织得到滋养。通过一系列培育和扶持，小微团体得以摆脱困境。

更重要的是，此种扶植是在整合原子化个体的情形下渐次展开的。凭借代理模式，游离于体制外的组织不仅开始进入视野，还从"地下"转战"台上"，步入主管部门的巡视范围内。这也意味着，满足社会利益的同时，整个治理体系的不确定性也有所下降。换言之，"管"与"放"相得益彰，权力边界的收缩与权力渗透的扩张并举，规避了原先"急放急管"很可能引起的突发高风险事件。

综上所述，通过三种代理模式，枢纽型社会组织同时回应了政治稳定、行政效能和社会服务需求，其试图在社团治理的"管"与"放"之间找到一种新的平衡，使过往频发的钟摆运动能得到有效约束（见图3）。[②]

---

① 不同地方在相关机构设置上会有差异。如至2019年末，S市市一级社工委逐步停止工作，其主要职能转交市委组织部与统战部，区一级由区委组织部挂社工委牌子。

② 不同类型的枢纽型社会组织其发生逻辑亦会存在差异，对三大需求的回应也各有侧重。在"服务统筹对象"方面，官办枢纽以体制内成规模组织为主，体制外成规模组织为辅。除与基层有过成功合作经验的草根外，其一般不与该类组织直接发生关联。而民办枢纽则相反，一般以草根为主，体制外成规模组织为辅，基本不涉及体制内成规模组织。在"回应需求"方面，官办枢纽更侧重于回应政治稳定需求与行政效能需求，社会服务需求为辅。而民办枢纽侧重于回应社会服务需求，政治稳定为辅。在"回应手段"方面，官办枢纽以正式的项目制为主，辅以少数非正式合作。而民办枢纽则项目制和非正式合作并重。

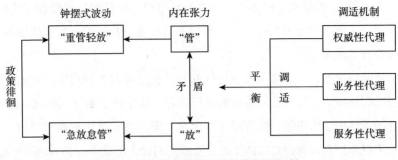

图3 枢纽型社会组织的平衡调适机制

（三）尺度把握的逐步精细化

如前所述，目前中央层面并未对枢纽组织的发展有统一规划，其更多停留在地方政策试验的阶段，这种"试点"和"摸索"充分表现出决策主体对于降低钟摆幅度和频率的意图。一般认为，政策试验是消除分歧、控制风险、扩大共识的一种柔性手段（Cai & Treisman，2006：505 – 535）。本质上，这是决策者在学习和适应，即从下层实践中汲取有益的经验（王绍光，2008）。其最显著的特征便在于确定试错任务和搜寻方案，并掌握明确的政策工具和较为成熟的工作体系（刘伟，2015）。现实中，枢纽型社会组织正是地方变革中的"试金石"。

按照上述逻辑，构建枢纽体系的过程就是一种渐进主义的具体表现。当政策制定环境繁杂，手握信息有限而改变又势在必行时，就会采取此种策略。同时，该策略还会在不同利益群体的参与者间进行调和，以存异求同（黄健荣，2002）。这与决策者将枢纽作为变革手段的做法如出一辙——在一个较低的层级，用一个具体的抓手，慢慢地拨动钟摆。具体来看，枢纽型社会组织之所以能使决策者对"管－放"尺度的把控逐步精细化，主要在于以下几点。

其一，试验地化。各地自行摸索枢纽的发展模式并保持相对独立，如北京的政府主导模式、上海的社会自发模式、广东的政府主导与社会自发结合模式等（赵敬丹、徐猛，2016）。此举的逻辑在于，决策者能够将政策风险及庞大成本通过由上及下的传导机制加以分散（曹正汉，2011），由地方在相对可控的环境中进行试点，缩小和降低过度"严管"和"宽放"波及的范围和产生的负面影响。

其二，试验具象化。作为"管放并重"原则落地的具体抓手，枢纽能让决策者切身体会到一个实在的政策工具在发挥调适功能时的成效。换言之，相对于某些仅有目标而无具体内容和工具的政策，枢纽型社会组织的出现大幅提升了减缓钟摆的可能性与可行性。

其三，试验外包化。凭借委托－代理关系的建立，原先的"官管民"向"民管民"转变。虽然委托方的党政群团仍占据主导地位，但其与下游组织的直接交往已大幅减少。这不仅意味着自身行政成本和责任风险的降低，还令服务的专业性和灵敏性得到提升。从这一角度来讲，随着一个更懂社会的中介群体兴起，由信息不对称所引起的进退失据亦会得到缓解。

其四，试验循序化。渐进试验的一大优势便是稳健，即在付出较少代价的前提下获得更多有效信息，由点及面、自下而上积累经验。现实中，尽管许多地方对枢纽模式的探索已有十余年，但全国性的统筹文件和组织机构仍迟迟未见，相关的政策扩散与学习推广也长时间停留在局部。一方面，这当然与各地具体情况差异过大有关，统一模式难以建立和维系。① 另一方面，在条件不成熟的情况下进行推广似乎也无必要。规模的快速扩大必定会伴随着不确定性的增加，致使尺度把控精度再次下降。

基于以上四点，可以认为当前形势下枢纽型社会组织的发展已临近"瓶颈期"。相较过往，决策者对钟摆尺度的把控已逐步精确，"一管就死"和"一放就乱"不再频繁如故。

五　结论与讨论：功能部分失调的潜在风险

枢纽型社会组织相对有效地回应了三大需求，并部分发挥了类似"平衡点"的调适功能。但也有证据显示，该类组织在践行"管放并举"的原则方面仍有需要完善之处，此种"平衡点"功效往往取决于自身无法决定的诸多结构性因素。

现实中，枢纽同样诞生于国家主导的背景之下。其与绝大多数社会组织类似，长期以凭附和依从的姿态示人。即使双重管理出现松动，党政力量依然是整个制度最主要的幕后推手（邓正来、丁轶，2012；詹轶，2015）。如今，当我

---

① 在没有体制力量的强硬策动下，统一模式即使在同一地方也难以传播。访谈中某位业内人士就曾对 S 市某区引以为傲的"区＋街道＋行业"模式无法推广做出直接回应，其认为在缺乏上一级推动的情况下，仅各个区负责领导想法各有千秋就足以导致该结果（SHQGY160622）。

们审视这一系列变革时，会发现一个相当令人诧异的场景：伴随枢纽地位的日益凸显，监管者与被监管者之间的距离似乎越来越远。党政机关不再经常性地介入社会组织内部。另一方面，正是凭借社会化代理人的成功运作，现有体制的整合力度与范围才会取得空前突破。换言之，表面上国家有意识地收缩了自身边界，但实际上，却以委托－代理的形式把"触角"伸得更远了。

那么，如何解释这种看似违和的现象呢？前文业已提及，基于政治稳定需求，党政主体必定会倾向于"扎紧篱笆"。而若考虑到行政效能和社会服务，其又不得不采取较为宽松的策略。于是，一个旨在缓解"管－放"张力，同时回应多种需求的"权宜之计"诞生了。如此看来，枢纽型社会组织更像是旧体制为适应新形势而对原有监控机制做出的一次"版本更新"。自该类组织创设至今，政策制定者的种种表现均一再证明，"管"仍然是最为核心的原则导向，它直接决定了"放"的深度和广度。一言以蔽之，国家边界的收缩与其战略性的整合意图并不冲突。通过技术层面的创新，外松内紧的现代化社会组织治理体系跃然眼前。

上述底层逻辑下，枢纽型社会组织的生长环境也必然表现出某种凭附与依从的特征。对此，有学者曾作过精辟的论述："（第三部门）存在结构与功能的失调，其命运掌握在环境力量手中……对政府来说，它们的功能主要是'帮忙'，而不是'捣乱'。"（康晓光等，2011：97）作为新型社会组织，枢纽自然也是依附式生长的产物。不论是官方组建还是民间创立，其都会不同程度地受到调控机制的影响。①

综上，对各类枢纽型社会组织而言，"立命"之本乃是服务社会。但若要践行这一理念，首先应当思考的是如何"安身"，所有志在发展的枢纽型社会组织都将服从制度安排视为"必修课"。换言之，凭借对各类政策的运用，现有制度成功地营造了一种主动服从的氛围。同时，丰富的体制资源也在不断吸引着有意者。故此，"重管轻放"的局面仍将长期持续。此种情境下，枢纽与其委托者间的关系更像是"伙计"而非"伙伴"。

当前阶段，党政机关在议程设置、政策规划、执行手段选择等方面时常会将自身意志直接转化为枢纽的内在要求，其统一规划并未与社会组织的自立自

---

① 这些手段主要包含政策限制、身份依赖、人事委任、党组嵌入、体制吸纳、资金管控等。

决进行有效适配。正如某些观点指出的那样：如果枢纽成为唯命是从的"伙计"，那么其服务型的角色就会被模糊，从而失去关联组织的认可拥戴，最终远离治理创新的初衷（曾永和、赵挺，2014）。

一言以蔽之，"管 – 放"失衡有可能会扭曲枢纽型社会组织的生长环境，进一步导致其无法彻底释放应有功效，在进行代理调适时陷入他者构建的"轻重缓急"之中。故此，目前的枢纽型社会组织仍是一位披着社会化外衣但又与体制藕断丝连的"助手"，其虽然被赋予了"平衡点"的定位，但在"重管轻放"的底层逻辑和依附式生长的制度环境中，其预设功能存在部分失调的潜在风险。因为尚存的钟摆运动同样会对枢纽型社会组织产生影响，在某种程度上，甚至更为直接——作为与党政系统亲密的社会代理人，其将在多个方面受到自上而下的直接扰动。换言之，一个潜藏的悖论是：由于自身并非"管"与"放"的决策者，故不论因何种原因钟摆再起，"严管"或"宽放"都有可能通过上下传导机制被进一步扩大，枢纽的"平衡点"功能也会因此受到波及，从而进退失据。

参考文献

曹正汉（2011）：《中国上下分治的治理体制及其稳定机制》，《社会学研究》，第1期。

曹正汉、王宁（2020）：《一统体制的内在矛盾与条块关系》，《社会》，第4期。

陈天祥、应优优（2018）：《甄别性吸纳：中国国家与社会关系的新常态》，《中山大学学报》（社会科学版），第2期。

程坤鹏、徐家良（2018）：《新时期社会组织党建引领的结构性分析——以S市为例》，《新视野》，第2期。

丁惠平（2017）：《支持型社会组织的分类与比较研究——从结构与行动的角度看》，《学术研究》，第2期。

杜平（2019）：《如何成为枢纽？一个社会组织探索内在性自主的个案研究》，《广东社会科学》，第2期。

邓正来、丁轶（2012）：《监护型控制逻辑下的有效治理——对近三十年国家社团管理政策演变的考察》，《学术界》，第3期。

范明林、茅燕菲、曾鸣（2015）：《枢纽型社会组织与社区分层、分类治理研究——以上海市枢纽型社会组织为例》，《社会建设》，第3期。

高丙中（2006）：《社团合作与中国公民社会的有机团结》，《中国社会科学》，第3期。

顾丽梅、戚云龙（2021）：《资源依赖视角下枢纽型社会组织的发展逻辑探析——以M市社会组织总会为例》，《浙江学刊》，第3期。

韩博天、石磊（2008）：《中国经济腾飞中的分级制政策试验》，《开放时代》，第5期。

黄健荣（2002）：《决策理论中的理性主义与渐进主义及其适用性》，《南京大学学报》（哲学·人文科学·社会科学版），第1期。

黄晓春（2015）：《当代中国社会组织的制度环境与发展》，《中国社会科学》，第9期。

黄晓春、周黎安（2017）：《政府治理机制转型与社会组织发展》，《中国社会科学》，第11期。

黄六招、尚虎平、张国磊（2021）：《双重吸纳与空间扩展：社会组织的一个生存模型——基于S市M区的多案例比较研究》，《公共管理与政策评论》，第2期。

贾西津（2005）：《第三次改革——中国非营利部门战略研究》，北京：清华大学出版社。

敬乂嘉（2013）：《政府与社会组织公共服务合作机制研究——以上海市的实践为例》，《江西社会科学》，第4期。

康晓光等（2011）：《依附式发展的第三部门》，北京：社会科学文献出版社。

康晓光、韩恒（2005）：《分类控制：当前中国大陆国家与社会关系研究》，《社会学研究》，第6期。

罗婕、桑玉成（2018）：《权力向上，治理向下：关于整体性治理的一种视角》，《学海》，第3期。

李璐（2012）：《分类负责模式：社会组织管理体制的创新探索——以北京市"枢纽型"社会组织管理为例》，《北京社会科学》，第3期。

李友梅（2012）：《中国社会管理新格局下遭遇的问题——一种基于中观机制分析的视角》，《学术月刊》，第7期。

李友梅等（2016）：《新时期加强社会组织建设研究》，北京：经济科学出版社。

刘鹏（2011）：《从分类控制走向嵌入型监管：地方政府社会组织管理政策创新》，《中国人民大学学报》，第5期。

刘伟（2015）：《政策试点：发生机制与内在逻辑——基于我国公共部门绩效管理政策的案例研究》，《中国行政管理》，第5期。

刘洋（2016）：《枢纽型社会组织的生成基础与发展路径——基于社会学的视角》，《学习与实践》，第12期。

卢磊（2018）：《基层枢纽型社会组织的现状检视与发展建议——以北京市X区为例》，《中共福建省委党校学报》，第6期。

苏曦凌（2020）：《政府与社会组织的协同进化：一种不同于公民社会和法团主义的中国叙事》，《湘潭大学学报》（哲学社会科学版），第2期。

唐文玉（2010）:《行政吸纳服务——中国大陆国家与社会关系的一种新诠释》,《公共管理学报》,第 1 期。

汪锦军（2015）:《合作治理的构建：政府与社会良性互动的生成机制》,《政治学研究》,第 4 期。

王川兰、陈艳诗（2021）:《政社关系转型背景下的枢纽型治理及其治理结构创新——以上海市 J 区为例的单案例研究》,《上海行政学院学报》,第 5 期。

王学梦（2021）:《行政"圈层"社会：新兴社会组织的三种类型及其比较》,《浙江工商大学学报》,第 1 期。

王绍光（2008）:《学习机制与适应能力：中国农村合作医疗体制变迁的启示》,《中国社会科学》,第 6 期。

姚迈新（2016）:《枢纽型社会组织的建设与发展——以广州个案为例》,《地方治理研究》,第 4 期。

郁建兴、沈永东（2017）:《调适性合作：十八大以来中国政府与社会组织关系的策略性变革》,《政治学研究》,第 3 期。

詹轶（2015）:《论中国社会组织管理体制的变迁——现代国家构建的视角》,《武汉大学学报》（哲学社会科学版）,第 4 期。

詹轶（2018）:《社会组织治理中"同心圆"架构及其"委托－代理"关系——基于 S 市枢纽组织的研究》,《公共管理学报》,第 3 期。

曾永和、赵挺（2014）:《枢纽式社会组织发展研究——基于上海的实践》,《中国非营利评论》,第 2 期。

张荆红、丁宇（2018）:《互依联盟何以可能？——中国枢纽社会组织与国家之关系及其改革走向》,《北京师范大学学报》（社会科学版）,第 6 期。

张起帆、彭善民（2021）:《基层枢纽型社会组织与社区协同治理》,《都市文化研究》,第 1 期。

张玉强（2017）:《从"双重管理"到"三层协同"——中国社会组织登记管理体制的重新构建》,《天津行政学院学报》,第 2 期。

周雪光（2011）:《权威体制与有效治理：当代中国国家治理的制度逻辑》,《开放时代》,第 10 期。

周雪光（2017）:《中国国家治理的制度逻辑：一个组织学研究》,北京：生活·读书·新知三联书店。

郑佳斯（2019）:《策略性回应：社会组织管理中的政府行为及其逻辑》,《学习与实践》,第 3 期。

赵敬丹、徐猛（2016）:《枢纽型社会组织功能定位分析与启示——以北京、上海、广东地区为例》,《沈阳师范大学学报》（社会科学版）,第 6 期。

Tom Christensen、Per L ae greid、张丽娜、袁何俊（2006）:《后新公共管理改革——作为一种新趋势的整体政府》,《中国行政管理》,第 9 期。

Blau, J. R. , & Rabrenovic, G. （1991）, "Interorganizational Relations of Nonprofit Organizations: An Exploratory Study," *Sociological Forum* 6 （2）, pp. 327 - 347.

Cai, H, Treisman, D. (2006), "Did Government Decentralization Cause China's Economic Miracle?," *World Politics* 58 (4), pp. 505 – 535.

Perri, L. D. , Stoker, G. (2002), *Towards Holistic Governance: The New Reform Agenda*, Basingstoke: Palgrave.

Rhodes, R. A. W. (1996), "The New Governance: Governing without Government," *Political Studies* 44 (4), pp. 652 – 667.

Yang, A. , & Cheong, P. H. (2019), "Building a Cross-Sectoral Interorganizational Network to Advance Nonprofits: NGO Incubators as Relationship Brokers in China," *Nonprofit and Voluntary Sector Quarterly* 48 (4), pp. 784 – 813.

Agentic Style Accommodation in the Pendulum Exercise

—Rethinking the Genetic Logic of Hub-Type Social Organizations

Zhan Yi, Gao Xu, Li Xiaoyu & Zhu Yabin

[**Abstract**] Traditional research assumes that Hub-type social organizations emerge gradually in a relatively constant institutional environment, but in reality, the governance system of social organizations in China still stays within a process of continuous transformation, and the competent authorities often encounter the contradiction between "regulation and deregulation", showing a pendulum exercise is torn between the expansion and contraction of power. Through the analysis of institutional texts and interview materials, the article suggests the real logic of Hub-type social organizations: they are pushed to the forefront in order to respond to the three major needs of political stability, administrative efficiency and social services, and to reconcile the contradictions of "regulation and deregulation" in between. With three modes of agency: authoritative, operational and service, and four experimental mechanisms: localization, concretization, outsourcing and sequentialization, it has largely alleviated the frequent pendulum exercise before. However, under the underlying logic of "regulation over deregulation", there is a potential risk that the efficacy of the "balance point" of Hub-type social organizations may be partially out of balance.

[**Keywords**] Hub-type Social Organizations; Pendulum Exercise; Contradiction between "Regulation and Deregulation"; Agentic Style Accommodation

责任编辑: 李朔严

走向规范：社会组织越轨治理机制探究[*]

——一个"自律-他律-关系"的整合模型

张 冉 张 瑞 高 天[**]

【摘要】社会组织规范运作对于基层社会有序良治意义深远。近年来，我国社会组织越轨事件屡见报端，学界有关其生发虽有多种解释，但缺少整合性的理论分析模型。为此，通过选取13个社会组织越轨行为代表案例并基于扎根理论，本文构建起"自律-他律-关系"解释模型，系统化解读了社会组织越轨现象的生成机理。研究发现：社会组织越轨行为有中介性、偏项性等6种表现形式，并表征于"廉"与"能"两方面的缺失，内生于自律、他律及跨部门关系三方面的互动耦合。为此，未来应强化组织内部自律与外部他律并协同政-社、企-社关系的重塑，以构建立体化的公益越轨行为治理机制，从而推进社会组织规范化运作与公信力建设。

【关键词】社会组织；越轨行为；扎根理论；自律-他律-关系

---

[*] 本文为国家社科基金一般项目"社会组织参与社区治理的模式与优化路径研究"（20BGL242）的阶段性成果。

[**] 张冉，华东师范大学公共管理学院教授、博士生导师，社会组织与社会治理创新研究中心主任；张瑞（通讯作者），华东师范大学公共管理学院博士研究生；高天，华中师范大学公共管理学院博士研究生。

一 引言

据统计，截至 2021 年底，我国社会组织总量已高达 90.2 万个[①]。事实上，自党的十八大以来，国家极为重视社会组织并强调其在现代社会治理体系中的重要价值，党的二十大提出"引导、支持有意愿有能力的企业、社会组织和个人积极参与公益慈善事业"。这在赋予社会组织新的使命的同时，也亟须其由数量扩张转向质量发展。然而，随着社会组织积极作用日益凸显，近些年，如郭美美事件、红顶协会风波等越轨事件也屡见报端，使公益事业遭遇公信力危机。可以说，随着社会组织在社会治理中的作用愈加凸显，确保其规范运作意义重大。

文献梳理表明，已有针对社会组织越轨行为的论述多呈碎片化特征并散见于其他主题研究中，如监管体制（柴一凡，2021）、信息披露（Keatin & Frumkin，2003）、内部治理（王红艳，2016）、制度建设（王名、贾西津，2003；王栋、朱伯兰，2018）等。某一社会现象的发生并非基于单一要素便能够廓清，仅立足某一环节无益于对社会组织越轨行为进行全景刻画。可行的思路是，从多要素交织的复杂系统视角进行致因探索。然而，学界对该主题尚未予以充分关注，仅有个别研究进行了初步探索，如有学者从内部治理与外部监管两个角度对基金会违规事件做出探讨（周俊、徐久娟，2020）；有学者在文献提炼基础上对 NGO 贪腐的影响因素加以验证（韩艺等，2021）；有研究基于社会规范、组织能力、个体认知三视角阐述了疫情中慈善组织公信力流失的形成机理（任彬彬、宋程成，2020）。在打开社会组织越轨黑箱的同时，上述研究亦存有疏漏之处，即：着眼于单一化的组织类型及肇因维度，致解释力屡弱；或侧重于现象描绘及策略探索，致因素溯源不足；或缺乏丰富的经验材料支撑，致论证的主观化，关于社会组织越轨行为何以而发又从何治理仍缺乏系统的理论解释框架。

通常，从实践优化角度看，识别某困遇的致因比确认其影响结果更有价值，亦为规范治理的探索提供了方向。同时，从方法论看，验证性的分析路径适用

[①] 见民政部《2021 年民政事业发展统计公报》。

于已较成熟的研究议题，而社会组织越轨作为一项鲜有讨论的主题，对其归因及构建防控路径则更适用于探索性的分析范式。鉴于此，研究拟借助扎根理论，基于代表性案例的公开报道、文献资料和访谈等，试图探索并构建整合性的理论解释，为社会组织规范治理提供相关借鉴。

二　概念廓析与研究设计

（一）社会组织越轨行为内涵厘定与典型呈现

越轨指在某种程度上偏离社会公众所认为的正常行为而产生的现象（梯尔，2011），有个体越轨和组织越轨两类。总体上，既有研究多以个体越轨（雇员、公职人员、教师等）为主，聚焦于个体微观行为、心理与越轨行为的关系解读，如领导方式（Sawitri, et al., 2018）、人格特质（Mai, et al., 2016）、工作环境（Ahmad & Omar, 2014）等。虽相关研究颇丰，但关于越轨行为的概念内涵尚未达成共识，而在组织越轨层面，更难找到一个共同的理论基础。

立足社会组织的活动场域，可以发现，社会组织所生产并供给的产品多为无形的社会公共品，因而其主要通过人力资源进行供给，由此，组织成员成为组织品牌大使，其基于组织使命的行为也自然意涵于组织行动之中。继而，特殊的组织属性决定了通常情况下人们对公益组织的行为印象定位在组织一层，成为大众理解当下社会组织行为的基础，从而发挥塑造社会组织形象的作用（任彬彬、宋程成，2020）。也就是说，从业者的个体越轨行为将链式传递至组织层面。同样，个体越轨行为通常也生发于宽松不良、程序不当、规制不全的组织环境中，而这本身就是越轨现象的重要表征。因而，不同于商业与公共组织对越轨单位的清晰区分，社会组织中的越轨现象更多体现并作用于组织整体层面。为此，基于学术探究需要并参照经典释义，在典型事件梳理提炼的基础上，本研究将社会组织越轨行为定义为：社会组织或成员为牟取个（团）体私利，或因公益能力不足，违反正式的规则、规范或非正式的社会信念、道德，而偏离组织使命与公益角色职责的行为。社会组织越轨是一个宽外延、广域别、多种表征形式的行为。立足廉能表征并参照相关研究，本文提出六种不同的社会组织越轨形式（见表1）。

表 1　社会组织越轨的典型形式

形式	表现	维度
涉贿性行为	在组织运作过程中出现权钱、权物、权权交易等行受贿行为	廉
奢乐性行为	组织领导者、工作人员利用慈善款物进行规定限额外的享受性消费	
偏向性行为	从事活动偏离组织登记的业务范围，或在服务提供中存在关联性交易	能
低效性行为	公益能力不足导致善款（物）使用效率低下、项目执行效果不佳	
中介性行为	以官方名义违规从事资质认定、事项咨询、转包服务，并从中抽取费用	廉 + 能
谎骗性行为	通过瞒骗方式从事筹募，进行财务、审计、助捐等方面的信息造假	

（二）研究设计

1967 年由美国学者格拉泽和施特劳斯提出的扎根理论（Glaser & Strauss，1967），是一种基于经验数据建立理论的研究逻辑（Strauss，1987：5），通过对原始资料的归纳、抽象提取概念及范畴，以自然呈现研究议题及背后的深层理论。总体上，基于扎根理论所开展的理论建构过程规范、严谨，适用于针对新议题、新理论的探索性分析。

扎根理论秉持"一切皆为数据"的理念（Glaser，2001：46）。访谈、新闻报道、网站评论等各类与议题相关的材料均可作为理论阐释的根基。为确保案例代表性，本研究在相关事件材料选取中兼顾组织类型多元化、越轨事件典型性、发生时效性等标准，共选取 13 个典型社会组织越轨事件，涵盖了奢乐性、偏向性、中介性等六种社会组织越轨行为，如机构领导者贪腐、超出业务范围活动、违规收费、财务信息造假等；案例机构覆盖社会团体、基金会及社会服务机构三大类别社会组织，属性涉及官办和草根组织两类①。通过广泛搜集权威媒体报道、评论文章及相关文献等获取翔实的材料，并补充相关社会组织、政府部门及捐赠者的访谈，本文最终形成约 45 万字的原始材料；基于此，本文选取了 10 个案例的材料与访谈文本进行编码分析，剩余 3 个案例用作理论饱和度检验。

三　分析过程

（一）开放式编码：概念与范畴生成

开放式编码（Open Coding）中研究者需本着开放的思维对原始语句逐句录

---

①　因篇幅有限，不能详细介绍相关案例。如有需要，可联系笔者索取案例文本材料和编码表。

入以形成初步概念，再通过比较概念间的联系，归并同类项最终实现范畴化。基于 NVivo 分析工具，本研究在此阶段得到 47 个概念并经梳理后形成 17 个范畴（见表 3）。受篇幅所限，列举部分编码过程（见表 2）。

表 2　开放式编码示例

原始语句	概念化	范畴化
P8：……我国尚未出台专门的行业协会法，目前对于协会的法律约束，还仅仅停留在《社会团体登记管理条例》和一些地方性的规章制度	法律不完善	制度供给
P17：目前市县一级大多没有专门的社会组织登记管理机构和专职工作人员，无力监管情况比较普遍	监管资源不足	官方监管
F7：我就捐了 50 块，影响也不大……至于后面怎么使用，这个钱去了哪里，我就管不了也没有能力去管	参与意识不足	公众监督
F1：像现在所使用的第三方评估模式，那些评估机构基本上是被动参与进来，有的也就是走走形式而已	第三方参与不足	第三方约束
P31：在款物如何使用问题上，公布项目信息的比例低得吓人，只有 15.3% 的组织公布了项目效果	信息不透明	信息披露
HX4：她妈妈忽然插了一句："你家的钱也登报吗？"	公私不分	领导者品行
XX3：我（企业）要争取与协会合作，它向我提出要求，我答应了。通过这种方式，它以后能给我更多业务	企社纠结	社 - 商关系

注：P8、F7 等为语句所在的材料编号，下同。编号规则为：W 代表文献，P 代表评论文章，F 代表访谈，其余均为新闻报道。如 P8 为编号为 8 的评论文章。

（二）主轴编码（Axial Coding）：主范畴浮现

在这一阶段，需重新回到原始文本，对各范畴的支撑材料进行反复比对，将具有同一关系网络的范畴抽象升华，形成主范畴。研究在此阶段共计形成 5 个主范畴，即组织内部管理、领导者特质、监督约束、制度建设、组织间关系（见表 3）。

表 3　主轴编码结果一览

主范畴	子范畴	含义
C1 组织内部管理	A1 资源禀赋	组织资源丰富程度，包括资源匮乏与资源聚集
	A2 规范建设	财务管理、内部章程、机构、权责等规范建设
	A3 过程管理	项目执行、公益募捐、责任践行等过程性要素
	A4 人事管理	人力资源状况与队伍建设
	A5 信息披露	信息公开意识与披露效果
	A6 业界自律	自我约束与同行互律机制

主范畴	子范畴	含义
C2 领导者特质	A7 个人品行	社会组织领导者自身的品性特征
	A8 个人能力	社会组织领导者自身的能力养成
C3 监督约束	A9 官方监管	政府监管能效的发挥、组织党建工作实效
	A10 媒体监督	越轨事件对媒体的吸引力、媒介独立性对监督能效的影响
	A11 公众监督	公民参与意识、信息获取能力等对监督能效的影响
	A12 第三方约束	专业第三方机构的审计、评估
C4 制度建设	A13 制度供给	制度的供给水平
	A14 条文内容	相关政策的科学、全面、可行程度
	A15 法律执行	制度落实状况
C5 组织间关系	A16 政 – 社互动	社会组织与政府间关系模式的影响
	A17 企 – 社关系	社会组织与企业间互动交际的影响

（三） 选择式编码（Selective Coding）：提取核心范畴与故事线

根据核心范畴所具有的核心性、解释力、频现性等特征，本研究在前两层编码的基础上深入对比并发现："自律 – 他律 – 关系"三维构念可较好地链接、引领所呈现的编码体系，具备相当的分析力。为此，本研究将核心范畴确定为廉能视角下社会组织越轨行为的"自律 – 他律 – 关系"结构。围绕此核心范畴开发出的故事线如下：组织内部管理、领导者特质、监督约束、制度建设、组织间关系五大范畴为社会组织越轨之源，五大范畴可进一步提炼为自律、他律与关系三大构念。其中，组织内部管理及领导者特质构成"自律"构念，决定着内部"廉"与"能"之养成，是越轨行为的内源因素；制度建设与监督约束则构成了"他律"变量，是组织形象形塑的外部场域和越轨现象的规制性外因，塑造着社会组织的廉洁性。与自律、他律不同，"关系"强调社会组织能否妥善处理好与其他主体的互动，如在与政府交流中能否保持自身独立性，在与企业交往中能否避免非正当关系所带来的使命漂移，调节着二律诱致下的组织廉能状态。

（四） 理论饱和度检验

为达到理论饱和度要求，对剩余材料继续编码分析，同时就理论编码向 2 位社会组织研究专家进行咨询，请他们把关，最终并未产生新的重要概念、范畴或关系，模型取得了较为理想的内容效度。此外，对编码表进行一致性检验，五大主范畴的指数均处于 0.841 ~ 0.946，具备较好的一致性水平。

（五）理论模型构建

从衍生形式看，组织越轨深层表征为"廉"与"能"的破防（见图1），即："腐而有为"如善款私用、损公肥私、敛财揽名等廉洁疏漏，或"廉而无能"如效率低下、公益缩水、信息不畅等能力短缺，甚至是"廉能皆失"。进一步，基于范畴间的逻辑关联与廉能表征，本文构建出"自律－他律－关系"理论解释模型（见图2），以阐释社会组织越轨行为的生成机理。

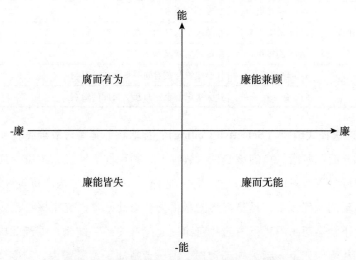

图 1　社会组织越轨之"廉""能"深层表征

从公益领域的发展特质及三者间关系看，"自律"是社会组织越轨生发的根本要因，"他律"则主要为强化"自律"的路径，即通过组织外压传导来倒逼其行为调适，进而催生自觉的组织"自律"。当然，公益活动的非强制特征与利他使命决定了社会组织正性行为根源于组织内部及其成员强大的"自律"坚守，而非简单依靠外在规束。事实上，从可持续性发展看，"他律"主要旨在确保公益资产不被滥用、组织行为合规合矩，至于是否有着高效产出，并非其所能强制。于是，"他律"更多作用于"廉"的层面，而难决定其"能"。相比较，在良好"自律"的驱动下，社会组织不仅会自觉坚守组织使命，更会承担起对利益相关者的主体责任，实现廉能兼顾。当然，这并非意味着只需做好"自律"而罔顾"他律"。正如学者所言，"当经常化、严密化的外力约束下的行为产生惯性并最终成为行为主体的'下意识'时，他律就转化为自律"（周志忍、陈庆云，1999：273）。在我国公益事业尚未成熟的背景下，"自律"养成离不开"他律"保驾与威慑，而"他律"也需以内化为组织的自觉"自律"为落脚，二者在当下社会组织治理中缺一不可。

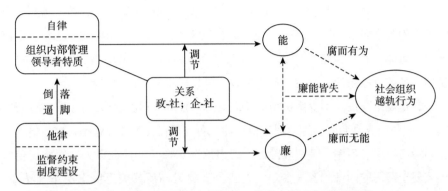

图2　社会组织越轨行为"自律-他律-关系"解释模型

值得注意的是，在"二律"互动中，"关系"起着重要的调节作用，这主要表现为政社与企社两方面。在分别给予政治合法性、政策输入以及资源支持的同时，政府与企业也是社会组织的重要监督者和行为塑造者，将直接影响社会组织他律的严密程度和自律的建设状况。换言之，规范的政社、企社关系不仅能提升他律能效，还可倒逼并强化自律养成，使社会组织以高度的廉能产出来自证"清白"并维续"关系"。反之，二者间的非规范建构将在某种程度上反噬"二律"。值得注意的是，虽然政社与企社关系同为调节因子，但两者发挥作用的逻辑却有不同，前者发生于组织的外部联结，后者在于社会组织的自身异化。具体而言，在政社的亲密关系中，多表现为社会组织对政府的单向依赖，依托官方背书获取稳定资源，一定程度地软化了他律对组织的约束力。在这一过程中，社会组织很难自决自身发展方向，易忽视市场竞争的适应性建设，进而无法在"能"上得到持续提升。而在企社关系中，主要表现为社会组织自身商业运作反噬了自律建设，继而以公益攫取私利，导致"廉"的缺失。

四　社会组织越轨行为生成机理模型阐释

（一）自律不彰：组织越轨的内生溯源

1. 组织内部管理

一是资源禀赋。资源禀赋状况直接影响着社会组织运作规范性。一项有关社会组织筹资的全国调查①指出，近八成的组织将筹款视作"重要且急需"的。然而，囿于公益产权特性，大部分社会组织无法凭借自身"造血"来舒缓资源困境。于是，迫于生存压力，有的组织背离宗旨、踏入市场，有的组织不顾规制、寻求"洋奶"，有的更是非法筹募、游走于法律边缘，这将直接导致公众对组织的信任降低与捐赠停滞（周如南、刘斯佳，2021）。值得注意的是，资源聚集也可能是诱发越轨之"饵"，个别组织在取得一定成绩后，经媒体宣传，资源叠加效应被激活，此时如缺乏有效约束，极易诱发行为偏差。

二是规范建设。不少案例组织缺乏正式章程或章程流于形式，难依章治理，"现在一些行业协会商会的章程千篇一律，有的章程处于失灵状态，这恰恰是协会商会自律功能不彰、潜在风险巨大的根源"（W24）。除此以外，组织规范性还表现于薄弱的内部治理机制上，"三会"建设滞后，缺乏民主决策与选举，活动开展多依赖于人情关联等非正式规范，极大地增加了违规风险。同时，研究材料表明，越轨机构普遍未能建立科学的财务制度，账目混乱，存在造假漏洞，在"便利"内部人浑水摸鱼之际也加大了外部监管难度，"99%的问题都是出在财务上，也不是说真的谁贪污了，就是钱不清不楚"（F2）。

三是人事管理。通常，社会组织外部激励的不足会对组织成员的利他精神和亲社会行为产生挤出效应，并因此带来人员紧缺、效率低下及自律不足等问题。与此同时，部分机构的人事任命不规范、不民主，尤其涉及管理人员的任命时，"在任命副会长时，对其行为和善款来源都没有做审核把关，一定程度上为欺诈行为的发生推波助澜"（P43）。

四是信息公开，即信息公开意识淡薄与公开力度不足。根据中基透明指数FTI（2021），我国基金会均值为58.54，尚未达及格线（100分制），更遑论信息披露要求尚不严苛的社会团体与民非组织。原因在于，在公益领域，服务的提供已由传统"生产者－消费者"的二元互动衍化为"购买者（如政府）－生产者（社会组织）－消费者"的三元交互模式，代理链条延伸并引致信息压缩。于是，社会组织可能由信息优势下的"隐藏知识"滋生违背宗旨的行为。

五是自我督管。经验材料表明，越轨组织内部普遍未能建立专门的监督部门与岗位。与此同时，业界自律在部分地区和领域仍为空白，即便存有统一的

---

① 《筹资能力不足已经成为社会组织发展的主要障碍》，参见 https://www.thepaper.cn/newsDetail_forward_11540280。

联合会或行业组织，其职责定位及规约能力也亟待提高，较难施以常态化的预防和纠改。

2. 领导者特质

不同于以组织硬件为主的组织内部管理，领导者特质是一个立足个体软性德能的解释变量。

一是领导者能力。在编码中主要被解构为领导者法律意识及专业能力。材料表明，一些案例社会组织领导者法律意识淡薄甚至于法不惧，肆意挑衅法律权威。如某协会原秘书长（XX3）事后所言："回想工作以来走过的路程，总以为不会犯法，在犯罪道路上认识不清，每次伸出罪恶之手窃取协会资金时都抱有侥幸心理。"（Y2X1）此外，部分领导者专业能力不足，对工作纪律与规范掌握不够，对下属难施有效管理。二是领导者品行。这主要表现为个别领导者品行不端，优亲厚友，公益精神缺失，大搞一言堂且任人唯亲，消解了组织制度与监督的规约。如"只要补助政策能套得上，他都为家人'量身打造'，用足用全"（Y2X1）。

（二）他律羸弱：组织越轨的外生驱动

1. 监督约束

作为组织外因，"监督约束"是由党政、公众、媒体等构成的监督综合体。然而，盈余非分配约束及公益产权属性使得社会组织监督面临天然的"所有者缺位"，加之服务产出界定困难，对其较难施与有效约束。

一是党政监管。此方面不足多表现为个别部门的监督理念存偏，重登记注册、轻日常监督，将"监督视为一种权力而非职责"（W22），并涉及"越权忌讳"（王栋、朱伯兰，2018）、"责任淡漠"（W15）、"民不举、官不究"（HX6）、"晕轮效应"（XX3）及"中立性"（P53）等观念问题。在现行社会管理体制下，不少部门对社会组织负有监督责任。然而，职责同构的职能逻辑呈现出监管重叠与碎片化特征，易使各部门出现条与块的监管失序与应对乏力。并且，一些登记管理部门面临人力不足、执法能力落后的窘境，"在相当长的一段时间内，全国各级登记管理机关合计只有三千余名工作人员……一些地方甚至达不到《行政处罚法》规定的至少两名执法人员的办案要求"（卢向东，2017）。此外，作为极富中国特色的治理模式，社会组织的党建也或多或少存有"覆盖不足、党务人员缺乏、主管部门不重视、思路不明确"（P56、W26）等问题，尚难全面参与社会组织的重大决策、人事任命及大额开支决策，以确保组织大方向不偏离。

二是社会监督，包括媒体、公众与第三方机构等。通常，媒体监督依赖于焦点事件和社会热议，难成常态。实践中，部分媒体在报道社会组织活动时对真实性、合规性缺乏审核便贴上光亮标签；还有媒体对社会组织越轨事件报道不及时、不全面，盲追热点，热度过后针对如何处理却时常烂尾。至于公众监督，成本与动机是监督实施的重要制约因素。在社会转型期，公众参与的主动性仍有不足。在本文案例中，虽有9个涉及公众揭举，但多数（6个）来自直接受害者或个别有强烈公共精神的民众。并且，虽从合法性层面被赋予监督权利，但少有捐赠者有参与动机，"社会民众和媒体往往将注意力放在党政机关行为上，反而忽视了民间组织的存在"（P8）。同样，我国第三方监管也较为孱弱。第三方评估购买体系建设尚未成熟，第三方评估机构起步晚、底子弱，独立性、参与性和专业性也有待优化，评估中走过场、浅层化等现象多见，评估预期与实效间鸿沟凸显。

2. 制度建设

一是制度供给。我国公益慈善法制建设中的管控理念较浓，多从政府本位出发，呈现出重约束、重审批、重惩罚的硬法义务导向，对于社会组织的培植扶持、税收优惠、社会参与等软法保障不足（喻建中，2016）。同时，公益立法状况有待优化，目前"三大条例"仅为行政法规，权威性不足。《慈善法》多从宏观层面进行整体布局，诸如财产关系、内部治理、行业自律等与社会组织运作休戚相关的制度阐释仍待完善。

二是条文内容，主要表现为科学性与操作性议题。一方面，科学性不足指，随着实践发展，个别规定出现了与现实状况的不相适应。例如，同一区域内不重复设立功能相同或相似社会组织的"非竞争性"原则[①]，一定程度上加速了区域内资源的集中化并阻碍竞争；管理费用支出限额[②]可能诱致为提取管理费，组织间资金的多次兜转；有关成立前置条件的"一刀切"规定[③]也对于部分偏

[①] 参见《社会团体登记管理条例》第13条、《民办非企业单位登记管理暂行条例》第11条。

[②] 参见《中华人民共和国慈善法》第60条、《基金会管理条例》第29条、《关于慈善组织开展慈善活动年度支出和管理费用的规定》第7条等。

[③] 参见《社会团体登记管理条例》第10条、《基金会管理条例》第8条、《全国性体育社会团体管理暂行办法》第6条、《中国科学技术协会全国学会组织通则（试行）》第5条。

远地区社会组织略有严苛，影响到这些组织的正常登记与活动开展。而包括双重管理体制、捐赠规定、信息披露、税收优惠等方面的规定也引起了学界的广泛探讨。另一方面，操作性不足主要指相关政策的落地滞阻。如现有规定明确禁止社会组织从事以营利为目的的活动，但缺乏可操作的定义阐释。这使得一部分组织或难明辨公益活动与营利性经营行为的边界，或无法厘清营利旨向的经营活动外延，从而走上违章经营之路。同样，税收减免条文也存在诸如超额延期结转、票据开具、税前认证扣除、非货币捐赠价值确定等操作性难题（李亦楠，2020）。

三是执行效率。主要表现为政策执行落实准备期漫长，如 N 基金会代表人在访谈中（F2）谈道，"现在能把《慈善法》目前配套的这些条例施行下去就已经非常了不起了"。加之部门间职能重叠、执法力量不足，导致社会组织越轨行为难以得到及时遏制。

（三）关系失范：组织越轨的调节因子

一是政社关系。长期以来，我国政社间存在典型"非对称依赖"，相对来说，政府掌握着更多权威、资源。不少社会组织具有官方背景，一些草根组织也试图贴近行政以获得更多支持，由此便在多方面呈现出科层影子。其中，人事构成无疑是最直接的一方面。现实中，有不少官办社会组织的成员与官方存在联系，或是现职人员，或为退离干部，浓厚的官方背景难免影响到社会组织自主决策的实现。同时，一些社会组织的资源获取也多表现为体制内输入模式，外生性资源吸纳渠道不足，部分垄断性社会组织出于地位维系需要，主动依附主管部门，对政府资源的依赖导致政社间的不对等关系，削弱了社会组织的自主性。此外，还有一些协会、商会不愿与政府脱钩，打着官方旗号通过评奖评优、资格认定等借机敛财，"红顶"现象难根除。

二是企社关系。文本材料显示，社会组织商业化运作是企社关系边界不清的重要表现，公益外表裹挟着太多商业元素，从而引致组织越轨。新华社记者（P3）发现，"利用会议招商是公开的秘密，许多协会早就与招商赞助挂钩"。此外，有的社会组织依托"慈善"头衔"借船出海"，假用免税政策和引资便利。上述诸种行为催生出一种"混合市场与社会性"组织，它们熟谙于跳转在市场与社会"二重身份"间，在资源汲取与税收豁免中拥有公益组织的身份便捷，但在日常运作中又立即化身经济组织"平等"参与市场交易。

五 基于因子"固化性"的社会组织越轨行为防治路径探索

基于社会组织越轨行为生成机理的知识挖掘，未来应寻求三层因子的协同联治。鉴于治理重心及政策资源的有限性，本文认为应从各因子的"固化性"①出发，秉持先易后难、分步实施的治理策略（见表4）。

表4 因子固化性分类

性质	因子层				
	"自律"		"他律"		"关系"
	组织内部管理	领导者特质	监督约束	制度建设	组织间关系
定性					√
惯性			√	√	
韧性	√				
弹性		√	√		

（一）组织自律：优化内部管理，推促廉能养成

"自律"涉及组织内部管理与领导者特质两方面。前者是一个长期系统性工程，难以一蹴而就，但有较大改进潜力，具有"韧性"。未来需着眼以下三方面。

一是健全各项内部治理机制，包括分权制衡、财务规范、人事管理、信息披露等。其中，要特别重视"三会"建设，实现内外制衡，如引入资方人士、社会贤达，而草根组织也可设置监事、利益代表等职位；同时，信息披露要做到主动、全面与可及性，在款目信息公示基础上，就项目执行情况、管理成本、问题改善情况向公众说明全面的组织运行绩效。二是提高和强化组织成员业务水平与公益动机。可探索校社合作，借助于高校系统教育与实践实习来提升成员专业性并缓解人员短缺；推进组织员工公益价值的"买入"，使员工认同组织使命并树立强大的公共服务动机，形成自我约束。三是业界自律，即通过"社会组织规制社会组织"的范式来实现自律的规范增效。可打造"伞状结构"

---

① 即依据条件的固化程度将其分为"定性"（固有属性，不可能根除）、"惯性"（一旦形成会长期积淀并存续）、"韧性"（有较强的抗压性，短期内难以根本改变，但存在改进希望）、"弹性"（已经发生一定程度的改善，有彻底改善的空间）。详见韩艺《地方政府环境决策短视：原因分析、治理困境及路径选择》一文中的论述。

（马庆钰，2014）的枢纽型组织，为众多实务型社会组织搭建平台、整合资源、孵化培植、规范引领，走出"以社育社"的新型联合治理路径。

针对领导者特质，可通过规范甄选与加强教育，使个体的廉能养成在短期得到实现，此为"弹性"因子。鉴于社会组织的公益属性要求，在对候选人德与才的综合评价中，"以德为先"是一个重要考量导向。同时，社会组织也应对领导者权责作出明确规定，以防滥用职权、以权谋私。此外，也应关注领导者的教育培训，通过岗位轮换、交流学习等不断提升其管理能力与法治思维，最终实现德行垂范。

（二）外部他律：制度立行并举，形塑协同防控

一方面，制度立行。通常，制度一经形成就会出现自我强化的路径依赖特征和较强的"惯性"。在《慈善法》的统领与上层重视下，公益领域制度配套正不断完善，未来基于制度"他律"的执行强度和范域将会持续加强和扩大，从而显现出较大的效用"弹性"。相关措施如下：一是适度转变立法理念。由义务本位走向权利本位，由强制走向引导，为社会组织发展创造更有利的环境。二是补足事务性规定空白，包括完善信息披露制度、探索信用评级制度、建立重大事项听证制度、清晰界定产权关系等。同时对已较成熟的法规、规章适时法律化。三是提高立法的科学性与可操性，即对一些与实践产生偏差的条文进行修正，推进双重管理体制改革，逐步扩大直接登记范围；在考虑税收公平的前提下适度放宽免税资格与程序、增加捐赠扣除税种与额度；可考虑放宽欠发达地区社会组织成立的条件；对非竞争原则等条文进行合理性考量。四是出台专门化法律。将出台"社会组织法"与推动《慈善法》修订提上日程。对社会组织越轨行为的内涵、检举、取证、惩治与救济等给予有针对性的条文解读。

另一方面，协同防控。鉴于党组织、政府、社会等各主体的监管驱动力不同，各因子固化程度也相对各异。近年来，社会组织党建、政府监管已有持续向好趋势，实为"弹性"，其未来推进方向如下。

其一，党建引领。一是夯实社会组织党建，加强党务工作者队伍建设。国家应进一步加强社会组织党的组织和工作全覆盖，确保党对社会组织发展的指导不留白。同时，应选优配强党务工作者，探索扩大理事会、监事会中党员占比，推进社会组织党组织与理事监事会间的交叉任职，提升党组织话语权与政治把控，及时肃清组织中不正之行。二是平衡好"政社脱钩"与"党建挂钩"。在打破组织、人事、职能混同的同时，社会组织应充分借力党建，将"党委领导"

与"社会协同"创新结合，走出社会组织治理的本土化和新时代特色之路。

其二，政府监管，主要体现在监管理念、监管权责与监管方式三个层面。对社会组织应树立科学合理的监管理念，即强化责任意识，树立主动作为、依法监管理念，加强事中、事终监管；厘清各部门职责范围，加强信息互联，避免监管搭车等问题；采取立体化的监管方式，构建行政、法律和经济相融的监管机制，采取特异化的监管举措，如通过服务购买、信用评级倒逼社会组织规范运作，探索数字化手段实现对"云公益"的监管覆盖。

其三，社会规制，包括第三方评估、媒体和公众三个层面。第三方评估的有效性取决于其组织上的独立性、业务上的专业性以及过程上的中立性。为此，第三方评估机构应积极招募法务、财会等专业人员，提升现有成员专业能力，并在评估过程中做到价值中立与结果中立，真正实现以评促改。相比较而言，报道偏向或公众参与则是一个长期积习，其规制效能的改进需循序渐进，具有"惯性"。一是媒体监督。媒体应树立正确的舆论观与报道观，确保信息真实可及与中立性，在对大善之行广而告之的同时也要对负面事件咬定不放。二是公众监督。需加强公众对非营利事业的认识，涉及如何甄别非法社会组织、厘清营利与公益的边界；促进公众形成正向观，使其能认识到非营利事业偏离对整个社会价值的侵害，从而形成"视污如仇"的社会风气；畅通投诉渠道，为惩治的落实提供触发机制，使民众由"场外观望"走向"在场履责"。

（三）关系因子：厘清政社关系，规范企社互动

随着近年政社脱钩改革的推进，政社关系已然向好发展，为"弹性"因子。一方面，行政部门应主动优化政社关系，实现由"行政吸纳社会"向"治理吸纳慈善"（朱健刚、邓红丽，2022）的关系转型。实践中，需进一步厘清政社权能边界，树立扶持而非干预、监督而非管控的良性互动理念，逐步放权、授权于社，减少权力瓜葛；持续推进政社脱钩进程，扩大"脱钩"社会组织谱系，实现去行政化的全覆盖。同时，国家应严厉打击党政机关在社会组织中的人事延伸，提防普通公务人员"两栖"现象，遏制党政领导为非法社会组织站台现象。另一方面，社会组织应主动斩断与政府部门的利益纠葛，拓展资源链接，提高社会服务能力，实现自主化运作。

当然，社会组织越轨治理也离不开企社互动的规范化。鉴于企业赚取利润的天性，公益与谋利本是一对矛盾体，实为"定性"因子。现实中，一些企业

与社会组织的交际多带有借机宣传品牌的目的。为此，企社关系的治理着眼点在于防范企社间非规范交易行为，打击以慈善之名行敛财之实的伪公益组织。当然，之所以"关系"会对社会组织行为施以影响，其根源在于社会组织对外部资源的依赖。因此，如何拓展资源供给不仅是治理问题，也是技术问题。除寄望于外部支持，社会组织也要提升自身"造血"能力，如提高募捐能力，了解公众捐赠动机与感受，制定募捐策略，吸引更多持续性捐赠行为；在坚守非营利的前提下对闲置资产进行安全灵活、风险可控的投资运作。同时，社会组织应倡导业界互助，如成立支持型基金会与互助组织，推进募用分离。

总体上，社会组织越轨治理应先从"弹性"和"韧性"因子入手，以短期内提升组织可信度和声誉。相比较，"定性"具有固化特征，而"惯性"因子牵涉复杂的制度环境、社会惯习与文化观念，难以一蹴而就，需要经过观念文化的潜移默化，不可急于事功。

六　结语与讨论

基于对近年来典型社会组织越轨事件的扎根分析，本文形塑出社会组织越轨行为"自律－他律－关系"的解释模型，主要结论如下：第一，在对社会组织越轨行为定义的基础上，提炼出6种典型表现形式。第二，社会组织越轨行为表征于廉与能两大维度，呈现出腐而有为、廉而无能、廉能皆失三类态势。第三，社会组织越轨致因因子包括自律、他律和关系三类，三因子相互耦合并作用于越轨事件的生成。其中，自律因子包括组织内部管理与领导者特质，是组织越轨的根本内因。他律因子包括监督约束和制度建设，是组织越轨的外生驱动。关系因子表现于政社与企社两层面，调节着二律的作用效能。第四，社会组织规范治理需整合自律、他律和组织间关系三因子，立足因子固化性，进行有所侧重的协同防控。

研究的理论贡献在于：从研究主题看，本文围绕社会组织越轨议题，进一步拓展了公益慈善领域的主题外延，同时也是将越轨行为从个体拓展至组织层面的一次有益尝试；从理论产出看，作为国内首次就社会组织越轨行为的探索性实证分析，本研究就社会组织越轨的内涵、表现形式、深层表征及其致因因子进行构念分类，挖掘了社会组织越轨致因机理并构建了理论框架，不仅丰富了已有"内部治理－外部监督"及"自律－他律"的二维框架，亦是公益慈善领域本土化理论的一次有益探索。同时，基于自律与他律两因子，本研究探索了组织间关系调节社会组织越轨行为生成的重要价值，从而确认了组织越轨中"自律－他律－关系"的整合性作用逻辑，打开了社会组织越轨致因机理的"黑箱"。

当然，作为社会组织越轨研究的初次尝试，本文尚有一些不足：第一，社会组织存在多种谱系，不同类型组织在发展诉求与实际运作方面存有差异，而这将影响其组织越轨行为表征和形成过程。为此，在普遍性研究基础上，未来有必要针对不同类型社会组织进行比较研究，以提升理论的精细化水平。第二，本文归纳出了6种典型越轨形式，并构建了三维解释框架，但三因子在不同类型的越轨事件中的维度关系如何，有待更为深入的讨论。

参考文献

柴一凡（2021）：《以有效监管促进社会组织健康有序发展》，《中国行政管理》，第4期。

韩艺（2014）：《地方政府环境决策短视：原因分析、治理困境及路径选择》，《北京社会科学》，第5期。

韩艺、高天、张瑞（2021）：《NGO贪腐何以发生？——基于十二个典型案例的比较验证分析》，《治理研究》，第4期。

李亦楠（2020）：《中美慈善捐赠结构比较研究》，《治理研究》，第6期。

卢向东（2017）：《"控制－功能"关系视角下行业协会商会脱钩改革》，《国家行政学院学报》，第5期。

马庆钰（2014）：《纠正枢纽型社会组织的发展偏向》，《行政管理改革》，第9期。

任彬彬、宋程成（2020）：《疫情应对中慈善组织公信力流失的形成机理及其对策——基于开放系统组织理论视角》，《湖北社会科学》，第7期。

王栋、朱伯兰（2018）：《社会组织腐败治理：政社分开的逻辑进路》，《国家行政学院学报》，第5期。

王红艳（2016）：《社会组织腐败治理机制变迁与发展》，《政治学研究》，第2期。

王名、贾西津（2003）：《关于中国NGO法律政策的若干问题》，《清华大学学报》（哲学社会科学版），第S1期。

喻建中（2016）：《软法视角下的社会组织立法转型》，《时代法学》，第5期。

周俊、徐久娟（2020）：《社会组织违规的影响因素与多元路径——基于30个案例的定性比较分析》，《北京行政学院学报》，第5期。

周如南、刘斯佳（2021）：《捐赠何以可能：情境认知、传播行为与非营利组织信任对个人捐赠意愿的影响》，《中国非营利评论》，第2期。

周志忍、陈庆云（1999）：《自律与他律：第三部门监督机制个案研究》，杭州：浙江人民出版社。

朱健刚、邓红丽（2022）：《治理吸纳慈善——新时代中国公益慈善事业的总体特征》，《南开学报》（哲学社会科学版），第 2 期。

〔美〕亚历克斯·梯尔（2011）：《越轨社会学》（第 10 版），王海霞等译，北京：中国人民大学出版社。

Ahmad, A. , & Omar, Z. （2014）, "Reducing Deviant Behavior through Workplace Spirituality and Job Satisfaction," *Canadian Center of Science and Education* 10 （19）.

Glaser, B. G. （2001）, *The Grounded Theory Perspective：Conceptualization Contrasted with Description* , Mill Valley, CA：Sociology Press.

Glaser, B. G. , & Strauss, A. （1967）, *The Discovery of Grounded Theory：Strategies for Qualitative Research* , Chicago：Aldine.

Keatin, E. K. , & Frumkin, P. （2003）, "Reengineering Nonprofit Financial Accountability：Toward a More Reliable Foundation for Regulation," *Public Administration Review* 63 （1）.

Mai, K. M. , Ellis, A. P. J, Christian, J. S. , et al. （2016）, "Examining the Effects of Turnover Intentions on Organizational Citizenship Behaviors and Deviance Behaviors：A Psychological Contract Approach," *Journal of Applied Psychology* 101 （8）.

Sawitri, H. S. R. , Suyono, J. , Sunaryo, S. , et al. （2018）, "The Role of Leader Political Skill and Ethical Leadership on Employee Deviance Behavior," *International Journal of Business and Society* 19 （4）.

Strauss, A. L. （1987）, *Qualitative Analysis for Social Scientists* , Cambridge：Cambridge University Press.

Toward Regulation：An Exploration of Governance Mechanisms for the Deviant Behavior of Social Organizations

—An Integrated Model of "Autonomy-Heteronomy-Relationship"

Zhang Ran, Zhang Rui & Gao Tian

［**Abstract**］ The regulation of social organizations has far-reaching sig-

nificance for the orderly and good governance of grass-roots society. In recent years, the deviant events of social organizations in our country have been frequently reported. Although there exist many explanations for their emergence in the academic circles, there is a lack of integrated theoretical analysis model. For this reason, by selecting 13 representative cases of deviant events for social organizations and based on grounded theory, this paper constructs an explanation model of "autonomy-heteronomy-relationship", and systematically interprets the generation mechanism of deviant event for social organizations. The study found that the deviant evidence of social organizations has six manifestations, such as intermediary, partiality, and so on, which are characterized by the lack of "integrity" and "ability", and endogenous in the interactive coupling of self-discipline, heteronomy and inter-departmental relations. Therefore, in the future, Both the internal self-discipline and external heteronomy shall be strengthened with the coordination of the relationship reshaping between government-society and business-society, so as to build a three-dimensional governance mechanism for public welfare deviant behavior and thus promote the regulating operation and credibility of social organizations.

[**Keywords**] Social Organizations; Deviant Behavior; Grounded Theory; Autonomy-Heteronomy-Relationship

责任编辑：李朔严

社会企业的组织韧性形成机制研究[*]

——基于诚信诺应对新冠肺炎疫情的案例分析

罗文恩　张雪华[**]

【摘要】 组织韧性对于社会企业的可持续发展至关重要，然而迄今学术界对于社会企业组织韧性含义、形成过程等议题仍然缺乏深入探讨。本文以诚信诺这一金牌社会企业为典型案例，在厘清概念内涵的基础上重点探索社会企业组织韧性的形成机制。研究发现社会企业的组织韧性涵盖了使命韧性、经济韧性与关系韧性等三个相互关联的维度，而其塑造过程则分为韧性积累和韧性强化两个阶段。在新冠肺炎疫情出现之前，诚信诺公司就已经采取持续技术创新、建立信任关系、塑造使命认同等策略，逐渐培育组织的韧性根基，完成韧性的初步"积累"；而当遭遇疫情时，诚信诺公司通过预判危机状况、调适日常运营方式、重构产品与服务流程等措施，进一步提升了组织应对危机的能力，从而实现了韧性的"强化"并使公司成功应对疫情带来的冲击。本文揭示了组织韧性从常规情境到危机情境的延续的、动态的生成过程，丰富了组织韧性相关研究成果，为社会企业可持续发展提供了新的见解。

【关键词】 社会企业；组织韧性；可持续发展

---

[*] 本文受到国家自然科学基金面上项目"社会创业生态系统：理论模型、生成过程及对社会企业可持续性的影响"（72174123），国家社科重大项目"发挥第三次分配作用促进慈善事业健康发展研究"（21&ZD184）及深圳市人文社会科学重点研究基地项目资助。
[**] 罗文恩，深圳大学政府管理学院副教授；张雪华，深圳大学政府管理学院硕士研究生。

一　引言

2020 年以来，新冠肺炎疫情席卷全球，对世界的经济发展造成了巨大冲击，致使企业的生存环境中有越来越多的变数和风险，很多企业无奈裁员或倒闭。在兼具易变性、不确定性、复杂性和模糊性（VUCA）特征的市场环境下，社会企业作为兼具商业逻辑和公益逻辑的"新物种"（Battilana & Dorado，2010：1419）更是举步维艰。如何让社会企业健康成长，实现可持续发展成为亟待解决的现实问题。

已有研究表明，组织韧性在企业化解危机过程中起着关键作用，塑造组织韧性十分重要（Kantur & İşeri-Say，2012：765；Duchek，2020：216）。然而，韧性是一个对情境高度敏感的概念，不同的组织形态和外在场景下韧性的具体内涵可能有所差别（张公一等，2020：193；张秀娥、滕欣宇，2021：2）。例如，对于商业领域的企业而言，根据环境变化调整目标客户、开发新产品和进入新市场等策略往往被视为"随机应变"的核心技能，这种临时性的巧创举措有助于企业从逆境中恢复甚至实现超越，属于韧性能力的一种体现（张公一等，2020：204）。但是社会企业作为一类混合组织（Hybrid Organizations）需要兼顾经济与公益双元价值（Battilana & Dorado，2010：1419；李健，2018：32；袁彦鹏等，2020：36），如果在遭受逆境时放弃先前的客户或目标市场，则意味着社会企业的使命发生漂移（Battilana，et al.，2020：237），即使经济效益能够恢复，也是组织不可持续的一种表现（Battilana & Dorado，2010：1436；Young & Kim，2015：245）。故此，探讨社会企业组织韧性的内涵和生成过程不能直接套用基于商业组织的研究结论。

遗憾的是，由于研究情景的稀缺性，迄今国内外学界探讨社会企业组织韧性的学术成果仍然凤毛麟角，仅有少量论文把韧性理论引入社会企业领域（Littlewood & Holt，2018；Young & Kim，2015）。有鉴于此，笔者利用 2020 年以来新冠肺炎疫情在全球暴发的时间窗口，选取中国公益慈善项目交流展示会（CCF）认证的金牌社会企业——深圳市诚信诺科技有限公司（以下简称"诚信诺"）作为案例研究对象，通过剖析该企业在国内生产和国际市场受到双重击打的情况下，如何快速采取应对策略并最终转危为安的故事，尝试厘清社会企业组织韧性的具体含义并重点探讨社会企业组织韧性何以形成这一关键问题，以期拓展组织韧性的研究领域和丰富相关学术成果，并为社会企业在遭受逆境时如何可持续发展提供启示。

二 文献述评

（一）组织韧性及其形成机制

组织韧性理论被用于帮助观察组织及其组成个人和单位如何在逆境、压力和适应或发展的重大障碍中继续取得理想的结果（Vogus & Sutcliffe，2007：3418），它由一组动态能力和资源决定（Norris，et al.，2008：130），强调组织从逆境中恢复，保持正常运行。韧性与组织固有的、适应性的特质和能力有关，这些品质使组织在动荡时期能够采取积极主动的方法来减轻威胁和风险（Burnard & Bhamra，2011：5587）。例如，Kantur 和 İşeri-Say（2015：467）将组织韧性的内涵概括为稳健性、敏捷性、完整性，分别指组织抵御不利条件并从中恢复的能力、迅速采取行动的能力以及员工在面临不利情况时的凝聚力。类似地，Tierney（2008：3）从稳健性、冗余性、充足性、快速性四个维度对组织韧性进行测量。可知，组织韧性的产生和发展需要组织在常规或危机情境中培育各项能力、储备各类资源，以提升其应对危机造成的中断和破坏的能力。本文借鉴已有研究的观点，结合社会企业二元价值属性等特点，将社会企业的组织韧性定义为社会企业在面临外部挑战时，能够充分调动自身资源与能力快速破解危机难题，从而保持其使命稳健并实现可持续发展的组织特性，它随着社会企业的成长而动态变化。

作为一个情境性概念，组织韧性只有在应对各类突发的逆境事件过程中，才能被明显地观察到（马浩，2020：85）。因而，现有研究多关注短期的、突发的逆境情境，如突发事件以及自然灾害等（崔淼等，2020；Rai，et al.，2021；单宇等，2021；汤敏等，2019），在这一情境下，组织潜在的韧性能力得以产生或激活（Burnard & Bhamra，2011：5592；Powley，2009：1298），但是这并不意味着唯有如此组织才能形成韧性。随着研究的不断深入，组织在常规情境下长期动态积累的能力和资源要素对组织韧性形成的影响也逐渐得到学者们的关注。马浩（2020：85）认为组织韧性是一种组织常态，贯穿于一个组织日常运营之中，具有连续性和反复迭代的特性。从这一视角出发，宋耘等（2021：4）提出了韧性基础的概念，将其解释为风险事件发生时企业拥有的资源、能力与流程，认为韧性激活受到韧性基础的影响，二者相互作用。由此可见，组织韧性的形成是一个持续不断的、涉及常规以及危机情境下组织学习与提升的过程，单一情境下的研究不足以观测到其形成机制的全貌。

现有文献对于组织韧性形成机制的探讨主要包括两类。大部分研究围绕组织在遭遇外部冲击的前期、中期以及后期如何有效应对危机事件展开，将其分为预期、应对和适应三个阶段（李平、竺家哲，2021：32；Sanchis, et al.，2020：12；Duchek，2020：223；Burnard & Bhamra，2011：5589），并阐述其过程中所需的驱动因素（财务储备、物质资源、人力资源、技术条件、组织文化、社会网络等）（Duchek，2020：235；Giancotti & Mauro，2020：326；Lengnick-Hall, et al.，2011：246；Vogus & Sutcliffe，2007：3418）及能力（敏捷性、灵活性、稳健性、战略能力、学习能力等）（Vakilzadeh & Haase，2020：11；Conz & Magnani，2020：408；崔淼等，2020：652；Burnard & Bhamra，2011：5590），提出只有将三个阶段的能力相结合，才能形成有韧性的组织（Duchek，2020：238）。另外少数研究关注日常情境下组织形成韧性的过程，其重点在于对意外事件的预测（马浩，2020：85；宋耘等，2021：4；Andersson, et al.，2019：40）。如 Andersson 等（2019）强调对组织内部的权力分配和组织理念、人力资源管理的规范控制进行平衡，以支持组织的一致性和稳定性，从而构建和维护组织韧性的特征。

（二）社会企业组织韧性研究

尽管现有研究对组织韧性的内涵维度进行了大量的归纳工作，但主要集中在企业和商业领域，社会企业的组织韧性问题很少受到学者的关注。在为数不多的文献中大部分为案例研究，其内容多为社会企业组织韧性的来源或影响因素。如 Ueda（2014）通过案例分析，总结了营利性企业和社会企业组织韧性的三个主要来源，一是具有组织愿景或组织使命，二是预测未来以及评估风险的对应关系，三是具有灵活的策略。Young 和 Kim（2015）通过对美国三家社会企业的案例进行分析，阐述了韧性理论对于思考社会企业稳定性问题的重要性，并指出内部治理、财务激励结构、组织冗余和领导力影响了社会企业的稳定性。Littlewood 和 Holt（2018）基于撒哈拉以南非洲的社会企业所面临的挑战，提出影响社会企业组织韧性的关键资源和能力包括善于结合愿景与实践、建立共同的价值观和使命、即兴创作及创新能力等，具有韧性的社会企业所采用的策略为保持探索和从失败中学习的精神以及建立稳固的关系网络。

社会企业组织韧性形成的研究更是鲜见，相关论文探讨了与社会企业组织韧性形成相关的部分要素和能力，包括财务资源与结构、专业技术、成员承诺、共同价值愿景、社会资源（Borzaga & Tallarini，2021：76；Chowdhury，2015：23；Ueda，2014：15；Sonnino & Griggs-Trevarthen，2013：281）等韧性的决定因素以及灵活性、组织学习、组织治理、风险预测与评估等有利于韧性形成的能力（Littlewood & Holt，2018：7；Young & Kim，2015：244；Chowdhury，2015：23）。一些研究基于实践案例的分析，提出了社会企业构建组织韧性的策略，如明确组织愿景或使命（Ueda，2014：15），通过与内部和外部利益相关者建立强有力的支持关系来发展韧性（Littlewood & Holt，2018：9），通过集体动员当地资源来培养韧性（Sonnino & Griggs-Trevarthen，2013：283），以及在危机时期利用和扩大商业创收活动确保其财务可持续性等（Weaver，2020：6）。

概括而言，现有研究呈现了社会企业组织韧性不同的来源或影响因素，表明了组织韧性的语境特异性以及它是如何受特定环境影响，但仍然存在两个明显不足。一是在研究社会企业组织韧性相关议题时，多是采用一般的组织韧性定义，并未结合社会企业的独有特点进行充分挖掘，是故现有研究成果在社会企业领域的适用性有限。二是仅对社会企业组织韧性来源或影响因素进行归纳，鲜有涉及相关因素在实践层面如何共同作用以形成组织韧性，因而仍需对社会企业组织韧性的形成机制展开进一步探索。

三　研究设计

（一）研究方法

围绕研究问题，本文采用深度、个案的质性研究方法。首先，本文的研究目的在于探索社会企业组织韧性的内涵及形成机制，属于"怎么样"类型的研究问题，适合使用案例研究方法（Eisenhardt，1989：534）。其次，本文的研究情境具有动态性，需要展现一个动态的过程，采取纵向单案例研究方法深入描绘与分析案例，能够确保对社会企业组织韧性的形成机制进行深度分析。

（二）案例选取

本研究选取诚信诺作为案例研究对象，原因有三。一是诚信诺作为一家社会企业，曾被评为"中国金牌社企""中国好社企"等，在国内非常有影响力，在案例选择上具有典型性；二是诚信诺面向的是国际 BoP①市场，面临更为复杂的运营环境，促使其在常规情境下积累了一定的能力和资源，且在全球新冠肺炎疫情当中依靠自身的组织韧性平稳地渡过了危机，其经历符合本研究的主题；三是笔者与诚信诺建立了良好的沟通关系，便于收集、整理一手资料，同时诚信诺受到了许多媒体的关注，二手资料丰富且容易获取。

诚信诺创立于 2004 年，最初主要面向欧美市场，为国际大牌做促销赠品。2009 年，诚信诺创始人带领公司逐渐转向为全球无电地区的 BoP 群体提供耐用、实用、可负担的清洁能源产品，确立了"用绿色能源改善全球 BoP 人群生活品质"的社会使命，完成社会企业的转型。在逐渐发展的过程中，诚信诺自主开发了生产线，采用 OEM/ODM 的方式与当地有实力的经销商合作，以此获取利润，维持公司运作，打造了可持续发展的商业模式。2020 年全球新冠肺炎疫情出现以后，诚信诺先后面临复工难、原材料短缺且价格上涨、客户暂停出货、终端用户购买力下降等难题。为应对多重冲击，诚信诺主动而为进行自救，最终实现了 2021 年同期业绩的增长。图 1 简要呈现了诚信诺应对疫情采取的关键措施。

图 1　诚信诺应对疫情的过程

（三）数据来源

本研究通过多种数据来源收集案例研究素材，主要分为两个阶段。在第一阶段，广泛收集并整理了诚信诺的二手资料，主要为公开性外部资料，包括诚信诺的官方网站资料、书籍、案例、相关新闻报道、公司领导的公开发言材料

---

① BoP 是 "Bottom of Pyramid" 的缩写，指每日收入低于 2 美金的贫困人口。

以及电视台拍摄的纪录片等（详见表1），共获得约8万字的资料。通过梳理诚信诺的发展历程，还原其从成立至今的关键事件，并以此为基础，撰写访谈提纲，而后开展第二阶段的实地调研。在第二阶段，主要为一手资料的收集，所采用的是观察法与深度访谈法。

表 1　二手资料收集情况

类别		名称	来源	编码
外部资料	纪录片	《丝路汇客厅——点亮最后一公里》	广东网络广播电视台	S1
		《疫动人生——复工记》		S1
	案例	《点亮最后一公里——诚信诺公司的战略转型之路》《唯快不破——深圳诚信诺公司疫情危机"攻关"》	中国管理案例共享中心	S2
		《Power-Solution：用爱心照亮金字塔底层人群》	《社会企业家精神：社会使命稳健性的概念与实践》	S3
		《诚信诺：在金字塔底点亮未来》	《商业评论》	S4
		《李霞：聚焦BoP的社创实践》	志阳创谈微信公众号	S5
	新闻报道	诚信诺关于发展历程与疫情应对的新闻	腾讯网、环球网、搜狐网等	S6
	微信推文	诚信诺在疫情期间记录公司活动的文章	诚信诺微信公众号	S7
内部资料		《给全体员工的疫情公开信》	诚信诺总经理助理提供	S8
		总经理给核心经销商写的邮件		

在2020年11月至2021年10月，笔者共进行了2次实地观察与5次深度访谈，访谈对象为诚信诺公司总经理、总经理助理及核心部门负责人（详见表2），访谈总时长约511分钟，之后对访谈录音进行文字转录，共获得约12万字资料。除了正式访谈，笔者还多次与受访者联系，核实案例细节和关键信息。通过不同访谈对象之间以及一手资料与二手资料相互检验与补充，减少信息偏差，构成三角验证，保证了本研究的效度。

表 2　访谈资料收集情况

受访者	访谈内容	时长	编码
总经理	公司社会使命价值、疫情面临的具体危机以及应对策略等	233分钟	F1
总经理助理	诚信诺的发展历程、组织架构、疫情应对、风险防控等	100分钟	F2

续表

受访者	访谈内容	时长	编码
业务副总	新的经销商开拓策略、客户关系维护、线上拓客渠道等	70 分钟	F3
生产副总	疫情期间资源储备、生产活动安排、员工价值观念培育等	50 分钟	F4
技术副总	产品创新设计、疫情期间产品优化、降低产品成本策略等	58 分钟	F5

（四）数据分析

本研究采用 Gioia 等（2013）提出的结构化数据分析方法，借助 Atlasti 9 软件对所搜集到的一手和二手资料进行编码，以诚信诺的成长过程为主线，尝试挖掘出社会企业组织韧性的内涵与塑造过程。该方法可以系统地展示从原始数据到一阶概念再到二阶主题和聚合构念的过程，以证明本研究的严谨性。其中，一阶概念的编码命名忠于受访者的术语，由原始数据中的相关短语或段落经过归类后加贴标签所形成，重点关注诚信诺在常规以及危机情境下组织的关键事件活动。之后，对一阶概念进行归纳合并，抽象为具有理论内涵的二阶主题，并就所形成的主题思考其是否有助于描述和解释正在观察的现象，同时关注在现有文献中有没有足够理论参考的新概念（Gioia, et al., 2013：20）。最后，将二阶主题进行进一步的整合，形成聚合构念。为确保研究结果可靠性，所有编码皆由两位作者反复思考与讨论，对于不充分或存在争议的编码结果，采取不断比较原始数据、现有文献的方式对编码进行更新，直至达到编码一致性，以此增强数据与理论的匹配程度。

四　案例分析结果

（一）社会企业组织韧性的含义

通过对案例数据进行结构化分析，本研究归纳出了社会企业组织韧性的三个维度，分别是使命韧性、经济韧性和关系韧性。其中，使命韧性是指社会企业在应对风险事件冲击的过程中，仍能坚守初心，使命未发生漂移。经济韧性则表现为社会企业自身有较为充足的资金储备，收入波动在可控范围之内，不会因资金问题而停止运营。而关系韧性是指在遭遇风险事件冲击之时，社会企业的核心利益相关者（如员工、经销商等）能够相互信任并始终与社会企业保持紧密互动，共同努力渡过危机。图 2 展示了社会企业组织韧性的具体内涵。

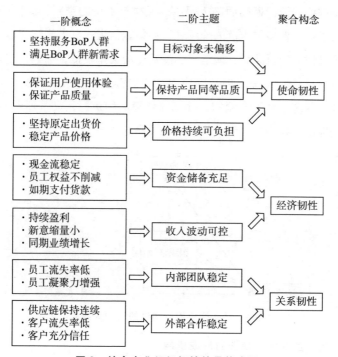

一阶概念　　　　　　二阶主题　　　　　聚合构念

- 坚持服务BoP人群
- 满足BoP人群新需求　⟹　目标对象未偏移

- 保证用户使用体验
- 保证产品质量　　　⟹　保持产品同等品质　　使命韧性

- 坚持原定出货价
- 稳定产品价格　　　⟹　价格持续可负担

- 现金流稳定
- 员工权益不削减
- 如期支付货款　　　⟹　资金储备充足

- 持续盈利　　　　　　　　　　　　　　　　经济韧性
- 新意缩量小
- 同期业绩增长　　　⟹　收入波动可控

- 员工流失率低
- 员工凝聚力增强　　⟹　内部团队稳定

- 供应链保持连续　　　　　　　　　　　　关系韧性
- 客户流失率低
- 客户充分信任　　　⟹　外部合作稳定

图2　社会企业组织韧性的具体内涵

社会企业组织韧性三个维度之间并非相互割裂，而是相辅相成，共同构成社会企业的整体韧性（见图3）。其中，使命韧性是社会企业组织韧性的独有特征，它保证了社会价值创造的持续实现。例如在原材料和海运价格上涨、BoP人群购买力下降的双重挤压下，诚信诺积极改良产品设计，以确保质量为前提，降低生产成本，从而持续为BoP人群提供高品质且可负担的清洁能源产品，创造出企业的社会价值，凸显了很强的使命韧性。反之，如果一家社会企业缺乏使命韧性，其在经历外部冲击后容易产生使命漂移，进而丧失社会企业身份的合法性。因此，在危机情境下社会企业如何保持使命韧性显得尤为重要。

经济韧性则为社会企业在遭遇风险事件冲击时坚持创造社会价值提供动力，缺乏经济韧性，企业实现社会使命就无从谈起。在国外经销商因疫情影响暂停出货后，诚信诺仍维持了稳定的现金流，做到不降薪、不裁员、按时发放员工工资且能如期支付原材料供应商货款。这种经济韧性能够促使关系韧性中的内部团队和外部合作更加稳定。

最后，关系韧性是社会企业可持续运作的一个保障。通过案例分析发现，即便是在国内疫情流行期间面临人员少、原材料涨价的难题，诚信诺的材料供应商仍按时供货，保持供应链的连续性，使得诚信诺的订单生产得以正常进行。而在国内外疫情大流行期间，诚信诺的经销商流失率较低，仍如期付款、出货，表现出充分的信任，与诚信诺共同应对危机。故此，在面临风险事件冲击时，当社会企业与内部联系趋向紧密、外部合作趋向稳定时，其各项业务仍能顺利进行，从而能够获得稳定资源，推动社会使命的达成。

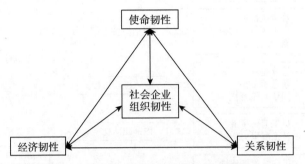

图3　社会企业组织韧性的三维度结构

（二）社会企业组织韧性的形成机制

案例分析显示，诚信诺在应对疫情时展现了很强的组织韧性，但这一组织特性并非在疫情期间突然生成或者被激活。社会企业组织韧性的形成过程分为两个阶段。在疫情出现前，诚信诺就聚焦于持续技术创新、建立信任关系、塑造使命认同，积累企业在应对风险事件时所需要的资源与能力等，因此，这一阶段我们称为"韧性积累"。而在危机情境下，已有韧性积累的诚信诺积极应对风险事件冲击，通过不断地预判、调适、重构组织资源与能力等，有效化解危机，表现出较强的韧性特征，这一阶段我们称为"韧性强化"。在这一阶段，社会企业的组织韧性实现了跃升。图4简要地呈现了社会企业的组织韧性

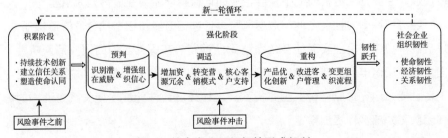

图4　社会企业组织韧性形成机制

形成的过程和关键策略，下文将详细阐述。

1. 韧性积累阶段的主要策略

（1）持续技术创新。自转型为社会企业后，诚信诺通过在产品的研发、生产阶段进行技术创新，实现为全球无电地区 BoP 人群提供耐用、实用、可负担的清洁能源产品的社会使命。长期持续的技术创新积累使诚信诺具备了核心竞争优势，增强了自我造血的能力，为其有效地化解风险事件冲击提供了坚实的基础。诚信诺对产品和技术的持续创新体现在三个方面。一是用户需求导向。诚信诺以目标受益人群需求为持续技术创新的方向，通过每年开展实地调研，观察用户的生活习惯、地方文化、产品使用情况等，深入挖掘用户的动态需求，从而确定新一轮产品优化创新的方向。在访谈过程中，诚信诺的创始人明确表示，只为 BoP 群体设计、生产产品，满足其对产品的个性化需求。同时，诚信诺注重解决部分 BoP 群体的特殊需求，如针对沿海城市的产品金属部件容易生锈的问题，诚信诺增加了产品刷漆防潮的工序，以保证用户的使用体验。二是持续的产品研发设计。诚信诺每年将公司净利润的 30% 至 40% 用于优化已有产品或研发新产品。同时，为推出真正适合 BoP 人群使用且价格可负担的产品，诚信诺长期坚持对某一款产品进行优化迭代，通过设计降低用户的购买成本。以"蜡烛消灭者"为例，这一产品经过六年研发、四次迭代，螺丝从 8 颗降到 1 颗，并采用创新的挂钩设计，用随处可见的矿泉水瓶替代支架，极大地压缩了产品的生产和运输成本，实现了让终端用户可购买并使用的目的。三是通过生产环节的严格把控，保证产品质量。在原料方面，诚信诺与已上市、口碑好、在行业内有较高知名度的供应商进行合作，并对所有原材料进行测试。同时，诚信诺坚持以国际化标准严格生产，核心配件使用最好的材料。每个产品在完成生产后，需经过 13 道工序的检测方能出厂，以确保终端用户所购买的产品是可正常使用且耐用的。

（2）建立信任关系。由于诚信诺面向的是海外市场，其产品需由经销商进口到当地，再经分销商、零售商等环节，最终到达终端用户手中，因而，经销商是诚信诺创造社会价值链条中的重要一环。此前研究指出，构建远程客户信任，是企业与海外客户开展合作的有效手段（许晖等，2020：1282），由此我们从诚信诺与经销商的合作实践引出建立信任关系的概念，即通过一系列措施促使经销商相信诚信诺有能力遵守规则和兑现承诺，并且不会为获取更多个体利益而出现背离合作的行为（许晖等，2020：1283）。诚信诺采取构建认知信任和情感信任的方式与经销商建立长期合作关系。这一信任关系的建立是组织韧性的重要来源，使经销商与诚信诺在面临风险事件冲击时能够共同化解危机。

构建认知信任，是指诚信诺通过持续创造价值、提供差异化客户服务、推动客户参与创新等策略使经销商对其产品或服务能力、交易责任的履行及合作可靠性等方面进行合理评估（许晖等，2020：1283；Akrout & Diallo，2017：161）。具体而言，诚信诺在与经销商的合作中，向其提供不断优化且质量可靠的产品，帮助其持续获取经济价值，并根据各国经销商的文化差异，提供个性化客户服务。同时，诚信诺主动邀请经销商参与调研终端用户与产品优化创新的过程，增强经销商对诚信诺服务理念等方面的了解。

构建情感信任，是指诚信诺通过定期拜访客户、建立人际关系等策略与经销商形成交易之外的情感纽带（许晖等，2020：1283）。具体而言，诚信诺为加强与经销商之间的交流，即便是索马里等比较危险的国家，每年仍会外派业务员到当地拜访经销商。且在交流过程中，诚信诺注重与经销商建立合作之外的人际关系，针对不同文化背景的经销商，诚信诺会采取诸如免费提供太阳能灯让客户赠予当地居民、给客户的孩子送礼物等方式加强与经销商的情感维系，拉近与经销商的距离，从而使其在情感上对诚信诺更加信任。

（3）塑造使命认同。作为一家社会企业，诚信诺的主要目标是创造社会价值，而促进利益相关者对其使命的认同，则有利于这一目标的实现。使命认同是指社会企业的内外部利益相关者能够感知企业的社会使命，并将其内化为自身的目标，建立起共同的使命与价值观。使命认同是社会企业增强内部凝聚力、外部稳定性的关键要素，使得企业在遭遇风险事件冲击时更有可能保持使命稳健。数据分析发现，塑造使命认同包括价值观念甄别和企业使命宣导。

其中，价值观念甄别是指诚信诺将与企业价值观念一致作为利益相关者的筛选机制。在内部层面，诚信诺在招聘员工时，注重考察员工的价值观念，奉行"德才兼备重用，有德无才培养使用"的原则，选拔认同企业使命文化的员工。而在外部层面，价值观一致是诚信诺建立合作关系的准则，诚信诺更倾向于与希望创造社会价值、保持长期发展的供应商和经销商合作。

而企业使命宣导则是指诚信诺与相关者进行链接后，对其进行的文化理念宣传。对内，诚信诺通过展示企业使命介绍以及终端用户使用产品的视频、多次口头传播等方式，加深员工对企业使命的感知，增强员工对自身工作的认同感与自豪感。对外，诚信诺在与经销商、供应商沟通的过程中，通过持续的使命文化输出，采取邀请经销商参访终端用户等策略，使其更加认可诚信诺的价值理念，并自愿与诚信诺实现社会使命的目标相一致，这对于经销商保持合作、供应商提供优质原料的行为有着重要的促进作用。

简而言之，在日常情境下，诚信诺围绕社会使命，在技术、合作、文化等三个重要方面分别采取了有效的行动策略，其典型证据示例详见表3。其中，持续技术创新是诚信诺创造社会价值的根本手段，同时也是其可持续盈利模式的核心，为实现其可持续发展提供了充分的经济条件。而建立信任关系是诚信诺在发展过程中链接目标受益人群的主要方式，这类合作关系一旦建立，便成为社会企业组织韧性的重要支撑。最后，塑造使命认同，是诚信诺在任何情境下能够保持使命稳健的重要原因，它通过影响企业内外部利益相关者的价值观念，加强其相互之间的联系，从而有利于组织韧性的形成。

表3 韧性积累阶段典型证据示例

聚合构念	二阶主题	原始语句（一阶概念）
持续技术创新	用户需求导向	F1 "我们会去看终端用户怎么使用，因为我们的目的是升级换代我们的产品，就我们要看终端用户有什么新的需求，有没有什么新的可以进一步完善产品的方面，所以我们是每一年都会往那边去跑"（调研动态需求） F3 "例如之前那个灯泡，以往是100多米就够了，现在可能人家对需求高一点，要300多米，我们做个优化，提高一个亮度，要么可能增加一个收音机，或者说根据他的需求做一个全新的产品"（满足个性需求）
	聚焦产品研发	F2 "我们每年的话都会把公司纯利润的30% ~40% 投入研发，这样的话每年会有3~5款新产品推出来"（大量投入研发） S4 "就拿太阳能灯这个产品来说，诚信诺对第一代产品持续改进了八年，才有了第二代产品'蜡烛消灭者'"（坚持产品优化） S6 "通过不断设计更新原有产品，在保证产品原有功能的同时尽量降低产品成本，如不断缩短阅读灯的支架，用随处可见的矿泉水瓶代替"（设计降低成本）
	严控产品品质	S4 "从源头把控，选择上市公司、口碑好、在行业内有较高知名度的供应商，并对所有进料进行测试"（把控原料质量） S5 "她强调，公司从2009年开始，便采用国际化标准，比如SGS的ISO认证、BV认证、TUV认证、世界银行资质认证，这都是很国际化的认证"（采用高标准生产） F2 "我们出去的每一个产品在出口前都经过了6~7次的全检，保证就是说我们出去的东西都是好的"（产品全面检测）

续表

聚合构念	二阶主题	原始语句（一阶概念）
建立信任关系	构建认知信任	F1"我们总是能不停地创新，给他新的价值，然后给他新的销售卖点，然后他就可以赚到钱，我觉得这也是核心的部分"（持续创造价值） F3"确实不同国家的人，他的处理方式，跟他沟通方式，你给他的支持各方面不一样"（差异化客户服务） F3"我们每年去拜访他都是会跟他沟通，对产品的，要么是一个微创新，例如增加一个多的功能，或者是哪方面做一个优化"（推动参与创新）
	构建情感信任	F3"像索马里还是很不安全的，在外界来看，但我们是经常去看我们的客户，我都去了五六次那个地方，去索马里，去埃塞"（定期拜访客户） F3"像印度我们有一个客户，他儿子结婚，我过去了。我们就给了他中国这边的一个比较有特色的礼物"（建立人际交往）
塑造使命认同	价值观念甄别	F3"我们招人的话一定是招价值观跟我们一样的。你这个人首先是符合我们公司的一个标准，我们不会招那种就是做事不踏实"（招聘观念一致员工） S1"（经销商 Lebeza）我向李霞讲述了我过去的经历，李霞也向我讲述了和我一样的愿景，所以我们有着一样的价值观，一样的愿景去帮助贫困人口"（与同价值观者合作）
	企业使命宣导	F4"从 2018 年开始的话，我们在车间会放一些电视，就我们服务于哪些人，因为每个人的话其实内心都是善良的，他（员工）看一下当地的那些和牛羊住在一起的人，每年烧死的、烧伤的（人），他的感触很深，他也会有这个成就感和使命感，他就会想把这个产品做好"（对内教育员工）

2. 韧性强化阶段的主要策略

（1）预判。预判是指组织在认知层面对风险事件及其可能对组织造成的威胁进行识别与判断。在感知外部环境波动后，快速识别在风险事件冲击下组织可能存在的关键脆弱点，并及时消除危机所造成的组织成员或相关者的恐慌，对于应对疫情冲击非常重要。在危机全面爆发之前，诚信诺通过及时获取疫情信息，了解外部环境变化，对企业内部流程进行梳理，判断后续可能出现的威胁企业生存的关键问题。疫情之下，诚信诺快速识别出三个问题：一是多数员工无法如期复工，陷入"有订单无人生产"的困境；二是原材料供应不足、价格上涨；三是疫情的高度不确定性可能导致国外客户暂停出货。精准识别与预判潜在威胁是诚信诺积极调整以应对风险事件的重要基础。其次，增强组织信心。疫情之下，员工担心工作能否稳住，经销商关切能否出货。因此，诚信诺总经理快速以发布公开信的方式，向员工说明当前危机环境的变化，督促员工进行自我提升，同时作出不降薪、不裁员、按时发放工资的承诺。面对经销商，诚信诺向其说明企业所面临的难题以及解决方案，并承诺如期发货，以此增强经销商的信心。

（2）调适。调适是指组织根据危机变化迅速有效地应用其积累的资源和能力，通过临时性举措即时进行组织调整，以使自身更好地适应危机情境的动荡和不确定性，减轻危机带来的生存威胁。案例分析发现，诚信诺的具体调适策略包括增加资源冗余、转变营销模式以及为核心客户提供支持。识别出组织潜在威胁后，诚信诺从物资、财务、人力等三方面增加冗余。首先是利用海外经销商的渠道购买企业复工所必需的医疗物资，并提前向供应商订购原材料以保障产品生产。同时，针对可能出现的资金短缺问题，通过多方申请银行贷款、临时增设出售口罩业务等策略扩大资金来源，增强企业现金流。此外，在生产线员工无法复工的情况下，诚信诺利用线上渠道迅速组织招聘员工，安排全员下产线支援生产，并利用与周边工厂良好的关系，将部分生产活动转移，以缓解人员不足。

其次，转变营销模式。在疫情导致以往线下触达客户的服务方式遭到破坏的情况下，诚信诺临时采用线上渠道开展业务。疫情期间，诚信诺借助展会的平台，将服务场景转移至线上，通过录制产品介绍视频、直播拓客等方式，打造线上、线下服务体验一致的效果，以此开发新客户。另一方面，诚信诺针对调整后的线上服务流程，对业务团队的营销能力进行赋能，包括开展课程培训和头脑风暴，通过统一的课程学习和个性化的提升方案，帮助业务团队提升营销能力，从而加快疫情之下客户响应速度，维持主要业务发展。

此外，诚信诺针对核心客户在危机之下的重点需求，快速调整与客户的合作方式，满足核心客户的发展需求。全球疫情之下，诚信诺对客户如期交货、资金运营的需求及时作出回应，一方面缩短交货期，加快产品出货，使客户可以尽快提货，保证其品牌在市场上持续运转。另一方面，改变先付尾款再出货的方式，为核心客户提供60天的账期，帮助其更好地渡过危机。

（3）重构。重构是指组织在适应危机环境后，通过获取新知识和资源，根据组织漏洞，重新构建组织流程、产品或服务等，完成组织更新，以更好地应对未知环境的变化。重构策略是社会企业在经受危机事件后提升组织韧性的关键之举。通过案例分析发现，诚信诺在遭受疫情冲击后，重点优化了影响企业实现使命的、关键的且易受环境影响的业务，其重构的重点在于产品优化创新、改进客户管理和变更组织流程。

基于前期积累的技术创新优势，诚信诺在韧性强化阶段持续进行产品优化创新，以降低产品成本，保证产品在新情境下更好满足客户需要。危机发生后，为了让购买力下降的终端用户能够接受产品价格，诚信诺对产品进行简化设计，以更具性价比的原料进行替换。如在不影响用户使用体验的前提下，去掉产品电源按键，并将产品包装简化，从而在原料价格上涨的情况下控制了产品价格涨幅。同时针对疫情之下每天环境消毒的需求，诚信诺研发出一款具备消毒杀菌功能的手电筒，增加了产品的使用场景，更好地满足了用户的生活需要，从而增加了产品的销量，加快企业从逆境中恢复。

改进客户管理是指诚信诺通过采取相应措施加强与客户之间的联系，使其保持与企业的黏性，促进双方共同发展。分析案例发现，诚信诺通过细化客户服务、动态调整合作等策略，改进客户管理的方式，强化与客户之间的合作关系。具体而言，诚信诺通过建立客户档案，详细记录经销商个人与交易的相关信息并定期更新，由业务副总及时跟进经销商的需求，有针对性地为核心客户提供服务。同时，基于经销商的市场环境变化，诚信诺不断调整双方合作的产品，为其提供有效的合作方案，帮助其获取更大的经济价值。

除了产品优化创新和改进客户管理，变更组织流程，根据组织漏洞对组织内部实践和学习模式进行更新，也是诚信诺在疫情期间组织韧性得以显著增强的重要策略。具体而言，诚信诺的组织流程的变更包括提前生产周期和流程模板化。危机发生之后，诚信诺根据每年与经销商合作的订单数量，对下一年度的订单进行预估，在原材料新一轮涨价开始前，提前订购物料，安排生产周期，以达到降低原材料成本和快速交货的目的，有效地预防了环境变化所造成的破坏。与此同时，诚信诺对公司内部流程进行优化，例如重新梳理了新员工的招聘、培训与考核标准，将原本的零散管理进行整合，形成模板，提升了组织效率。

由上述分析可知，在危机情境下诚信诺围绕组织的社会使命，通过预判、调适、重构组织资源与能力等，强化了自身的组织韧性，其典型证据示例详见表4。其中，预判是诚信诺结合环境变化所进行的合理、准确的自我评估，识别风险事件冲击下自身面临的潜在威胁，是企业有效调整适应外部环境的基础。

而调适是诚信诺根据预判结果，对自身的资源和能力进行整合以维持组织的短期生存。重构是诚信诺针对组织漏洞进行的组织更新，目的是更好地应对将来未知的风险，实现组织长期发展的效果。

表4　韧性强化阶段典型证据示例

聚合构念	二阶主题	原始语句（一阶概念）
预判（危机监控与信息分享）	识别潜在威胁	F1 "每天看新闻，持续关注，然后我们就开始启动线上会议"（关注环境变化） F2 "但是我们公司有一个很好的，我们李总她是一个有预见性的，就是今年开工难"（预见复工难题）
	增强组织信心	F2 "我们还没开工，当时她（总经理）写了一封信给我们……说你们要照顾自己，但是也要预见如果疫情短时间不能恢复，整个家庭的生计是怎么样的，这个时候的话大家都要振作起来"（写信稳定军心） S1 "他说我相信你说的话，你说了你的工厂能第一天复工，就一定会把我的货给生产出来，保证我们对客户的承诺"（承诺如期交货）
调适（临时性巧创行为）	增加资源冗余	F2 "尽快采购医疗物资，我们知道说开工以后肯定是严格管控的，我们其实等于说在大年三十之前就已经开始采购口罩了"（储备重要物资） F1 "我们除了宁波银行，还有别的银行贷款，反正就是通过各种方式增加贷款。不是当下缺钱，就是怕有这样现象出现"（增强现金流）
	转变营销模式	S6 "广交会由线下到线上，我们用直播的方式，录产品的视频，让客户360度线上视频了解"（开拓线上渠道） F3 "我们这边会把整个业务团队的能力做到更高的一个提升。例如我们每一周至少有一次头脑风暴，就把目前你觉得还欠缺哪些能力，哪一块是你的短板，全部剖析出来，然后给到你一些方案让你去提升，所以说线上沟通，一样也属于你自身能力、自身魅力的一个体现"（赋能线上营销）
	核心客户支持	S7 "我们把先做的货先出，交货期从原来的25天缩短到15天"（加快产品出货） S7 "我们给客户账期60天，让他们可以有效地运营自己的现金流"（延长客户账期）
重构（优化产品与服务流程）	产品优化创新	F5 "我们有优化那个包装设计，做更紧凑的一个设计，然后把吸塑去掉等，一些可能不是那么特别重要的物料，我们暂时通过优化设计把它去掉"（改良产品设计） F3 "今年疫情之后，他们很多非洲人也是在家办公的，对电的需求量也增加了，所以我们又开发了新的产品给笔记本充电"（开发新产品）
	改进客户管理	F3 "因为我们是有一个客户档案，我们叫大客户档案，我们大客户档案中有一份表格里面非常详细"（细化客户服务） F3 "根据整体的客户情况，我们每周至少要碰一次，这个客户接下来我们应该怎么链接，用哪种方式，让客户把市场额占到或者是怎么样"（动态调整合作）

社会企业的组织韧性形成机制研究

续表

聚合构念	二阶主题	原始语句（一阶概念）
重构（优化产品与服务流程）	变更组织流程	F3 "我们根据他的订单，一个就是预期订单，我们至少是会下一年，下一年的 forecast（预期）订单，就是下一年的预计订单的备料，就预计的情况"（提前生产周期） F4 "我们公司流程这方面都模板化下来，例如我们招新员工，我们公司的一个培训机构，还有我们业务员的一个考核标准全是模板化"（流程模板化）

五　简要结论与展望

本文以诚信诺为典型案例，探讨社会企业组织韧性的内涵及其形成机制。借鉴属性视角的组织韧性定义，结合社会企业融合公益与商业的二元特征，案例分析发现社会企业的韧性可以从使命韧性、经济韧性及关系韧性等三个相互关联的维度加以衡量，这些维度与 Tierney（2008）、Kantur 和 İşeri-Say（2015）等学者基于商业领域的企业研究提出的韧性具体内涵有明显区别。与稳健性、敏捷性和冗余性这些抽象的维度相比，本文归纳的组织韧性三个维度更加贴近社会企业的实际情况，也更容易操作。尤其是使命韧性，是衡量社会企业在遭遇突发不利事件时是否具备恢复能力和实现持续运作的重要方面。

本研究发现，虽然社会企业的组织韧性强弱需要在危机情形下加以"检验"，但韧性并非只是在应对不利冲击时才能被激活或产生，其形成过程贯穿于日常经营（风险事件前）和应对危机情形两个阶段。这一发现有别于路江涌和相佩蓉（2021：4）、单宇等（2021：84）提出的组织韧性是在不利事件应对或危机管理过程中形成的观点，佐证了突发事件出现前的组织战略决策对于韧性生成的重要性（马浩，2020：85；宋耕等，2021：4）。在疫情出现前，诚信诺已经历了"韧性积累"阶段，通过持续技术和产业创新，与核心利益相关者（包括员工、经销商和供应商等）建立信任关系，以及塑造关注 BoP 群体和共创社会价值的企业文化，不断积累企业在应对未来风险事件时所需要的资源与能力。而在危机情境下，诚信诺则主动预判疫情可能带来的风险点，采取临时性的应急措施调适企业运营策略，以及根据在疫情期间暴露的管理漏洞，重新构建产品创新设计、客户管理和组织运作等重要流程，以更好地应对未来生存环境的变化。在这一阶段，通过采取"预判—调适—重构"等组合策略，社会企业的组织韧性实现了跃升。上述发现拓展了组织韧性生成机制和过程的相关研究，也为社会企业如何增强组织韧性提供了实践启示。

需要指出的是，社会企业的种类丰富多样，本文基于单一典型案例的研究结论可能并不适用于所有类型的社会企业。迄今社会企业组织韧性的经验研究仍然非常匮乏，未来探索可以从两条路径展开：一是基于不同社会企业类别和情境分析影响社会企业组织韧性生成的因素和过程，以检验和拓展现有研究结论的边界；二是构建衡量社会企业组织韧性的操作化指标体系，通过大样本问卷调查和定量模型检验社会企业组织韧性的关键前因变量和对其绩效的影响，从而产生更具有普适性的研究发现。

参考文献

崔淼、周晓雪、蔡地（2020）：《新兴市场企业如何塑造组织韧性——基于路径构造理论的案例研究》，《管理案例研究与评论》，第 6 期。

李健（2018）：《政策设计与社会企业发展——基于 30 个国家案例的定性比较分析》，《理论探索》，第 2 期。

李平、竺家哲（2021）：《组织韧性：最新文献评述》，《外国经济与管理》，第 3 期。

路江涌、相佩蓉（2021）：《危机过程管理：如何提升组织韧性？》，《外国经济与管理》，第 3 期。

马浩（2020）：《组织韧性的机制与过程》，《清华管理评论》，第 6 期。

单宇、许晖、周连喜、周琪（2021）：《数智赋能：危机情境下组织韧性如何形成？——基于林清轩转危为机的探索性案例研究》，《管理世界》，第 3 期。

宋耘、王婕、陈浩泽（2021）：《逆全球化情境下企业的组织韧性形成机制——基于华为公司的案例研究》，《外国经济与管理》，第 5 期。

汤敏、李仕明、刘斌（2019）：《突发灾害背景下组织韧性及其演化——东方汽轮机有限公司应对"5.12"汶川地震与恢复重建的案例研究》，《技术经济》，第 1 期。

许晖、丁超、王亚君、张超敏（2020）：《海外客户参与视角下的远程客户信任构建机制——基于外贸企业艾永特和海安格力的双案例研究》，《管理学报》，第 9 期。

袁彦鹏、鞠芳辉、刘艳彬（2020）：《双元价值平衡与社会企业创业策略——基于创业者身份视角的多案例研究》，《研究与发展管理》，第 3 期。

张公一、张畅、刘晚晴（2020）：《化危为安：组织韧性研究述评与展望》，《经济管理》，第 10 期。

张秀娥、滕欣宇（2021）：《组织韧性内涵、维度及测量》，《科技进步与对策》，第 10 期。

Akrout, H., & Diallo, M. F. (2017), "Fundamental Transformations of Trust and Its Drivers: A Multi-Stage Approach of Business-to-Business Relationships," *Industrial Marketing Management* 66, pp. 159 – 171.

Andersson, T., Cäker, M., Tengblad, S., & Wickelgren, M. (2019), "Building Traits for Organizational Resilience Through Balancing Organizational Structures," *Scandinavian Journal of Management* 35 (1), pp. 36 – 45.

Battilana, J., & Dorado, S. (2010), "Building Sustainable Hybrid Organizations: The Case of Commercial Microfinance Organizations," *Academy of Management Journal* 53 (6), pp. 1419 – 1440.

Battilana, J., Obloj, T., Pache, A. C., & Sengul, M. (2020), "Beyond Shareholder Value Maximization: Accounting for Financial/Social Trade-offs in Dual-Purpose Companies," *Academy of Management Review* 47 (2), pp. 237 – 258.

Borzaga, C., & Tallarini, G. (2021), "Social Enterprises and COVID-19: Navigating between Difficulty and Resilience," *Journal of Entrepreneurial and Organizational Diversity* 10 (1), pp. 73 – 83.

Burnard, K., & Bhamra, R. (2011), "Organisational Resilience: Development of a Conceptual Framework for Organisational Responses," *International Journal of Production Research* 49 (18), pp. 5581 – 5599.

Chowdhury, I. (2015), "Resilience and Social Enterprise: The Case of Aravind Eye Care System," *Summit on Resilience II: The Next Storm*, pp. 19 – 26.

Conz, E., & Magnani, G. (2020), "A Dynamic Perspective on the Resilience of Firms: A Systematic Literature Review and a Framework for Future Research," *European Management Journal* 38 (3), pp. 400 – 412.

Duchek, S. (2020), "Organizational Resilience: A Capability-Based Conceptualization," *Business Research* 13 (1), pp. 215 – 246.

Eisenhardt, K. M. (1989), "Building Theories from Case Study Research," *Academy of Management Review* 14 (4), pp. 532 – 550.

Giancotti, M., & Mauro, M. (2020), "Building and Improving the Resilience of Enterprises in a Time of Crisis: From a Systematic Scoping Review to a New Conceptual Framework," *Economia Aziendale Online* 11 (3), pp. 307 – 339.

Gioia, D. A., Corley, K. G., & Hamilton, A. L. (2013), "Seeking Qualitative Rigor in Inductive Research: Notes on the Gioia Methodology," *Organizational Research Methods* 16 (1), pp. 15 – 31.

Lengnick-Hall, C. A., Beck, T. E., & Lengnick-Hall, M. L. (2011), "Developing a

Capacity for Organizational Resilience Through Strategic Human Resource Management," *Human Resource Management Review* 21 (3), pp. 243 – 255.

Littlewood, D. C., & Holt, D. (2018), "Social Enterprise Resilience in Sub-Saharan Africa," *Business Strategy & Development* 1 (1), pp. 1 – 11.

Kantur, D., & İşeri-Say, A. (2012), "Organizational Resilience: A Conceptual Integrative Framework," *Journal of Management & Organization* 18 (6), pp. 2155 – 2181.

Kantur, D., & İşeri-Say, A. (2015), "Measuring Organizational Resilience: A Scale Development," *Journal of Business Economics and Finance* 4 (3), pp. 456 – 472.

Norris, F. H., Stevens, S. P., Pfefferbaum, B., Wyche, K. F., & Pfefferbaum, R. L. (2008), "Community Resilience as a Metaphor, Theory, Set of Capacities, and Strategy for Disaster Readiness," *American Journal of Community Psychology* 41 (1), pp. 127 – 150.

Powley, E. H. (2009), "Reclaiming Resilience and Safety: Resilience Activation in the Critical Period of Crisis," *Human Relations* 62 (9), pp. 1289 – 1326.

Rai, S. S., Rai, S., & Singh, N. K. (2021), "Organizational Resilience and Social-Economic Sustainability: COVID-19 Perspective," *Environment, Development and Sustainability* 23 (8), pp. 12006 – 12023.

Tierney, K. (2008), "Structure and Process in the Study of Disaster Resilience," *The 14th World Conference on Earthquake Engineering*.

Sanchis, R., Canetta, L., & Poler, R. (2020), "A Conceptual Reference Framework for Enterprise Resilience Enhancement," *Sustainability* 12 (4), pp. 1 – 27.

Sonnino, R., & Griggs-Trevarthen, C. (2013), "A Resilient Social Economy? Insights from the Community Food Sector in the UK," *Entrepreneurship & Regional Development* 25 (3 – 4), pp. 272 – 292.

Ueda, K. (2014), "Common Factors of Corporate Resilience and Implications for Social Enterprise: Resilience Thinking and Japanese Case Studies," 『専修大学商学研究所報』 46 (3), pp. 1 – 17.

Vakilzadeh, K., & Haase, A. (2020), "The Building Blocks of Organizational Resilience: A Review of the Empirical Literature," *Continuity & Resilience Review* 3 (1), pp. 1 – 21.

Vogus, T. J., & Sutcliffe, K. M. (2007), "Organizational Resilience: Towards a Theory and Research Agenda," *IEEE International Conference on Systems, Man and Cybernetics*, pp. 3418 – 3422.

Weaver, R. L. (2020), "The Impact of COVID-19 on the Social Enterprise Sector," *Journal of Social Entrepreneurship*, pp. 1 – 9.

Young, D. R., & Kim, C. (2015), "Can Social Enterprises Remain Sustainable and Mission-Focused? Applying Resiliency Theory," *Social Enterprise Journal* 11 (3), pp. 233 – 259.

中国非营利评论
China Nonprofit Review

A Research on the Formation Mechanism of Organizational Resilience of Social Enterprises

—A Case Study Based on Power-Solution Fighting Against the COVID-19 Pandemic

Luo Wenen & Zhang Xuehua

[**Abstract**] Organizational resilience is crucial to the sustainable development of social enterprises. However, there is still a lack of in-depth discussion on the meaning and formation process of organizational resilience of social enterprises. This paper takes Power-Solution, a gold medal social enterprise, as a typical case, and explores what organizational resilience of social enterprises is and how to form it. It is found that the organizational resilience of social enterprises covers three interrelated dimensions, including mission resilience, economic resilience and relationship resilience, and its shaping process is divided into two stages: resilience accumulation and resilience reinforcement. Before the outbreak of the COVID-19 pandemic, Power-Solution had already adopted strategies such as continuous technological innovation, building trusting relationships, and developing recognition of its mission to gradually cultivate the foundation of organizational resilience and complete the initial accumulation of resilience. When confronting with the impact of the COVID-19 pandemic, Power-Solution has further developed its organizational resilience by forecasting the crisis situation, adjusting daily operation methods, and reconstructing the product and service process, thus strengthening organizational resilience of the company and enabling it to overcome the crisis successfully. This paper reveals the continuous and dynamic process of generating organizational resilience from conventional to crisis situations, enriching the research results on organizational resilience and providing new insights for the sustainable development of social enterprises.

[**Keywords**] Social Enterprise; Organizational Resilience; Sustainable Development

责任编辑: 蓝煜昕

政社关系视角下地方官员对社会组织态度研究

高　淼　颜克高*

【摘要】既有政社关系研究多在宏观、中观层面展开，缺乏微观层面的研究视角。事实上，官员态度会显著影响社会组织发展，可作为从微观层面解释政社关系的突破口。本文从个体出发，借鉴ABC态度模型，从认知成分、情感成分、行为意愿三个维度编制地方官员对社会组织态度量表，以全国29个省、自治区、直辖市685份调查问卷为样本，分析地方官员对社会组织态度发现：第一，地方官员对社会组织的认知水平具有一定的片面性，表现为虽整体水平较高但内部结构存在较大分化；第二，地方官员对社会组织的情感评价已达成正向性的高度共识，且几乎不随官员个体特征变化；第三，地方官员对社会组织的行为意愿具有差异性，对社会组织的辅助性和挑战性表现出"厚此薄彼"的不同倾向，这在微观层次上为政社关系理论提供了经验证据；第四，地方官员对社会组织态度的内部关系遵循标准学习层级的影响，彰显出认知的基础性作用，为态度的进一步改善提供着力点。

【关键词】政社关系；官员态度；社会组织；ABC态度模型

---

* 高淼，湖南大学马克思主义学院博士研究生，研究方向：社会治理；颜克高，湖南大学公共管理学院教授，研究方向：政社关系、社会治理、区域社会经济发展。

一　问题的提出

在政府体制改革与社会治理创新过程中，社会组织被赋予重望。为促进社会组织发展，十八大首次提出加快形成"现代社会组织体制"，十八届三中全会将"激发社会组织活力"纳入"创新社会治理"的重要范畴，十九大报告更是明确提出要发挥社会组织在新时代社会治理格局中的重要作用。然而，在"强国家、弱社会"的体制下，中国社会组织的发展不仅取决于国家所让渡空间的大小，同时也面临一系列来自国家的约束（陈天祥等，2017：68~77 + 178）。在此背景之下，政府与社会组织关系成为国内外学术界研究的热点问题（王诗宗、宋程成，2013：50~66 + 205）。

从理论演进来看，中国情境下政府与社会组织的关系研究经历了宏观层面的类型划分与中观层面的关系构建两个阶段。宏观层面的类型学研究旨在从整体视角总结、概括政府与社会组织的关系类型。在早期研究中，作为政府与社会组织关系的理想类型和主流范式，市民社会和法团主义被率先应用于分析中国实践（陈为雷，2013：228~240 + 246），但却面临"水土不服"的问题。在市民社会的理论指引下，研究者们发现，中国已经初步形成市民社会的组织基础，却很难找到社会组织与政府并列的经验证据（White，1993：63 – 87）；同时，市民社会视角研究过多强调了中国社会组织的独立性与自主性建构，忽视了政府也在不断完善对社会组织的控制策略（Foster，2002：41 – 65；Nevitt，1996：25 – 43；Wank，1995：55 – 71）。相较而言，法团主义更符合中国现实，在社会组织领域运用较多（王名，2013：361）。但是，由于我国缺少法团主义所必需的社会组织基础（吴建平，2012：174~198 + 245~246；胡辉华等，2016：124~146 + 208~209；彭少峰，2019：166~172），法团主义在中国的适用性仍然存在一定的局限。

对市民社会和法团主义的双双否定，带来了理论发展的危机，使得传统二分理论框架对经验事实的穿透力变弱，也不再构成更有活力的理论源泉（纪莺莺，2016：196~203）。因此，为准确描绘中国政府与社会组织关系的整体景象，国内学者从现实出发，提出了一系列本土化观点。"分类控制"和"行政吸纳社会"是目前相对来说较为成熟的分析模式（邓正来，2011：5~10 + 159；王向民，2014：130～140），对现阶段政府与社会组织的关系类型具有较强的解释力。在此基础上，诸多学者不断拓展、修正，先后提出了"行政吸纳服务"、"利益契合"、"嵌入型监管"及"选择性扶持和选择性控制"等观点，进一步增强了"分类控制"和"行政吸纳社会"的解释力。

为进一步充分展示政府与社会组织关系变迁，部分学者另辟蹊径，不再单纯局限于宏观层面的框架讨论，而是从结构争论转向了行动策略的中观研究，考察社会组织在二者关系构建中的策略选择，总结归纳出"策略性应对"、"非正式政治"、"做加法"以及"借道机制"等理论主张。事实上，随着改革的逐步深入，政府与社会组织关系发生了策略性变革，在二者互动的过程中形成了一种调适性的合作关系（郁建兴、沈永东，2017：34～41＋126）。以上阶段研究表明，在政府与社会组织的关系变迁中，社会组织并非只能被动应对，而是可以通过发挥自身能动性作出一定的策略选择，寻找新的发展机会，拓展新的成长空间。尽管如此，在中国情境下，政府仍然主导了其与社会组织关系的变迁（黄晓春、周黎安，2017：118～138＋206－207；崔月琴、母艳春，2021：68～76＋157；张圣、徐家良，2021：77～88）。

从一定程度上可以说，政府主导的政社关系是一种具有中国特色的社会现象。"在理解社会现象时，没有任何其他方法，只有通过对那些作用于其他人并且由其预期行为所引导的个人活动的理解来理解社会现象。"（哈耶克，1991：6）因此，理解政府行为是解释二者关系的关键。然而，任何集体行为都必须在微观个体的水平上进行理解（周黎安，2017：20）。纵观既有政社关系研究，多从宏观、中观层面开展，缺乏微观层面的分析视角。事实上，官员作为政府权力的执掌者和实施者（王浦劬、李锋，2016：6～13），是政府组织中最为关键的要素，且在社会组织宏观政策模糊的情况下（黄晓春、嵇欣，2014：98～123＋244；何艳玲、钱蕾，2016：14～22；周俊，2019：133～139；任彬彬，2021：248～267），其对社会组织的态度会显著影响社会组织发展（颜克高、林顺浩，2017：171～187＋219～220），故而可将官员态度作为从微观层次解释政社关系的突破口。基于此，本文尝试从个体入手，以地方官员为切入点，力图在个体层面找到当代中国政府与社会组织关系的基础，为政社关系研究提供微观层面的经验证据，满足夯实宏观理论微观基础的迫切需要。

二 文献回顾与分析框架

（一）文献回顾：政府对社会组织态度的演变与特征

改革开放以来，中国社会组织发展面临"宏观鼓励"与"微观约束"的环境（俞可平，2006：109～122、207～208）。一方面，包括法律法规、经济体制和政治体制等多方面的改革创新都为社会组织发展营造了宽松鼓励的宏观制度环境。另一方面，微观制度环境对待社会组织发展的态度则以约束为主，存在很多直接针对社会组织的正式或非正式限制，如通过出台法律、规章、条例等对社会组织进行控制和约束，对社会组织的活动经费、范围和内容实行严格的限制，等等。更为精细化的研究表明，我国政府对社会组织的政策态度呈现出与此相一致的"宏观鼓励"与"微观规制"特征，且具有较为明显的阶段性特点：第一个阶段为 20 世纪 80 年代，宽松鼓励；第二个阶段为 90 年代，阶段性严控；第三个阶段为 2001 年到 2008 年，控制限制与选择性培育；第四个阶段为 2008 年以后，培育发展与监督管理并重（王芳等，2022：3～21）。社会组织政策背后所折射出的是我国政府对待社会组织的态度：20 世纪 80 年代，宽松的政策环境鼓励社会组织发展；90 年代，政策收紧，政府严格控制社会组织发展；2001 年到 2008 年，政策逐步放开，在控制与限制的缝隙中抽离出选择性培育的空间，给予社会组织一定的生长条件，其实质是鼓励社会组织在政府引导下发展；2008 年以后，培育发展与监督管理并重的常态化阶段，即政府在培育社会组织发展的同时做好监督管理工作，彰显出一种相对客观的态度（见表 1）。

表 1　政府对社会组织政策态度阶段性划分及其特征

阶段划分	社会组织政策阶段性特征	政策环境	政府对社会组织态度
20 世纪 80 年代	宽松鼓励	宽松	鼓励
20 世纪 90 年代	阶段性严控	收紧	严控
2001～2008 年	控制限制与选择性培育	逐步放开	引导
2008 年以后	培育发展与监督管理并重	常态化开放	客观

资料来源：作者整理。

不难看出，对待社会组织这样一种"新兴"事物，政府展现出了激励与控制并存的复杂态度，并随着时代变迁进行适应性调整：一方面，希望利用社组织的服务和治理功能来改善公共服务并优化治理格局；另一方面，渐进式改革道路下，又担心社会组织成为政治和社会稳定的"解构性"力量或威胁性因素（邱雨，2019：35～45＋56；周强，2011：15～20）。事实上，当前阶段政府之于社会组织所扮演的角色更为复杂，"既表现出管理与控制又呈现出合作、培育、扶持及监管的态势"（毕素华，2014：87～92）。近期研究表明，我国政府治理社会组织的态度已悄然发生了变化，经历了从早期针对不同类别的"分类控制"到如今监管体制之下的激活与发展并存，表现出两方面的基本特征：一是将国家视为一个利益主体，讨论出国家对待社会组织的整体性基线态度，即从"分类控制"到"可控发展"；二是基于复杂政府治理结构而形成的多样化政府态度，使得国家对社会组织态度具有复杂而丰富的一面，即复杂治理结构之下的态度分化（纪莺莺，2016：196～203）。

（二）分析框架：ABC 态度模型

态度是一种评价的倾向，可以对对象的所有反应过程产生指示性或动力性的影响（Allport，2006：405－422）。社会心理学家指出，态度是在积极与消极两个维度上对他人、事物、观点的评价（Eagly & Chaiken，2007：582－602），包含认知、情感及行为倾向等三个成分（Katz & Stotland，1959：423－475）。1960 年霍夫兰和卢森堡提出的 ABC 态度模型（又名"三元态度模型"）对于个体态度形成具有较强的解释力，该理论认为态度包含情感（affective）、行为（behavior）、认知（cognitive）三种成分。这里的行为成分指的是行动或行为的意图这种心理倾向，而不是真正的行为，因此也称行为倾向（behavior tendency）。一般而言，认知成分是对态度对象的知识、意见以及信念；情感成分是个人对态度对象的感觉，包括情感、情绪、感受及好恶评价等；行为倾向成分则是对态度对象的行为意愿或反应倾向。此外，ABC 态度模型还强调认知、情感和行为倾向三者之间的相互关系，并提出层级效应的概念来解释这三种成分的相对影响。在标准学习层级，认知是基础，对情感起作用，最终引发行为倾向（所罗门等，2014：157）。ABC 态度模型将认知成分、情感成分与行为倾向成分紧密联系起来，并对三者关系作出科学的归纳说明，这为构建地方官员对社会组织态度模型提供了充分的理论依据（见图 1）。

1. 认知成分。社会组织的认知成分是地方官员对社会组织的认识、理解与信念，包括感知、思维、看法等，意图反映地方官员心目中的社会组织与社会

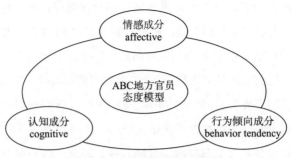

图 1　ABC 地方官员态度模型

组织理论内涵之间的关系。从历史发展来看，改革开放以来，经济体制和政治体制改革逐渐深入，为社会组织发展提供了更大的空间和动力。社会组织在经济发展、社会建设等方面的作用慢慢显现，并得到决策者的重视。2004 年，十六届四中全会通过的《中共中央关于加强党的执政能力建设的决定》以及国务院总理政府工作报告第一次使用了"社会组织"的说法，表明社会组织已经进入党和国家的决策视野。但是，实务部门对于社会组织的内涵与性质似乎尚未达成完全共识，在各种文件中的概念使用也并不统一，如"非营利组织""民间组织""慈善组织"等。

从理论发展来看，尽管同样存在概念混合使用的问题，但对社会组织的内涵与性质已达成基本共识，普遍接受了美国霍普金斯大学萨拉蒙提出的"五特征"法，即从特征对社会组织进行界定，认为社会组织具有组织性、私有性、非营利性、自治性以及自愿性等五个共同特征（萨拉蒙，2007：3）。国内学者王名沿袭了萨拉蒙的界定方法，认为尽管中国社会组织有广义和狭义之分，但都具有非营利性（不分配约束、非牟利控制以及财产保全限制等）、非政府性（独立、自治、开放及竞争性等）及社会性（资源、产出以及问责的社会性，也可理解为公益或共益性、志愿性等）等基本属性（王名，2013：361）。

本文遵循求同存异、突出重点的原则，从非营利性、志愿性、公益性、非政府性以及非分配性等方面研究地方官员对社会组织的认知。其中，非营利性是指社会组织不以获取经济利润为指标开展活动；志愿性是指参与社会组织活动是以志愿为基础的，不存在外在的强制关系；公益性是指社会组织在投入和产出上更多地依赖于社会和服务社会，为公共利益服务；非政府性是指社会组织不附属于政府，能够独立自主地开展组织活动；非分配性是指社会组织不具有利润分红等分配机制，任何成员不得将组织财产转化为个人财产。

2. 情感成分。社会组织的情感成分是地方官员对社会组织的情绪与感受。这些情绪或感受通常被认为是可以评价的，反映出地方官员对社会组织直接全面的情感（陆剑清，2015：101）。从理论和实践来看，对当前中国政社关系的构建与解释都充分体现了"功能至上"的思想。理论层面，不管是基于市民社会、法团主义等西方理论展开的分析，还是本土学者在此基础上创新性地提出分类控制、行政吸纳社会以及借道机制等概念体系，都是以社会组织功能为切入点解构中国政社关系。实践层面，从中央到地方都强调发挥社会组织在政府职能转移、社会治理中的作用，并通过项目制、政府购买服务等方式促进社会组织功能的发挥。

综上，通过梳理国内外学者的研究，本文将重点以地方官员对社会组织的公众参与、公共服务、利益表达、政策倡导、资源动员等方面的程度评价来反映其对社会组织的情感指数。其中，公众参与强调社会组织作为一个集体，为公民参与社会事务提供了一种可能、一个渠道；公共服务是指社会组织可以提供各类社会服务，包括为特定群体提供互益或共益性社会服务，承接来自政府等公共部门的公共服务等；利益表达表明社会组织可以借助一定的渠道和方式，向政府和各级组织机构表达其所代表群体的利益要求；政策倡导是指社会组织能够直接或间接影响立法和各级政府政策，最终影响公共政策输出；资源动员说明社会组织可以动员公益慈善资源、志愿资源以及社会资源。

3. 行为倾向成分。社会组织的行为倾向是地方官员对社会组织的反应倾向，或称行为意愿。通过对社会组织的功能进行整合分类发现，社会组织表现出双重属性，即挑战性和辅助性（康晓光、韩恒，2008：30～41）。一方面，社会组织是最有力的集体行动载体之一，对政府权威具有挑战性；另一方面，社会组织可以为社会提供公共服务，是一种辅助力量。从实际行动来看，政府偏向于支持社会组织通过提供公共服务发挥辅助性作用，而对社会组织利益表达带来的挑战性持保守甚至敌视态度（唐文玉，2016：125～142）。在这两种情况下，政府为不同属性的社会组织所让渡的生存空间大相径庭，最终对社会组织发展带来截然不同的影响。基于此，本文主要研究地方官员对社会组织挑战性的容忍意愿以及地方官员对社会组织辅助性的支持意愿，借以判断地方官员对社会组织的行为意愿。

综上所述，基于 ABC 地方官员态度模型，结合大量专家学者的研究结论，从认知成分、情感成分和行为意愿三个维度建构地方官员对社会组织态度的分析框架，如图2所示。

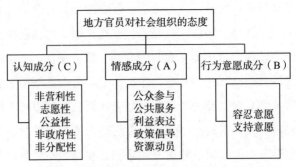

图2　地方官员对社会组织态度的分析框架

三　研究设计

（一）问卷设计与检验

本研究采用自填问卷方法测量地方官员对社会组织的态度，问卷包含基本信息、态度量表两部分内容。为编制问卷，开展以下工作。

首先，成立一个包含笔者在内的五人小组，确定基本信息，包含人口特征、教育程度、专业领域、工作地区、单位层级等内容；其次，重点根据地方官员对社会组织态度的理论建构进行操作化处理，由五人小组为每一构念设计 2~3 个题项，即为认知成分、情感成分与行为意愿各维度设计科学合理的题目，进而形成第一阶段的初始问卷；再者，聘请一位教授和两位副教授组成评议小组，对初始问卷进行逐条评议，保留最合适题项，并对问题描述予以修正，以求准确表达构念内涵；最后，邀请来自湖南省不同行政层级的六位 MPA 研究生进行线上、线下访谈，请他们逐一读题，说出他们的理解，如与研究预期存在偏差，修正题项，最后形成本研究问卷初稿（态度量表各维度题目见表2）。

为检验问卷，2018 年 9 月，研究者以湖南大学 2018 级 MPA 研究生为调查对象，对问卷进行了预试，收回问卷 76 份，其中有效问卷 60 份。经检验，认知量表、情感量表的内在一致性系数分别为 0.602、0.761，两者合并的内在一致性系数为 0.746，表明量表具有比较好的信度；由于行为意愿包括内涵指向性不同的容忍意愿和支持意愿两道题目，不再计算一致性系数。同时，因子分析结果表明，KMO 值为 0.857，Bartlett 球形检验的显著性水平为 $p < 0.010$，且因

子旋转结果与理论预设相符，量表整体具有比较好的结构效度。

表 2　地方官员对社会组织态度量表各维度题目一览

维度	题目
非营利性	社会组织不以营利为目的
非分配性	社会组织的内部成员（如领导）不可以对组织利润进行分红
非政府性	社会组织具有与政府相分离的特征，具有非政府性
公益性	社会组织能够提供公共产品或公共服务，具有公益性
志愿性	人们参加社会组织的活动应该是自愿的
公众参与	社会组织能促进人际沟通，化解矛盾和冲突
公共服务	社会组织可以通过接受政府委托或参与政府采购，融入公共服务体系
利益表达	社会组织能够代表特定群体表达他们的利益诉求和政策主张
政策倡导	社会组织能影响相关立法和公共政策制定
资源动员	社会组织可以促进社会捐赠、志愿参与
容忍意愿	我们应该制止一些社会组织（如纺织业行业协会、出租车行业协会）为了维护会员利益而发起停产或停运活动
支持意愿	我们应该支持提供公共服务（如扶贫、助老、助学等）的社会组织优先发展

（二）变量说明

本文涉及的变量类型包括地方官员的个体特征、地方官员对社会组织态度。

1. 个体特征。地方官员的个体特征包括性别（女性为 0，男性为 1）、年龄（30 岁及以下为 0，大于 30 岁为 1）、教育程度（本科及以下为 0，硕士及以上为 1）、专业领域（人文社会科学为 0，自然科学为 1）、工作地区（东部地区为 0，其他地区为 1）、单位层级（县级及以下为 0，县级以上为 1）等，均为分类变量。

2. 地方官员对社会组织态度。态度测量采用李克特量表。其中，"完全同意""比较同意""中立""比较不同意""完全不同意"分别赋值为 5、4、3、2、1。地方官员对社会组织的态度包含认知成分、情感成分及行为意愿等三个层面。其中，认知成分的取值为每一个体在非营利性、志愿性、公益性、非政府性以及非分配性等五个维度的分数相加（对非分配性进行反向赋值），值越大（分值范围为 5~25），表明地方官员对社会组织的认知水平越高；情感成分同样为每一个体在公众参与、公共服务、利益表达、政策倡导、资源动员等五个维度的分数相加，值越大（分值范围为 5~25），表明地方官员对社会组织情感评价越好；行为意愿包含地方官员对社会组织挑战性的容忍意愿与辅助性的支持意愿，对两个维度分别进行测量，其取值为每一个体在各自维度上的李克特量表得分（对容忍意愿进行反向赋值），值越高（分值范围为1~5），表明地方官员越愿意容忍社会组织的挑战性，或地方官员越愿意支持社会组织的辅助性。

（三）样本分析

1. 数据来源。本文中"地方官员"为广义概念，泛指地方政府公务人员。"社会组织"为狭义概念，仅指依法在民政部门登记注册的社会团体、基金会以及社会服务机构（民办非企业单位）。由于群体的特殊性，严格的概率抽样无法有效实施，借鉴同行做法（肖唐镖、王艳军，2017：64~76+127），采用非概率抽样方法选择样本。本文数据来源于课题组2018年10月组织实施的"公众对社会组织的感知与态度调查"，问卷主要依托湖南、天津、上海、江苏及广东等地区高校MPA任课教师向学生发放。其中，地方官员填答问卷743份，有效问卷685份，有效率为92.2%。

2. 样本特征。样本特征分布如表3所示。女性样本超过半数；样本中年轻人占大多数，30岁及以下的样本超过半数，31~50岁的概率为37.5%；超过90.0%的样本具有大学学习经历，31.0%为硕士及以上学历；近70.0%的样本大学专业领域为人文社会科学；样本的工作地区分布于全国29个省、自治区、直辖市，其中东部地区的比例为39.7%；从单位层级来看，县（区）级及以下的样本为56.5%，市级样本比例为27.7%，而省级为15.8%。

表3　样本特征分布

单位：人，%

特征	类型	人数	比例	特征	类型	人数	比例
性别	男	307	44.8	专业领域	自然科学	209	30.5
	女	378	55.2		人文社会科学	476	69.5
年龄	30岁及以下	414	60.4	工作地区	东部地区	272	39.7
	31~50岁	257	37.5		其他地区	413	60.3
	50岁以上	14	2.1	单位层级	省级	108	15.8
教育程度	专科及以下	20	2.9		市级	190	27.7
	大学本科	453	66.1		县级/区	272	39.7
	硕士及以上	212	31.0		乡镇/街道及以下	115	16.8

注：地区划分标准来源于国家统计局。

四 数据分析

（一）片面性：地方官员对社会组织的认知水平

1. 认知水平。地方官员对社会组织认知水平的均值为 20.50，标准差为 2.806，表明地方官员对社会组织具有比较高的认知水平（最高分为 25.00）。就内在结构而言，地方官员在社会组织志愿性、公益性等维度上的得分比较高，且一致性也高；非政府性、非营利性的得分比较相近；而非分配性的得分最低。选项的频数分布也清晰地反映了地方官员认知社会组织的内部结构特征，如图 3。在志愿性、公益性这两个维度上，超过 90% 的地方官员选择了"比较同意"和"完全同意"，而"完全不同意"的频数分别为 0 和 1，表明地方官员对社会组织志愿性、公益性的认知水平比较高，共识性也比较强；在非政府性、非营利性等两个维度上，70% 以上的地方官员的选择为"比较同意"和"完全同意"，分别有 15%、21% 的地方官员选择了"中立"；非分配性的离散趋势最明显，从"完全同意"至"完全不同意"的占比依次为 24%、27%、26%、18%、5%。综上，整体来看，地方官员对社会组织的认知水平较高，但是从其内部结构来看，则出现了一定程度的分化：地方官员对社会组织的志愿性、公益性的认知水平很高，彼此间的共识程度也很高，而在非分配性上的认知水平却很低，分歧也非常大，这在一定程度上反映出地方官员对社会组织的认知具有片面性。

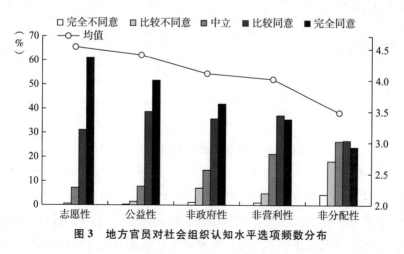

图 3 地方官员对社会组织认知水平选项频数分布

2. 分组比较。地方官员对社会组织认知水平的分组比较结果如表 4 所示。

地方官员的个体特征对社会组织认知水平具有以下影响：年龄越大，地方官员对社会组织的认知水平越高（$p < 0.1$），且主要是由地方官员对社会组织公益性认知存在显著性差异造成的（$p < 0.05$）；教育程度和认知水平呈反向变化，即本科及以下的地方官员对社会组织的认知水平要高于具有硕士学历的地方官员，且在0.05的水平下通过显著性检验，这是由于不同学历的地方官员对社会组织的公益性（$p < 0.05$）和非营利性（$p < 0.05$）认知均存在显著性差异；从工作地区来看，东部地区地方官员对社会组织的认知水平显著低于其他地区地方官员（$p < 0.1$）；就单位层级而言，县级及以下地方官员对社会组织的认知水平明显高于县级以上地方官员（$p < 0.01$），这一差异同样体现在地方官员对社会组织公益性（$p < 0.05$）和非分配性（$p < 0.01$）的认知上。

表4　地方官员对社会组织认知水平分组比较结果

特征	类型	认知水平	志愿性	公益性	非营利性	非政府性	非分配性
性别	男（a）	0.123	0.606	0.983	0.068 （a > b）	0.910	0.015 （a > b）
	女（b）						
年龄	30岁及以下（c）	0.072 （c < d）	0.452	0.032 （c < d）	0.535	0.336	0.198
	30岁以上（d）						
教育程度	本科及以下（e）	0.015 （e > f）	0.110	0.012 （e > f）	0.049 （e > f）	0.583	0.167
	硕士及以上（f）						
专业领域	自然科学（g）	0.983	0.365	0.945	0.775	0.740	0.574
	人文社会科学（h）						
工作地区	东部地区（i）	0.071 （i < j）	0.120	0.239	0.101	0.251	0.629
	其他地区（j）						
单位层级	县级及以下（k）	0.002 （k > l）	0.367	0.012 （k > l）	0.101	0.135	0.004 （k > l）
	县级以上（l）						

注：表中数值为显著性水平。

（二）正向性：地方官员对社会组织的情感评价

1. 情感评价。地方官员对社会组织的情感评价均值为21.13，标准差为2.606，表明地方官员对社会组织的情感评价较好（最高分为25.00）。从构成来看，地方官员对社会组织资源动员功能的评价最好，其次为提供公共服务、推动公众参与以及促进利益表达，而政策倡导的评价最差。从频数分布来看（见图4），资源动员的选项相对集中，95%的地方官员选择了"比较同意"和

"完全同意"；在公众参与、提供公共服务以及利益表达等三个维度上，超过88%的地方官员的选项为"比较同意"和"完全同意"，而政策倡导的这一比例仅为70%。以上分析表明，地方官员认为社会组织的资源动员功能发挥最明显，而政策倡导功能发挥不足。整体来看，地方官员对社会组织的情感是充满正向性的，且相较于认知成分而言，地方官员在社会组织情感成分上的共识更多。

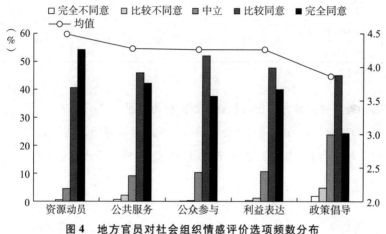

图4 地方官员对社会组织情感评价选项频数分布

2. 分组比较。表5报告了地方官员对社会组织情感评价分组比较的结果。在情感评价维度上，只有年龄在 $p < 0.1$ 的水平上具有显著性差异，即30岁以上地方官员对社会组织具有更好的情感评价，且这种差异是基于不同年龄地方官员对社会组织政策倡导的情感评价而产生的（$p < 0.1$）。其他个体特征对情感评价均不产生显著性影响。就其内部结构而言，专业领域对公众参与的情感评价具有显著性影响（$p < 0.05$）；教育程度、单位层级对政策倡导的情感评价存在差异，且分别在 $p < 0.05$ 和 $p < 0.1$ 的水平上通过显著性检验。

表5 地方官员对社会组织情感评价分组比较结果

特征	类型	情感评价	资源动员	公众参与	利益表达	公共服务	政策倡导
性别	男（a）	0.734	0.132	0.364	0.127	0.415	0.951
	女（b）						
年龄	30岁及以下（c）	0.072（c < d）	0.873	0.276	0.169	0.129	0.059（c < d）
	30岁以上（d）						

政社关系视角下地方官员对社会组织态度研究

续表

特征	类型	情感评价	资源动员	公众参与	利益表达	公共服务	政策倡导
教育程度	本科及以下（e）	0.336	0.680	0.407	0.798	0.766	0.010（e<f）
	硕士及以上（f）						
专业领域	自然科学（g）	0.169	0.245	0.049（g<h）	0.283	0.790	0.512
	人文社会科学（h）						
工作地区	东部地区（i）	0.587	0.922	0.401	0.958	0.875	0.268
	其他地区（j）						
单位层级	县级及以下（k）	0.710	0.172	0.919	0.821	0.648	0.060（k<l）
	县级以上（l）						

注：表中数值为显著性水平。

（三）差异性：地方官员对社会组织的行为意愿

1. 行为意愿。地方官员对社会组织挑战性的容忍意愿均值为 2.37，标准差为 1.113；对社会组织辅助性的支持意愿均值为 4.54，标准差为 0.658，表明地方官员具有差异化的行为意愿，即对社会组织挑战性的容忍意愿较低，但却倾向于支持社会组织通过提供公共服务发挥辅助作用。选项分布更加清晰地反映上述差异化特征（见图 5）。在容忍意愿维度上，选择"完全不同意""比较不同意""中立""比较同意""完全同意"的频数分别为 188、189、202、81、25；而在支持意愿维度上，频数依次为 0、7、42、213、423。简言之，90%以上的地方官员愿意支持社会组织的辅助性功能，而只有约 15%的地方官员愿意

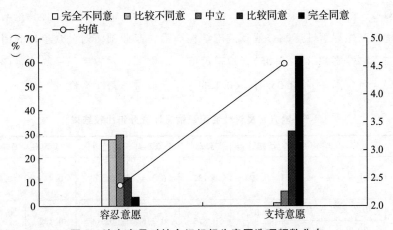

图 5　地方官员对社会组织行为意愿选项频数分布

给予社会组织所具有的挑战属性以空间。在一定程度上，上述发现从微观层面印证了分类控制等理论的核心观点，凸显了地方官员对社会组织辅助性功能的青睐。

2. 分组比较。地方官员对社会组织行为意愿的分组比较结果如表 6 所示。地方官员个体特征尚未对社会组织行为意愿产生显著性影响。就行为意愿内部结构而言，在容忍意愿维度上，年龄在 30 岁及以下的地方官员对社会组织挑战性的容忍意愿更高（$p < 0.05$）；从教育程度来看，本科以上学历地方官员较之于本科及以下地方官员而言，对社会组织挑战性的容忍意愿更强，且在 $p < 0.1$ 的水平上通过显著性检验；东部地区地方官员对社会组织挑战性的容忍意愿也更高（$p < 0.05$）。在支持意愿维度上，年龄在 30 岁以上的地方官员对社会组织辅助性的支持意愿更高（$p < 0.00$）；其他地区地方官员对社会组织辅助性的支持意愿明显高于东部地方官员（$p < 0.05$）；县级及以下地方官员对社会组织辅助性的支持意愿高于县级以上地方官员，且在 $p < 0.1$ 的水平上具有显著性。

表 6　地方官员对社会组织行为意愿分组比较结果

特征	类型	行为意愿	容忍意愿	支持意愿
性别	男（a）	0.312	0.810	0.180
	女（b）			
年龄	30 岁及以下（c）	0.972	0.040 （c＞d）	0.000 （c＜d）
	30 岁以上（d）			
教育程度	本科及以下（e）	0.173	0.071 （e＜f）	0.484
	本科以上（f）			
专业领域	自然科学（g）	0.532	0.348	0.612
	人文社会科学（h）			
工作地区	东部地区（i）	0.316	0.013 （i＞j）	0.017 （i＜j）
	其他地区（j）			
单位层级	县级及以下（k）	0.462	0.688	0.051 （k＞l）
	县级以上（l）			

注：表中数值为显著性水平。

（四）地方官员对社会组织态度的内部关系

为了清晰展现地方官员对社会组织态度的内部关系，拟采用依次回归模型，通过分析各模型参数值的变化，探索各因素间的不同效应，分析结果见表 7。

将地方官员个体特征作为控制变量，分别进行如下操作：首先，以情感成分为因变量，建立模型1。在模型1的基础上，加入认知成分建立模型2。结果显示认知成分的系数在0.01水平下显著为正，表明认知对情感具有显著正向作用。其次，以容忍意愿为因变量，建立模型3。在模型3的基础上，加入情感成分建立模型4。结果显示情感成分的系数在0.01水平下显著为负，表明情感对容忍意愿具有显著负向作用。最后，以支持意愿为因变量，建立模型5。在模型5的基础上，加入情感成分建立模型6。结果显示情感成分的系数在0.01水平下显著为正，表明情感对支持意愿具有显著正向作用。以上研究结果表明，地方官员对社会组织的认知、情感和行为意愿间关系符合标准学习层级模型，即地方官员对社会组织的认知可以影响情感，并进一步引发地方官员对社会组织的行为意愿。

表7　地方官员对社会组织态度的内部关系

变量	情感成分		容忍意愿		支持意愿	
	模型1	模型2	模型3	模型4	模型5	模型6
性别	-0.061	-0.175	0.000	-0.005	-0.089 *	-0.084 *
年龄	-0.349 *	-0.209	0.189 **	0.161 *	-0.213 ***	-0.185 ***
教育程度	-0.188	-0.308	-0.124	-0.139	-0.003	0.012
专业领域	-0.248	-0.230	-0.105	-0.125	0.069	0.089 *
工作地区	-0.094	0.020	0.195 **	-0.187 **	-0.122 **	-0.115 **
单位层级	0.020	-0.202	-0.064	-0.062	0.140 ***	0.138 ***
认知成分	—	0.296 ***	—	—	—	—
情感成分	—	—	—	-0.080 ***	—	0.080 ***
F	0.969	11.492 ***	2.332 **	5.637 ***	4.967 ***	16.028 ***
adjust R^2	0.000	0.097	0.012	0.045	0.034	0.133
常量	21.078	14.938	2.330	4.018	4.579	2.887

注：* $p<0.1$，** $p<0.05$，*** $p<0.01$。"—"表示该变量未放入模型。

五　结论与启示

本文从官员个体的微观视角出发，以ABC态度模型为基础，从认知成分、情感成分和行为意愿三个维度构建地方官员对社会组织态度的分析框架，设计问卷并运用非概率抽样方法抽取样本展开调查，通过对最终获得的685份有效问卷进行实证分析得出以下结论。

（1）地方官员对社会组织的认知具有片面性，即尽管整体认知水平较高但其在内部结构上出现分化，如地方官员对社会组织的志愿性、公益性认知水平很高，但是其对社会组织非分配性的认知水平不仅较低，而且还存在较大分歧。其次，年龄、教育程度、工作地区、单位层级均对地方官员认知社会组织水平具有显著影响。（2）地方官员对社会组织的情感具有正向性。从以功能为基础的情感评价结果来看，地方官员对社会组织的公众参与、公共服务、利益表达、政策倡导、资源动员等功能具有高度一致的正向评价，并且几乎不随个体特征变化产生显著变化。（3）地方官员对社会组织的行为意愿具有差异性，表现为容忍意愿低、支持意愿高，即地方官员不愿意容忍社会组织的挑战性，同时却愿意支持社会组织的辅助性。（4）地方官员对社会组织态度的内部关系遵循标准学习层级模型的影响，即认知影响情感，情感进一步引发行为意愿。

本文不仅探究了地方官员对社会组织的态度，也找寻到在个体层面解释政社关系的微观基础。作为地方官员对社会组织态度的最终表达，行为意愿是地方官员对社会组织态度的外显特征，对社会组织发展影响最大。而差异性的行为意愿背后反映的是地方官员对社会组织"厚此薄彼"的差异化态度，并最终导致不同属性的社会组织在实践中面临截然不同甚至是完全相反的发展环境：具有挑战性的社会组织，或易陷入"举步维艰"的泥淖；具有辅助性的社会组织，则往往更容易"大步向前"。这在一定程度上从微观层面印证了分类控制等政社关系理论的核心观点，夯实了宏观理论的微观基础，这正是本文的理论价值所在。

本研究的重要启示还在于：认知之于地方官员对社会组织的态度来说，具有基础性作用。然而，认知是一种主观评价，弹性较大，更容易被影响（Suchman，1995：571-610）。那么，如何突破地方官员对社会组织认知的片面思维，这是当下亟待解决的难题。已有研究表明，培训学习、参与经历、业务联系等活动对于提高个体认知社会组织水平具有显著正向效应（高霖、颜克高，2020：181~200）。因此，首先可以加强地方官员在社会组织领域的培训学习，通过政校合作、政社合作的方式，即邀请社会组织领域的专家学者、从事社会组织工作的职业人士，为地方官员开设有关社会组织理论知识、实践业务的讲座、培训等，切实提升地方官员对社会组织认知的全面性和客观性。其次，鼓励地方官员对反映组织使命和价值理念的社会组织活动进行全面了解，并以此为契机，深入认知社会组织发挥作用的机制和实现路径，这在一定程度上或可缓解地方官员对社会组织认知的片面性。此外，地方官员还应转变传统的工作思维方式，借力社会组织实现政府职能转移，拓展以政府购买服务为主的政社合作方式，通过加强业务联系提高对社会组织的再认知。

当然，本文也存在一定的局限性。由于研究对象的特殊性，不能清晰界定总体边界，并准确建构抽样框，在抽样过程中无法克服政治精英研究普遍面临的问题，因而对样本的代表性无法进行有效评估。但是，本研究仍不失为探索地方官员对社会组织态度的一种有益尝试，打破了以往文献的宏观或中观视角的研究传统，从微观视角为政府与社会组织关系研究提供了经验证据。

参考文献

〔奥〕F. A. 冯·哈耶克（1991）：《个人主义与经济秩序》，贾湛等译，北京：北京经济学院出版社。

毕素华（2014）：《法团主义与我国社会组织发展的理论探析》，《哲学研究》，第5期。

陈天祥、郑佳斯、贾晶晶（2017）：《形塑社会：改革开放以来国家与社会关系的变迁逻辑——基于广东经验的考察》，《学术研究》，第9期。

陈为雷（2013）：《从关系研究到行动策略研究——近年来我国非营利组织研究述评》，《社会学研究》，第1期。

崔月琴、母艳春（2021）：《双重制度逻辑下公益组织的行动策略与发展张力——基于S公益组织与政府合作的实践分析》，《浙江社会科学》，第12期。

邓正来（2011）：《"生存性智慧模式"——对中国市民社会研究既有理论模式的检视》，《吉林大学社会科学学报》，第2期。

何艳玲、钱蕾（2016）：《"模糊的确定性"：政府购买内容的选择机制》，《四川大学学报》（哲学社会科学版），第5期。

高淼、颜克高（2020）：《合法性视角下社会组织公众认知研究》，《中国非营利评论》，第1期。

胡辉华、陈楚烽、郑妍（2016）：《后双重管理体制时代的行业协会如何成长发展？——以广东省物流行业协会为例》，《公共行政评论》，第4期。

黄晓春、周黎安（2017）：《政府治理机制转型与社会组织发展》，《中国社会科学》，第11期。

黄晓春、嵇欣（2014）：《非协同治理与策略性应对——社会组织自主性研究的一个理论框架》，《社会学研究》，第6期。

纪莺莺（2016）：《治理取向与制度环境：近期社会组织研究的国家中心转向》，《浙江学刊》，第3期。

康晓光、韩恒（2008）：《分类控制：当前中国大陆国家与社会关系研究》，《开放时代》，第2期。

〔美〕莱斯特·M. 萨拉蒙等（2007）：《全球公民社会——非营利部门视界》，北京：社会科学文献出版社。

陆剑清（2015）：《消费行为学》，北京：清华大学出版社。

迈克尔·所罗门、卢泰宏、杨晓燕（2014）：《消费者行为学》，杨晓燕等译，北京：中国人民大学出版社。

彭少峰（2019）：《理论脉络与经验反思：政社关系研究述评》，《社会主义研究》，第2期。

邱雨（2019）：《中国社会组织的话语功能研究——基于公共领域的视域》，《华东理工大学学报》（社会科学版），第4期。

任彬彬（2021）：《行政组织行为分化：社会组织直接登记制度的地方政策执行阻滞——基于H省的实证研究》，《中国非营利评论》，第2期。

唐文玉（2016）：《社会组织公共性的生长困境及其超越》，《中国非营利评论》，第1期。

王芳、朱宏智、朱健刚（2022）：《我国社会组织政策主题与态度演化动因研究》，《现代情报》，第7期。

王名（2013）：《社会组织论纲》，北京：社会科学文献出版社。

王向民（2014）：《中国社会组织的项目制治理》，《经济社会体制比较》，第5期。

王诗宗、宋程成（2013）：《独立抑或自主：中国社会组织特征问题重思》，《中国社会科学》，第5期。

王浦劬、李锋（2016）：《公务员对公民政治参与方式的评价问题研究》，《中国行政管理》，第3期。

吴建平（2012）：《理解法团主义——兼论其在中国国家与社会关系研究中的适用性》，《社会学研究》，第1期。

肖唐镖、王艳军（2017）：《地方干部的民主价值观：类型与结构特征——对1456个地方干部的问卷分析》，《政治学研究》，第2期。

颜克高、林顺浩（2017）：《地方政府行政嵌入与社会组织发展——基于中国220个地级市的实证研究》，《公共行政评论》，第5期。

俞可平（2006）：《中国公民社会：概念、分类与制度环境》，《中国社会科学》，第1期。

郁建兴、沈永东（2017）：《调适性合作：十八大以来中国政府与社会组织关系的策略性变革》，《政治学研究》，第3期。

张圣、徐家良（2021）：《政府慈善赋权何以走向有序？——探寻渐进之道》，《学习与实践》，第 3 期。

周俊（2019）：《走向"合规性监管"——改革开放 40 年来社会组织管理体制发展回顾与展望》，《行政论坛》，第 4 期。

周黎安（2017）：《转型中的地方政府：官员激励与治理》，上海：格致出版社、上海三联书店、上海人民出版社。

周强（2011）：《中国民间组织的定位——基于"公共领域"理论的思考》，《学会》，第 5 期。

Allport, G. W. (2006), "The General and Unique in Psychological Science," *Journal of Personality* 30 (3), pp. 405 – 422.

Eagly, A. H. , & Chaiken, S. (2007), "The Advantages of an Inclusive Definition of Attitude," *Social Cognition* 25 (5), pp. 582 – 602.

Foster, K. W. (2002), "Embedded within State Agencies: Business Associations in Yantai," *The China Journal* 47, pp. 41 – 65.

Katz, D. , & Stotland, E. (1959), "A Preliminary Statement to a Theory of Attitude Structure and Change," S. Koch, ed. , *Psychology: A Study of a Science*, vol. 3, New York: McGraw-Hill, pp. 423 – 475.

Nevitt, C. E. (1996), "Private Business Associations in China: Evidence of Civil Society or Local State Power?," *The China Journal* 36, pp. 25 – 43.

Suchman, M. C. (1995), "Managing Legitimacy: Strategic and Institutional Approaches," *Academy of Management Review* 20 (3), pp. 571 – 610.

Wank, D. L. (1995), "Private Business, Bureaucracy, and Political Alliance in a Chinese City," *The Australian Journal of Chinese Affairs* 33, pp. 55 – 71.

White, G. (1993), "Prospects for Civil Society in China: A Case Study of Xiaoshan City," *The Australian Journal of Chinese Affairs* 29, pp. 63 – 87.

A Study on Local Officials' Attitudes towards Social Organizations from the Perspective of the Relationship between Government and Society

Gao Miao & Yan Kegao

[**Abstract**] The existing research on the relationship between government and society is mostly carried out at the macro and meso level, lacking of micro-level research perspective. In fact, the attitude of officials will significantly affect the development of social organizations, which can be used as a breakthrough to explain the relationship between government and society from the micro level. Based on the Tricomponent Attitude Model, this paper develops a scale of local officials' attitude towards social organizations from three dimensions: cognitive component, emotional component and behavioral intention. Taking 685 questionnaires from 29 provinces and municipalities directly under the central government as samples, this paper analyzes the attitude of local officials towards social organizations. It is found that: First, the local officials' cognitive level of social organizations has a certain one-sidedness, showing that although the overall level is high but the internal structure is greatly differentiated; second, local officials' emotional evaluation of social organizations has reached a high degree of positive consensus, and almost does not change with the individual characteristics of officials; third, local officials' behavioral willingness to social organizations is different, they show different tendencies of 'favoring one over the other' for the assistance and challenge of social organizations, which provides empirical evidence for the theory of political and social relations at the micro level. Fourth, the internal relationship of local officials' attitudes towards social organizations follows the influence of standard learning levels, highlighting the basic role of cognition and providing a focus for further improvement of attitudes.

[**Keywords**] Relationship between Government and Society; Official Attitude; Social Organizations; Tricomponent Attitude Model

责任编辑：宋程成

创始人魅力型领导：中国民间非营利组织发展中的一个重要现象[*]

——以 A 组织为例

张文娟　张　圣[**]

【摘要】 魅力型领导对组织发展有正面和负面效应，多数研究将民间非营利组织魅力型领导视为待解决问题。不过，也有少数研究发现创始人魅力型领导对民间非营利组织，尤其是发展中国家的民间非营利组织发展至关重要。本文基于魅力型领导理论，运用案例研究方法，根据魅力型领导在 A 组织初创期、发展期和转型期三阶段表现，提出魅力型领导对于民间非营利组织初创期发展有正向和决定性影响。同时发现，魅力型领导对 A 组织后期制度化转型的影响主要取决于不确定因素的数量。发展中不确定因素越多，组织就越依赖创始人魅力型领导。深究案例，创始人魅力型领导之所以成为 A 组织甚至是其他发展中国家民间非营利组织发展的一个重要现象，是由民间非营利组织自身特性，发展中国家的政治、政策多变性和资源获得的不稳定性等内、外双重因素决定的。本研究是第一个以中国本土民间非营利组织创始人为个案的魅力型领导研究，我

---

* 国家社会科学基金重大项目"慈善组织的治理和监督机制研究"（20&ZD182）。
** 张文娟，上海交通大学国际与公共事务学院博士研究生，印度金德尔全球法学院副教授；张圣（通讯作者），华东政法大学社会发展学院副研究员。

们期待相应讨论对深化中国甚至发展中国家非营利领域的魅力型领导研究有所启发。

【关键词】 民间非营利组织；魅力型领导；创始人

一 问题的提出

领导者领导行为对整个组织发展的影响，学术界已有丰富探讨，衍生出一系列理论流派，如特质理论、行为理论、路径目标理论、领导参与模式、权变理论、情景领导理论、领导替代理论、认知资源理论、领导下属交换理论、变革型领导理论和魅力型领导理论等，并产出有一定影响力的理论成果（李燚、魏峰，2010）。这些成果也同样适用于对中国民间非营利组织发展的思考。相比较于政府和营利组织等，民间非营利组织发端于民间环境，是由一大批政治、知识或文化等领域精英基于自己的社会型资本而召集成员创立的非营利性、非政府性、志愿性，有一定自治能力的组织（徐家良、张其伟，2019）。该组织在领导力需求上有其特殊性，需要对资助者情况变化、当地政府政治空间以及本地社区需求和当务之急都很敏感，换言之，要具备对不确定环境下不可预期需求的高驾驭能力（刘求实、王名，2009）。这些条件使得创始人在民间非营利组织成长和发展中占据核心地位。

回顾整个理论体系，我们会发现，较多民间非营利组织创始人具有个人吸引力、感染力和影响力等魅力型领导特质，所施领导行为会影响组织成员心理，形塑统一化集体行动，并在行动中展现出一定程度的组织创造力（张鹏程等，2011）。因而，对中国民间非营利组织创始人的解读，较适用魅力型领导理论。因此，我们的研究问题是：依据魅力型领导理论，创始人的魅力型领导到底如何作用于中国民间非营利组织发展？又是什么原因使其成为民间非营利组织发展的一个重要现象？为解答这两个问题，本文将侧重从民间非营利组织内部运转视角，结合个案提炼创始人魅力型领导的作用机理，并在文献和个案基础上，探寻创始人魅力型领导在中国和其他发展中国家的民间非营利组织发展中成为重要现象的影响因素。

二 文献述评

韦伯（1997：269）将"魅力"解读为一种非凡的性质，其意涵为"与个人的魅力品质的适用及其经受实践考验相联系的社会关系"。后来，魅力型领导被政治学、社会学和心理学领域的学者予以拓展，最终被广泛运用到政治领导人和企业管理领域，解读魅力型领导对于组织发展的关键作用。同时，也有学者发现，若魅力型领导者的领导行为意在过度追求自身权力最大化，忽视对组织成员积极性的调动，则会产生相反的、抑制组织凝聚和发展的负面效果（刘志伟，2012：27）。统合来看，魅力型领导理论普遍将领导魅力特质诠释为一种领导者运用形象魅力、品格魅力和情感魅力等个人魅力对被领导者产生吸引力、凝聚力和感召力以及由此产生的来自被领导者的自愿与愉悦的心理支持以达到领导者目的的理论工具（崔华芳，2003：9~12），展现出区别于变革型领导、交易型领导和愿景型领导等其他类型领导的特质（张志杰，2017：20~25）。

现如今，魅力型领导理论被广泛应用于对各类组织的研究中。如董临萍等（2010）从魅力型领导理论视角，全面观察了咨询业、IT业、物流业、零售业、保险业、制造业等不同行业的企业内部发展状况，证实了一个品德高尚、目标明确，以及善于鼓舞人心、激发被领导者斗志的领导更容易有效提升被领导者工作满意度。戈锦文等（2015）发现在农民合作社发展中，魅力型带头人能够不断自我激励和激励他人，让他人对带头人提出的发展愿景产生使命感，进而投入感情、付出更多努力，最终实现绩效提升。此外，在党政机关、军事团队等其他组织中，魅力型领导理论也有不同程度的应用（张志杰等，2010；朱海腾，2019）。

不过，现有研究中将魅力型领导理论融入对民间非营利组织发展思考内的尚少，仅有部分学者从量化角度，依据对不同民间非营利组织间横向比较，探讨领导风格对下属行为和动机产生的影响（刘颖等，2019），缺乏更为深入的机理探究。故此，本文主要立足个案，从魅力型领导产生和制度化的过程视角分析创始人T与A组织的互动过程，从而提炼魅力型领导对民间非营利组织发展的作用机理及其影响因素。

三 研究方法与案例介绍

本文采用个案研究法，选择创始人 T 与 A 组织互动过程为研究对象，具体原因如下。

其一，A 组织属于较为典型的民间非营利组织。A 组织是在 1999 年成立，经过 20 多年发展，逐渐成为一个涉及未成年人、农民工和老年人依法维权以及关注农村留守儿童、刑事法律援助、社会组织发展等多个领域的公益法律类民间非营利组织，具有非营利性、非政府性和民间自治性等组织特征。

其二，A 组织在发展中也颇受魅力型领导影响。A 组织缘起于一位有理想追求的核心人物——创始人 T。从组织初创运转到后期组织规模化发展，创始人 T 均参与其中。他会确立 A 组织价值定位与发展路径，并掌握组织规模化发展时间节点及其相关制度建设内容。同时，创始人 T 会在敏感领域的法律和政策风险把控及多重问责中进行掌舵。在 A 组织 20 多年的发展中，创始人 T 始终是起决定作用的核心领导者。

另外，针对 A 组织，笔者经历了一个长期案例信息收集过程：一是加入 A 组织并参与研究和政策倡导、项目设计与执行、筹款与国际合作等多项工作，有 10 年参与式观察体验，获取了涉及 A 组织发展的丰富现实材料；二是在 2021 年 2 月访谈了 A 组织创始人 T 以及 5 名组织成员（含离职者 2 人），补充了不同类型成员对魅力型领导的主观感受和客观评判。这些实践材料和访谈信息是我们提炼魅力型领导对民间非营利组织发展的作用机理及其影响因素的实证基础。

四 魅力型领导在 A 组织发展过程中的角色演绎

（一）初创期：设定 A 组织的价值定位与发展路径

创始人 T 1995 年从中国某知名大学毕业，加入 B 市的一家国办律师事务所——Z 所工作，因能力突出，毕业两年后被提拔为该所副主任，1998 年律师事务所改制后，成为 Z 所主任，也是 B 市最年轻的律师事务所主任之一。T 在 A 组织创立之前已拥有一定财物储备和社会资源。然而，物质的优越并不能让其有成就感。于是，1998 年，他与自己母校的一些研究生合作开通了 T 律师热线，在做收费业务的同时，为付不起费的家庭提供力所能及的帮助。通过热线咨询，他感受到中国法律的执行并不乐观。1999 年"依法治国"写入宪法，这让很多法律人感到振奋。他就想，依法治国的前提是人们相信法律，要让人们相信法律，就得从孩子做起。让孩子信仰法律，最有效的方式是让他们在权利受到侵犯时能够第一时间得到法律帮助，感受到法律的力量。于是，他转向了未成年人保护这一领域。1999 年，他向律所所在的 F 区司法局，申请设立了一个未成年人法律援助工作站，标志着 A 组织的诞生（当时尚未法定注册）。

接触案件越多，他就越有使命感，投入未成年人保护的精力也就越多，他开始雇用专门助理来处理未成年人保护事务，自己的主要精力也慢慢转向公益。很快，他就发现两边兼顾很难。要想吸引收费案件客户，则需要在繁华闹市区的写字楼里办公；而其服务的弱势群体，连这些高档写字楼的门口都进不去。这意味着兼顾商业和公益服务的模式越来越难。另外，自从打开面向社会底层这扇窗，T 在不到一年的时间里，就近乎全身心地投入弱势儿童的法律帮助中。

在 20 世纪 90 年代末，公益法尚是个陌生概念，全职化的公益法律服务模式在中国尚不存在。但 T 提出了组织的使命是"一切为了孩子"，坚持探索全职化、专业化和本土需求导向的专职儿童公益法律服务模式。这种前沿性理念和具有开拓性的模式，很难得到同行和社会的认同。

首先，其公益导向遭到律师事务所同事的质疑。T 转向公益必然会影响律师事务所品牌定位，从而影响其他商业律师案件来源。作为妥协，T 不反对已有 Z 所律师继续做商业业务，但他也不会改变自己带领部分律师全身心投入公益服务的决定。此时，有的合伙人选择退伙，一些普通律师选择转所。Z 所就变成了一个纯公益所，这既影响 T 的收入，也影响 A 组织的生存，因为 A 组织早期资源均来自 T 和 Z 律所。

除了纯公益转向选择外，T 还坚持全职化，从而使 A 组织成为中国第一个全职做公益法律服务的民间非营利组织。90 年代末期，儿童保护还主要是一种志愿者参与模式，尚没有专职儿童公益律师概念。T 坚持全职化，导致其从外部聘请的有经验的副主任最终离职。T 对全职模式的坚持，也让其对外部理事会缺乏信任。这意味着，全职化让 A 组织强化了对外部资源的需求，而 T 对兼职模式的不信任，也让其外部资源获取渠道变得极为有限。

2001 年初，T 全身心投入未成年人法学一书的创作，A 组织和 T 几乎没有了业务收入，加之创始人 T 对于如何运转一个全职化公益机构不甚了解，以致面对既要支付房租，还要支付团队的工资的双重压力。这急剧消耗了 T 已有积蓄，导致 A 组织一再搬家，T 本人也从大房子换成小房子，困难时还需要向亲友借钱度日。

到 2001 年，T 所期待的专职公益律师团队初步成型。T 的未成年人法学专著于 2001 年出版，这让 T 和 A 组织的专业性在这个领域快速得到了认可，外部生存环境得到迅速拓展。2001 年，A 组织开始得到在华国际组织的项目资助和国内立法政策部门的课题委托。2002 年，A 组织已成为中国未成年人法学的行业推动者和专业引领者，资源和平台迅速被链接和搭建起来。2002 年，T 推动 B 市律师协会成立未成年人保护委员会，后又推动全国律师协会建立未成年人保护委员会，并建立起律师协会指导下的未成年人保护志愿协作网，从而在行业协会内部将未成年人保护理念主流化。2002 年，T 和 A 组织被 B 市立法机构委托起草 "B 市未成年人保护条例" 的专家建议稿；2004 年，全国《未成年人保护法》修改时，T 和 A 组织被委托起草专家建议稿，其在立法政策方面的角色，逐渐从省级层面扩展到全国层面。2003 年，B 市司法局领导找到 T，问他是否愿意注册为民办非企业单位，就这样，A 组织在 2003 年得到了合法化注册，成为 B 市第一批合法注册的法律类民办非企业单位。

在组织平稳发展后，2004~2005 年，创始人 T 到美国哥伦比亚大学法学院访学八个月，考察美国公益法发展，以获得更多新思路。在去美国之前，他已经让团队律师调研农民工维权成本高的问题，并在美国期间思考如何介入这个领域以探索出更加有效的农民工维权模式。

（二）发展期：权衡 A 组织制度建设的进程与内容

此后的十多年里，在使命驱动和外部牵引之下，A 组织开始了急速规模化发展。首先是使命驱动。2005 年，组织的使命从 "一切为了孩子" 变为 "一切为了正义"，A 组织从未成年人保护领域扩展到农民工保护及刑事法律援助、环境保护、农村法治、妇女维权、老年人、社会组织等更多领域。其次是外部资源牵引，也即 2008 年，在联合国开发计划署等组织的支持下，A 组织探索的专职、专业的弱势群体法律援助模式开始向全国复制，相继在 B 市之外的二十多个省市孵化了类似项目。

这个时期，组织的快速发展既包括本部员工的规模扩大，如专职人员从原来不到 10 人扩展到 50 人；也包括外部孵化 20 多家组织，专职人员达到 100 人。这意味着 A 组织直接和间接管理的专职人员达到 150 人左右。到 2021 年，已累计有 70 多万名弱势群体从其免费公益法律服务中直接受益，其单在 B 市已经为农民工和其他弱势群体讨回欠薪、工伤补偿、加班费及其他侵权赔偿款达到 3 亿多元人民币（孵化机构的弱势群体服务尚未计算在内）。A 组织律师在与其专业领域相关的立法和政策制定中都有深度参与，化解了大量社会矛盾，拓展出了一种从直接法律服务到实证研究，到立法和政策倡导，再到普法的综合性的权利保护与法治改革有效参与模式。这种快速发展，让 A 组织成为中国最大的公益法律服务组织，并将专职、专业的公益法律服务模式复制到全国，培养了第一代专职、专业的儿童律师和农民工维权律师等。

在如此快速发展中，单纯依靠人格魅力无法维系一个庞大组织的运转。内部基本管理制度的建立、内部的人才培养与激励机制、与孵化机构关系的制度化等都要提上日程。

笔者于 2004 年加入 A 组织，那时组织尚未扩展，专职人员不到 10 名，整个组织的管理像一个大家庭，大家都是面对面口头交流，没有成文制度。笔者加入 A 组织后，通过一段时间的观察和收集，梳理了其散落的关于报销、考勤、休假等的习惯性做法，帮其制定了一个员工守则。在农民工项目发展后，这个员工守则移交给劳动法专业团队的律师予以修订，并每年更新一次，员工人手一册。但这些基础行政管理制度，并不能满足组织快速发展的功能需求，如项目管理、咨询接待、办案管理、案卷及项目归档、研究和立法政策倡导、对外合作等都需要专门细化的制度。这些制度也后续被相关团队在累积经验的基础上，逐步建立起来。甚至针对重大案件、群体性案件、影响性案件等的办理，团队还探索出一套机制来帮助识别和分类风险，以及处理和转介。这些制度建设对于 A 组织提高效率、降低风险和快速规模化发展很有帮助，也帮新孵化的组织奠定了很好的制度化管理基础。

这一时期，T 也开始尝试集体决策。在 T 的提议下，A 组织成立了管理委员会，作为最高决策机构，共包括五名成员：未成年项目负责人、农民工项目负责人、研究和国际项目负责人、财务主管和全面负责的 T。大家有相对分工，也具有一定数额的财务签字权。管理委员会定期或不定期开会，平均一周一两次，讨论一些重大或棘手问题。不过，管理委员会的决策规则并没有明确。笔者作为管理委员会创始成员，通过个人观察发现，管理委员会的讨论是咨商性的，T不喜欢管理委员会成员在讨论时过于强调私利或者自己小团队的利益，他认为，管理委员会主要是讨论整个单位大的发展问题。笔者从离开一段时间后的回访中了解到，管理委员会后来几乎不再正常运行，因为T感觉已经听不到有价值的建议了。

关于与孵化组织的关系，根据立法和政策，民间非营利组织不能在注册地域之外设立分支机构，这在一开始就很明确。所以，A组织与外地孵化组织之间，既要搭建一种紧密的合作关系，又不能有法定的依附关系。在现有政策框架中，这种关系的建立需要考虑很多政策和技术因素，也需要跟多个部门沟通协调。T的思考和策略，当时被管理委员会认为非常务实、创新。其一，T依靠律师协会的公益法和法律援助委员会搭建一个行业上的正式联系平台；其二，他通过设计一些培训项目，邀请孵化机构中的管理者和律师参加，建立起领导力和业务上的定期交流平台；其三，通过将评估与筹款相联系，鼓励优秀，也即为那些考核达标的孵化组织提供筹款支持；其四，他让技术人员设计了一个内部日志平台，也即A组织和外地孵化组织的全职员工都有平台的账号和密码，每天要记录自己的主要工作内容，既实现了信息分享，也实现了远程监督。

最有挑战的，还是人才培养和人员激励。在组织快速扩展中，人员构成已经非常复杂，这里面既有初创期的追随者，也有新加入的名校研究生，还有已经在其他地域比较成功的律师，如何满足他们的多元化动机，是个难题。从笔者的经历来看，这一时期，T的管理理念已经在价值激励的基础上，更多引入物质激励，或重视价值激励和物质激励的有机结合。主要表现为以下几个方面：第一，T为新入职的律师描述了一条最理想的"三年专业律师、三年专家律师、三年社会活动家"的职业发展路径，指明了一个律师小白如何利用A组织平台在九年后发展成为受人尊重的、能在公众倡导和立法政策领域发挥重要作用的领军型人才的路径；第二，T提出了"团结、高效"的口号，他几乎每周开一次员工大会，让员工们分享收获、遇到的问题、需要单位解决的问题等，同时，T会分享自己这一周内有意思的活动和思考，也不忘给同事们提供心灵鸡汤和价值引导，以凝聚团队；第三，T意识到，律师行业是个高收入行业，只靠价值很难留住优秀人才，因此逐步在日常工作中引入物质激励，如办理一个普通案件可得多少奖励，办理一个重大复杂案件可得多少奖励，写一份报告或实证研究每千字可以得多少奖励；第四，在物质激励之外，T还会根据律师的潜质提供多元化发展机会，如给英语好的有潜力的律师以出国培训的机会，给那些看上去有能力、有担当的律师以独当一面的机会，给那些研究能力强的律师以参加立法政策过程的机会，给那些办案能力强的律师重要案件和获得国家荣誉的机会等，而这些多元化的发展机会又会明显改善律师的收入状况。

在快速发展期，也不能说T的决策都是无可挑剔的。如在外部资金牵引下进行快速地域复制的决定，虽勉强渡过难关，却也极为惊险。当时支持其外地孵化的国际项目只持续了一年，新孵化的组织很快就面临严重的生存危机。另外，大约在2010年，A组织发展开始出现泡沫化，这或多或少与T为公益组织挽留人才有关。T经常强调一点，公益组织资源有限、职位有限，不能论资排辈，老员工不能限制新加入员工的发展机会。但是，对于那些不发工资也曾追随他创业的老员工，现实中他又无法不给予资历方面的尊重。为了挽留或储备新的人才，当外部有资金机会时，他就会拓展新项目。这个时期，实验的想法很多，但却不如早期扩展那样审慎，因此半途而废的项目不少。但也有意外发展起来的，如社会组织法律服务项目发展起来了，并已经注册了民非；留守儿童赋能项目发展得也不错，注册了基金会。

法律类民间非营利组织属于被重点监管的四类社会组织之一，而其服务的弱势群体事项又是维权，属于敏感领域，这让A组织在发展中面临更多业务上、法律上和政治上的风险。因此，创始人T对风险非常敏感，更加强调责任意识，尤其强调法定代表人负责制。这意味着，A组织发展越快，风险越多，就越依赖T掌舵。访谈中多数成员都谈到了一点，即A组织在决策中若有失误，也是创始人T冲在前面，他会及时修改计划去完善A组织发展，他们信任创始人T，并认为无论怎样A组织都会在创始人T的指挥下发展得更好。

（三）转型期：作出A组织应对外部环境挑战的革新布局

从2017年开始，由于新的立法限制了境外民间组织在华开展项目，A组织资金量不足，因而迎来了又一个发展瓶颈期和生存考验期。在创始人T的号召下，A组织迈出了商业化变革步伐，开始尝试"商业＋公益"的运作模式。

T在开会中提到组织所面临的筹资困难问题，继而提出由先前纯公益模式转向"公益＋商业"相结合的自我"造血"模式，并于 2017 年开始逐步实施转型计划。相比之前，转型后主要有两方面变化：其一是开始复活 Z 律师事务所商业业务；其二是开始允许公益律师一年办理一到两个商业案件来补贴收入。2019 年前后，T 为了继续贯彻执行新模式，开始允许律师做出选择：公益薪水律师还是纯收费业务律师，前者需要坐班，以公益法律服务为重点；而后者不需要坐班，成为跟其他商业律师事务所一样的收费律师。

这意味着当初坚持的纯公益、专职模式和"一切为了正义"的使命，已经发生了改变。这一重大转型是在核心管理者并未达成共识的情况下推动的，组织内的有些核心管理者并不支持如此大幅度的商业化转型，但 T 还是坚持了自己的判断。作为应对，有些核心管理者转型成兼职、商业化律师，但仍留在 Z 律师事务所团队，以兼职继续自己的公益梦想；还有个别律师直接离开团队建立自己的律所。

转型后，A 组织增加了自我"造血"功能，大大降低了其在未来发展中对外部资金的依赖性。这种转型对于 A 组织适应资源紧缺且政策环境变化有很大帮助。当众多权利型公益组织面临生存寒冬时，A 组织及外地孵化的组织尚可一如既往地服务弱势群体，在媒体上仍有较多话语权，并在立法政策制定中扮演重要角色，这是难能可贵的。但转型之后，A 组织的使命坚持还是受到了影响，这在某种程度上会影响 A 组织对员工的价值凝聚力，从而使 A 组织吸引人才的公益魅力光环有所黯淡。转型之后，Z 律师事务所和 A 组织的相互依赖性更强，所有权和控制权也变得更为集中，这导致治理模式更加趋向公司化。这些变化影响了 A 组织有使命感的老员工在意义感、安全感、可获得感上的价值定义，也引发了新员工的身份定义困惑，而这些员工困惑也进一步增强了员工对创始人的掌舵依赖。

五 魅力型领导对 A 组织发展的作用机理

从 A 组织的发展来看，在创始人 T 魅力型领导下，其内部管理和外部参与都非常高效。但从魅力型领导的过程分析看，A 组织对创始人的魅力型领导存在持续依赖，又似乎是令人担忧的。虽然已有研究认为，组织不是一个机械的存在，而是一个生命体，它带有创始人的个性，但研究也指出，组织的可持续发展，需要经历初创期、细化期和整合期，而且转型衔接很重要（Taylor，2020：1）。Jacobsen 和 House（2001）将魅力型领导的转型分为六步，前三步是让组织顺利诞生并平稳发展，后三步是让组织去魅力化（组织符号化）、去个人化（组织制度化），最终实现去创始人化。但为什么有的组织能相对顺利地去创始人化，有的却很难？已有研究提示我们要将案例置于具体社会情境之中。

基于此，我们从两个视角来分析 T 对 A 组织的作用机理：一是从过程视角来分析魅力型领导 T 在 A 组织不同生命阶段的作用方式；二是阐释 A 组织对 T 可持续依赖的影响因素。

（一）魅力型领导对 A 组织不同生命阶段的作用方式

初创期，组织往往具有结构简单、目标隐含、领导力个性化、围绕人而不是智能做决策、家庭式工作氛围等特点（Taylor，2020：192－193）。这个阶段的组织是不稳定的，但很有创造性。创始人的主要任务是生产价值、坚定信念，并带领团队进行冒险和创新。但随着组织发展，新挑战会出现，包括新加入的人对组织初创期的快乐和痛苦无感；组织日趋扩大的规模和日益增强的复杂性，呼吁新的决策和责任承担机制；组织目标和方向变得不清晰，自我激励下降等（Taylor，2020：194－195）。这意味着组织需要从初创阶段往细化阶段发展，也即从个性化、直觉性的即兴领导模式转向客观性、清晰性和职能性领导模式。细化阶段是组织制度化转型的重要节点，需要在以下三个方面做出重点努力，即建立组织独立身份、强化半自主的团队工作形式、重视人才职业化发展与评估等（Taylor，2020：194－195）。通过这些努力，组织可从附着于创始人发展为建立起自己的独立灵魂，如此创始人才可淡出。不过，Taylor（2020）在研究各种民间非营利组织后也发现，细化阶段制度化转型并不都是成功的，可能会面临两种失败：一种是过度程序化，让员工感觉到自己只是程序上的一个螺丝钉，人的创造性和自觉性被扼杀，组织得靠严格的形式控制来维持，失去了民间非营利组织的优势和竞争力；另一种失败是，创始人有意识地将目标和职能模糊化，大家很容易回到老的套路，人与人之间职责不清，成为一个充满私斗、丧失团结和效率的群体。

从 A 组织生命阶段来看，在创始人魅力型领导下，其初创期价值定位和模式选择，都有着较强的前瞻性和创新性，发展非常成功。但是，在细化阶段，创始人 T 支持 A 组织进行职能分化、组建任务小组、建立起成文制度，也支持组织身份与创始人身份的区分。然而，这并没有帮助 A 组织摆脱对创始人魅力型领导的依赖，A 组织依然在灵魂上和核心决策上依赖创始人 T。究其因由，需再回到案例分析中。

从初创期看，A 组织的发展的确很不稳定，但非常有创造力。T 凭借其律师的专业性、对社会需求的敏感性及政治敏锐性，对国家需要什么、弱势群体需要什么、民间非营利组织能做什么，有着清晰可行的判断。为了表达对这一判断的决心，他用自有资金来实验他的公益理念，让追随者也情不自禁地跟随，从而让他看上去很有风险实则很有前瞻性的想法和模式得到检验。第一代专职、专业的儿童保护律师在 T 的使命驱动下得以诞生、存活和快速发展。A 组织从无到有，并在短短四五年内发展成为国内、国外知名，并能在全国性立法政策中产生重要影响的组织，这在世界民间非营利组织发展历史上也是少见的。从管理风格上看，在初创期，管理是家庭型的，都依赖 T 的口头决定。决定的做出也是凭直觉，如是否要转向公益模式，是否要坚持全职模式，是否要在初期就对未成年人法学的学科进行系统性审视等，创始人本着坚定信念和自我牺牲精神选择了具有冒险性的方向，这些决策无法用普通理性分析模型来衡量，但事后证明是非常有创新性和前瞻性的。

这也奠定了追随者对创始人决策的依赖性的基础。就下一步发展来说，A 组织有两种选择，继续深耕儿童领域，则比较有利于组织制度化转型；将已有经验拓展到更多弱势群体的保护方面，则充满不确定性，如同二次创业，更依赖创始人掌舵。在发展路径选择上，A 组织很自然地依赖 T，而 T 是一个有追求正义情怀和改革参与抱负的人，于是他选择了后者。这意味着组织要应对新领域的政治风险、政策风险、筹资压力、人员培训等问题，自然，A 组织延续了对 T 的魅力型领导的依赖。

当然，这种重大决策依赖会消耗 T 的很多精力，因此，他需要将常规化事项制度化，以减少对其精力的不必要消耗。另外，为了避免集中决策的重大风险，T 还主动在管理中引入民主机制，以让决策过程相对集体化和理性化。具体而言，T 在这一时期支持员工将散落的制度整合化，并要求劳动法专业律师团队予以合规审查；建立了管理委员会决策机制；组建了一些半自主的项目组；对于员工引入物质激励和价值激励相结合的方式；同时引入网上日志系统这一技术手段等加强异地员工的监督和交流。这个时期的制度化建设效率较高、执行较好。据此可知，创始人 T 没有刻意将目标和职能模糊化。不过，与泰勒的分析不同的是，A 组织在细化阶段虽然建立起了相对独立的组织符号化身份，却难以实现摆脱创始人依赖的灵魂再生。不论是领域和地域扩展，还是在政策环境发生重大变化时的组织转型，A 组织都深深依赖 T 的掌舵。为什么 A 组织在细化阶段没能摆脱对创始人的魅力型领导依赖，甚至越来越依赖？到底什么因素在起作用？

（二） 影响 A 组织对创始人魅力型领导持续依赖的因素分析

综合 T 在 A 组织初创成长期、规模发展期和战略转型期的表现，我们可看出，民间非营利组织魅力型领导的制度化转型成败取决于内、外双重因素的影响。内部在于民间非营利组织本身对领导力的特质要求，如善于持续性价值生产，在复杂、矛盾环境中具有战略决策力，能低成本、高效率地动员资源和人力，以及有能力驾驭多重问责机制等；外部因素则包括在政治、政策不稳定的环境下维持组织正当性的能力，以及抵抗外部不确定风险的能力。

具体而言，从内部看，民间非营利组织创始人的领导力动机，不是基于经济激励或市场回报，而是基于一种更加无形的致力于社会变革的文化、社会政治价值及协作激励，这需要领导者有持续的价值生产能力（Lutz Allen, Smith, & Da Silva, 2013；McCleskey, 2014）。对民间非营利组织而言，意义和使命非常重要，因此，领导者的更替被认为是对民间非营利组织的一种身份威胁（Balser & Carmin, 2009）。另外，民间非营利组织资源获取的不确定性，也对领导力提出了额外要求，如经济衰退、资金短缺时，社会弱势群体服务需求反而增加；民间非营利组织领导者要在多重问责机制下，将个人愿景、组织目的、公众信任和分散资源协调到一个方向上（Osula & Ng, 2014）；他们还处于一个复杂的援助链中，经常面临外部资助者和本地环境约束的矛盾（Hailey & James, 2004）。这些管理挑战和压力，都不是普通经理人可以面对的。

从 A 组织的发展来看，T 将其看作一种情怀创业，在价值生产上，他关注社会转型的大背景及法治建设的薄弱环节，从"一切为了孩子"扩展到"一切为了正义"，其价值生产与延展引起了员工和合作伙伴的共鸣。另外，不论为生存还是发展，A 组织都需要跟复杂的利益群体进行有效沟通，在相互矛盾的期待中来坚持自己的使命。如何快速培养外界对 A 组织的信任，外部合作者和 T

一致选择了"以创始人口碑带动组织品牌"的方式。对于敏感领域的民间非营利组织，大多数机构是通过对"一把手"的认可及"一把手"对组织的把控程度来决定其对组织支持风险的评估。据调查，基于对魅力型领导者的认可来识别组织，对众多合作伙伴而言，属于成本低、效率高的方式。这不仅仅适用于国内政府部门，也包括国际在华组织。而对于 A 组织而言，通过创始人 T 来带动其品牌也是成本最低、效率最快的方式。简而言之，A 组织的诞生和快速规模化都深深依赖 T 的价值生产，以及他对资源和人力的动员能力、风险把控能力和多元问责能力，是职业化经理人无法做到的。这构成 A 组织对创始人 T 可持续依赖的内部影响要素，但不是必然因素，毕竟有很多民间非营利组织成功实现了去创始人的制度化转型。

因此，关注民间非营利组织所处社会情景因素更为关键。已有文献中对魅力型领导的研究忽视了发展中国家政治和政策环境的不确定性要素。虽然过程视角的魅力型领导研究已经认识到，当社会环境非常不稳定，且需要非凡努力才可以推动一些社会变革时，容易产生魅力型领导（Jacobsen & House，2001），但这一点并没有在民间非营利组织的魅力型领导研究中得到重视。发达国家的民间非营利组织治理是由特定国情决定的，如长期的慈善实践、政府与民间社会相对建设性的互动、相对稳定的社会条件等，这些条件在大多数发展中国家并不存在（Smillie & Hailey，2001：49-68）。在发展中国家，民间非营利组织面对的政策和政治环境相对不稳定，这对它们既是机遇也是挑战。如有研究发现，在吉尔吉斯斯坦，魅力型领导者对民间非营利组织作为一个职业化程度不高的新兴领域的快速发展有帮助，但也是一些组织生命力短的主要原因。对中国权利型民间非营利组织的研究也发现，这些组织维权策略的成功和组织的生存空间，很大程度上取决于组织对可允许政治空间的敏锐把握。简而言之，在多变的社会环境中，魅力型领导对组织的内部运转和外部拓展有关键影响。

从 A 组织的扩展和转型中我们可以看到，政治和政策环境对其发展具有关键性影响，需要 T 依靠战略判断来抓住机遇和应对风险。A 组织发端于改革开放后民间非营利组织发展的初期，是一个社会问题很多但民间组织发展却刚起步的时期，这为其参与社会改革提供了良好机遇。T 以其敏锐的判断和敢于付出的精神，抓住了这样一个机遇，让 A 组织的诞生和发展都比较顺利。A 组织的快速发展，则处于中国维权型社会组织新的政治和政策环境中。大约从 2006 年开始，国家对律师从事公益和维权的政策、政治环境变得复杂，一些小事处理不当，可能会导致整个组织发展受挫，因此，一个组织在这种环境下很难鼓励管理试错。T 要求员工在接受媒体采访、办理敏感性案件及对外合作时，要不时地跟他沟通。律师也会主动跟 T 沟通，因为风险不仅仅会作用于组织上，也会作用于律师个体上。面临政策巨大变化带来的筹资风险，也需要 T 就重大转型做出决策，这涉及组织能否维持规模，甚至能否存活的问题。可以说，风险防范涉及组织管理的方方面面，这使 A 组织在细化阶段无法去魅力型领导化，反而更依赖 T 的政治敏锐性来维持相对友好的外部环境。

六　结论与讨论

以案例为据，创始人魅力型领导对组织初创期的发展有着正向、决定性影响，其对细化阶段制度化转型成败的影响，则取决于不确定因素的多少。在初创期，创始人角色具有决定性意义，他们先有了想法，然后凝聚追随者一起尝试，并逐步将想法进行组织化试验，创始人的价值生产、前瞻性判断、自我牺牲、创新性实践都决定着组织的胚胎质量和发展潜力。但在细化阶段，组织能否成功转型，却主要取决于组织发展中面对的不稳定性影响因素的多少，不稳定性影响因素越多，就越依赖创始人的魅力型领导。这种不稳定性影响因素主要来自组织的发展模式选择及组织所处的政治和政策环境。如果组织选择平稳性发展，其在细化阶段的制度化转型将更为平顺；如果选择跳跃式发展或极速扩展，风险和不确定因素增多，必然会对创始人产生依赖。同时，我们也要看到，组织所处外部环境的不稳定性，是产生创始人魅力型领导的制度土壤。外部环境越不稳定，组织对创始人的魅力型领导就越依赖。

对民间非营利组织领导力的研究中，目前有一种很强烈也很普遍的呼声，就是让民间非营利组织放弃魅力型领导，更加职业化和制度化。但我们必须意识到，民间非营利组织对创始人魅力型领导的依赖，受制于制度环境和民间社会在一国的发展。发展中国家的不稳定政策和政治环境以及相伴随的不稳定筹资环境，让魅力型领导在细化阶段的制度化转型极为艰难，这也是为什么发展中国家很多非营利组织很难进行组织再生以可持续发展。A 组织的制度化转型困难也说明了这一点。因此，有学者甚至认为，民间非营利组织没有必要追求永生，组织消亡很正常，失败了或完成了历史使命，组织就可以消亡，或者组织为未来的承接者留出足够多的空间以新的思路来解决问题，也是一种成功（Taylor，2020：201）。

魅力型领导是中国民间非营利组织可持续发展的一个重要现象，更多的实证研究发现，这或许也是众多发展中国家或转型国家民间非营利组织发展的一个重要现象。到底民间非营利组织应该追求当下环境中服务和改革参与的更有效还是追求自身组织生命的更长久，会是一个持续争论的命题。但有一点可以肯定，对发展中国家或转型国家民间非营利组织的领导力研究，不能简单套用发达国家的分析框架。我们期待更多以中国和其他发展中国家的民间非营利组织魅力型领导为个案的研究，以更深入了解不同文化背景下和不同经济社会发展阶段中，民间非营利组织魅力型领导的作用机理和影响因素，以为搭建更有针对性的分析框架奠定基础。

参考文献

崔华芳编著（2003）：《魅力型领导》，北京：中国时代经济出版社。

董临萍、吴冰、黄维德（2010）：《中国企业魅力型领导风格、员工工作态度与群体绩效的实证研究》，《管理学报》，第10期。

戈锦文、肖璐、范明（2015）：《魅力型领导特质及其对农民合作社发展的作用研究》，《农业经济问题》，第6期。

李燚、魏峰（2010）：《领导理论的演化和前沿进展》，《管理学报》，第4期。

刘求实、王名（2009）：《改革开放以来我国民间组织的发展及其社会基础》，《公共行政评论》，第3期。

刘颖、魏娜、周东歌（2019）：《社会组织志愿者领导风格对下属行为和动机的影响研究》，《中共中央党校（国家行政学院）学报》，第2期。

刘志伟（2012）：《魅力领导》，北京：国家行政学院出版社。

〔美〕马克斯·韦伯（1997）：《经济与社会（上）》，林荣远译，北京：商务印书馆。

徐家良、张其伟（2019）：《地方治理结构下民间志愿组织自主性生成机制——基于D县C义工协会的个案分析》，《管理世界》，第8期。

张鹏程、刘文兴、廖建桥（2011）：《魅力型领导对员工创造力的影响机制：仅有心理安全足够吗?》，《管理世界》，第10期。

张志杰、陈海春、毛冠凤（2010）：《党政魅力型领导干部的道德规范维度研究》，《中州学刊》，第 4 期。

张志杰（2017）：《魅力型领导对团队绩效影响机制研究》，北京：经济科学出版社。

朱海腾（2019）：《魅力型领导与军事团队绩效：军政双主官的交互效应及士气的中介》，《心理科学》，第 5 期。

Balser, D. B., & Carmin, J. (2009), "Leadership Succession and the Emergence of an Organizational Identity Threat," *Nonprofit Management Leadership* 20 (2), pp. 185 – 201.

Fu, H., & Cullen, R. (2008), "Weiquan (Rights Protection) Lawyering in an Authoritarian State: Building a Culture of Public-Interest Lawyering," *The China Journal* 59, pp. 111 – 127.

Hailey, J., & James, R. (2004), "'Trees Die from the Top': International Perspectives on NGO Leadership Development," *VOLUNTAS: International Journal of Voluntary Nonprofit Organizations* 15 (4), pp. 343 – 353.

Jacobsen, C., & House, R. J. (2001), "Dynamics of Charismatic Ladership: A Process Theory, Simulation Model, and Tests," *The Leadership Quarterly* 12 (1), pp. 75 – 112.

Kuna, S., & Nadiv, R. (2013), "Organizational Development Dilemmas in Nonprofit Organizations in Difficult Economic Time," *Organization Development Journal* 31 (2), pp. 62 – 71.

Lutz Allen, S., Smith, J. E., & Da Silva, N. (2013), "Leadership Style in Relation to Organizational Change and Organizational Creativity: Perceptions from Nonprofit Organizational Members," *Nonprofit Management and Leadership* 24 (1), pp. 23 – 42.

McCleskey, J. A. (2014), "Situational, Transformational, and Transactional Leadership and Leadership Development," *Journal of Business Studies Quarterly* 5 (4), pp. 117 – 130.

Osula, B., & Ng, E. C. (2014), "Toward a Collaborative, Transformative Model of Non-Profit Leadership: Some Conceptual Building Blocks," *Administrative Sciences* 4 (2), pp. 87 – 104.

Plakhotnikova, G., & Kurbanova, A. (2008), "Profile of an NGO Leade," Retrieved from https://www.nccr-north-south.ch/Upload/KG_Today_eng (1). pdf#page = 25. from Social Research Center American University of Central Asia https://www.nccr-north-south.ch/Upload/KG_Today_eng (1). pdf#page = 25.

Shameem, S. M. (2001), "Who Will Bear the Torch Tomorrow? Charismatic Leadership and Second-line Leaders in Development NGOs," *International Working Paper Series* 9, Retrieved from http://www.lse.ac.uk/collections/CCS/publications/.

Smillie, I., & Hailey, J. (2001), *Managing for Hange: Leadership, Strategy, and Management in Asian NGOs: Earthscan*.

Taylor, J. (2020), "The Phases of Organization Development," A. Fowler & C. Malunga, eds., *NGO Management: The Earthscan Companion*, Routledge.

Zhang, W. (2021), "Another Perspective to Read the Picture of Lawyering for Change in China," *The Indian Yearbook of Comparative Law 2019*, Singapore: Springer.

Founder's Charismatic Leadership: A Typical Phenomenon in Organizational Development of Civil Society Based Non-Profit Organizations

—A Case Study on a Organization

Zhang Wenjuan & Zhang Sheng

[**Abstract**] For organizational development, the role of charismatic leadership could be both positive and negative. Most literature treats charismatic leadership among non-profit organizations as a challenge to be tackled. However, there are sporadic studies which believe that the founder's charismatic leadership is crucial for the development of civil society based non-profit organizations especially in developing countries. In this paper, based on the studies of charismatic leadership, we used a Chinese civil society based non-profit organization named A Organization as the case for study. With in-depth description, we demonstrate that founder's charismatic leadership is crucial and positive for the organizational development at the birth stage, but its impact on the transition to the organizational institutionalization of self-sustaining is decided by the quantity of uncertainties at the differentiation stage. The more uncertainties there are, the more reliance on the founder's charismatic leadership would be. Based on the case analysis, we also provide the critical analysis on why founder's charismatic leadership is persistent among civil society based non-profit organizations in China and even in other developing countries. We identified that the nature of non-profit organizations and the uncertainties of external environment in developing countries are two key influential factors. This paper conducts the first case study of the role of founder's charismatic leadership on the development of civil society based non-profit organizations in China, which is expected to broaden the horizon and enrich the resources for the charismatic leadership studies in non-profit areas, especially in developing countries.

NP

创始人魅力型领导：中国民间非营利组织发展中的一个重要现象

155

［**Keywords**］Civil Society Based Non-Profit Organization；Charismatic Leadership；Founder

责任编辑：李朔严

组织认同、职业倦怠与社会工作者离职意愿[*]

——基于"中国社会工作动态调查"（CSWLS2019）的分析

沈锦浩　兰千钧[**]

【摘要】 社会工作作为一项新兴的社会事业，日益受到政府的重视，被视为参与社会建设和社会治理的重要力量。然而，社会工作者的频繁离职是当前的普遍现象，如何留住社会工作者成为社会工作人才队伍建设的关键问题。通过对"中国社会工作动态调查"（CSWLS2019）数据库的分析，发现社会工作者的组织认同负向影响离职意愿。进一步的分析发现，职业倦怠在组织认同与离职意愿之间发挥着部分中介作用，组织支持正向调节社会工作者组织认同对离职意愿的直接影响。因此，建议社会工作机构从明确组织价值理念、营造良好文化氛围，加大组织支持力度、形成多元支持网络，合理配置工作压力、提高工作自主程度三方面着手，降低社会工作者的离职意愿。

【关键词】 社会工作者；组织认同；离职意愿；职业倦怠；组织支持

* 本文系国家社科基金青年项目"治理共同体视域下社区服务项目制的协同困境与机制创新研究"（21CSH066）和上海市社科规划青年课题"中国社会工作者离职意愿的变化趋势与影响因素"（2022ESH003）的阶段性成果。
** 沈锦浩，华东理工大学社会与公共管理学院博士研究生，研究方向：社会工作职业化、劳动社会学；兰千钧，华东理工大学社会与公共管理学院硕士研究生，研究方向：社会工作职业化、劳动社会学。

一　问题的提出

社会工作作为一项新兴的社会事业，日益受到政府的重视。在各级政府的大力推动和积极部署下，社会工作的职业化和专业化取得迅猛发展，社会工作者成为参与社会建设和社会治理的重要力量。随之而来的是，社会工作机构和社会工作岗位快速增加，持证社会工作者数量快速增长。《2021 年民政事业发展统计公报》的数据显示，截至 2021 年底，全国持证社会工作者共计 73.7 万人。① 从历年数据来看，持证社会工作者人数一直呈上升趋势。不过，这一数据远未达到《社会工作专业人才队伍建设中长期规划（2011—2020 年）》所提出的 "2020 年，社会工作专业人才总量增加到 145 万人"② 的发展目标。究其原因，除了绝大多数社会工作专业毕业生不愿意从事社会工作行业之外（曾守锤等，2014：45~52），社会工作者的高流失率也是一个不可忽视的因素。

从全国各地的情况来看，社会工作者的离职是一个普遍现象。调查显示，在北京、上海、广州等社会工作发展较为成熟的大城市，每年都有 20% 左右的社会工作者选择离职，而且很多人离职后不再从事社会工作行业（曾守锤等，2019：1~10）。社会工作者的大量流失无疑会对整个社会工作事业带来巨大负面影响。具体而言，在微观层面，不利于社会服务质量的提升，在中观层面，不利于社区治理现代化的推进，在宏观层面，不利于社会工作人才体系的构建（曲绍旭、李振鑫，2019：21~44）。一般来说，个体在离职前总会先产生离职意愿，离职意愿是实际离职行为的前置原因变量（Wermeling，2013：329–339）。在当前国家治理体系和治理能力现代化要求社会工作参与社会治理的背景下，如何降低社会工作者的离职意愿，建设宏大的社会工作人才队伍，为 "十四五" 时期的社会建设提供人力资源层面的支撑，是一个亟待研究的重要问题。

从制度主义视角来看，社会工作行业的高离职率和社会工作发展政策的制定与运作逻辑密切相关。政府购买项目是当前社会工作服务落地的主要方式，这一政策的初衷是推进政社分开，但却导致了政社难分的实践悖论（郑杰榆，2017：165~190）。究其原因，一方面是因为社会工作机构缺乏合法性保障且自

---

① 民政部官网，https://images3.mca.gov.cn/www2017/file/202208/2021mzsyfztjgb.pdf。
② 民政部官网，https://www.mca.gov.cn/article/gk/ghjh/201204/20120415302325.shtml。

身专业能力不足，需要依靠政府政策制度谋求发展，因而选择以话语权置换生存权（王华凤、施从美，2021：138～154）。另一方面则是因为地方政府的创新要求、风险控制要求、技术治理要求等多重要求相互交织，互相强化，导致社会工作机构的科学服务和政策倡导功能难以实现（宋亚娟、蓝煜昕，2019：40～59），并出现"外部服务行政化、内部治理官僚化和专业建制化"等异化现象（朱健刚、陈安娜，2013：43～64）。在诸多因素的限制下，社会工作者在日常工作中如同"戴着镣铐跳舞"，难以实现自身的价值，自我效能感降低，从而增强了离职意愿（邓梦园，2019：205～222；胡荣、石柏林，2022：1～13）。

　　制度主义研究以案例分析为主，在制度主义之外，当前学界主要通过统计分析，从个人、家庭、组织等三个层面考察社会工作者离职意愿的影响因素。个人因素主要包括性别、年龄、婚姻状况、工作年限、是否持有社工证书等（黄晓玲，2015：50～51；孙中伟、周海燕，2019：29～36；曾守锤等，2020：14～21），家庭因素主要包括家庭支持状况、是否为家庭主要经济来源等（孙中伟、周海燕，2019：29～36；曾守锤等，2019：1～10），组织因素主要包括薪酬待遇、工作环境、工作支持、晋升空间、组织管理模式与沟通模式（徐道稳，2017：111～118；曾守锤等，2019：1～10；唐立、费梅苹，2020：59～69；唐咏等，2021：44～58；胡荣、石柏林，2022：1～13；Mor Barak, et al., 2001：625－661；Apriyanto & Haryono, 2020：23－30）。

　　由于离职意愿是离职行为的一个先导变量和预警指标，因而对离职意愿的了解可以防患未然，对减少社会工作者的真实离职行为起到预警和预防作用（曾守锤等，2019：1～10）。已有文献从不同角度对社会工作者的离职意愿作了广泛而深入的探索，并从各自的角度提出了降低社会工作者离职意愿的对策建议，为我们理解中国社会工作者离职意愿的现状及其影响因素、推动社会工作职业化和专业化提供了重要的知识基础，同时也为本研究的进一步分析提供了思想启迪。但是，需要指出的是，上述研究仍然存在一定的不足。

　　首先，上述研究并未留意到组织认同这一变量对社会工作者离职意愿的影响。组织认同这一变量连接了个人因素和组织因素，组织可以通过改变组织价值理念与文化氛围对员工个人态度与情绪产生潜移默化的影响，从而影响到员工的离职意愿（Babalola, et al., 2016：311－322）。其次，上述研究基本上都是在考察社会工作者离职意愿的直接影响因素，没有对影响路径和作用机制作进一步分析，尤其是没有分析相关变量之间的中介作用和调节作用。最后，上述研究绝大部分是地域性的微观研究，主要针对的是个别城市的社会工作者，缺乏对中国社会工作者离职意愿的宏观描述和分析，无助于我们了解总体情况。因此，本研究从组织认同出发，综合社会工作者个体层面的职业倦怠与组织层面的组织支持，构建有调节的中介模型，对社会工作者的离职意愿进行多因素分析，探讨影响社会工作者离职意愿的内在机制。

二 理论基础与研究假设

长期的高离职率是一个危险的信号，必然会影响社会工作组织与社会工作者服务效能的发挥，进而制约社会工作行业的健康可持续发展（何雪松、刘畅，2021：56～66）。一个普遍的共识是，社会工作行业的发展需要多方形成合力（王思斌，2013：108～113）。政府和社会的合法性认可固然重要，但是行业与组织自身的主体性作用同样不可忽视。对于社会工作机构来说，行业和组织外部的结构性困境是多重制度共同作用的结果（杨发祥、叶淑静，2016：101～109；宋亚娟、蓝煜昕，2019：40～59），在短时间内难以发生改变。不过，从多地调研结果来看，虽然社会工作行业的人员流动性大是普遍现象，但是仍然有少数社会工作机构的人员结构比较稳定，组织规模不断发展壮大。部分针对个别社会工作机构的案例分析也印证了这一可能性的存在（王华凤、施从美，2021：138～154；何瑞、朱健刚，2021：215～232）。本研究认为社会工作者的稳定性和组织本身的运行密不可分。因此，想要缓解社会工作者离职率居高不下的难题，一个更现实和更具操作性的思路是，社会工作机构发挥自身能动性，从组织层面进行自我改革。沿着这一思路，本研究认为有必要将组织行为学视角纳入社会工作者的离职研究中。

（一）组织认同与离职意愿的关系

社会认同理论认为，个体通过某些标准进行社会分类，从而获得群体身份并得到自我满足，比如形成自我定义、获得归属感等（Tajfel，1978：77－98）。如果个体在某一群体中无法得到自我满足，就会采取某些措施来改变现状，脱离群体是最为常见的措施。组织是社会分类的一种结果，组织认同则是社会认同的一种具体形式。组织认同既是员工认同组织的过程，也是组织影响员工形成自我定义、获得归属感的过程，更是将员工从"我"变成"我们"的过程

（Dukerich，et al.，2002：507－533）。国内外不同行业的研究均表明，组织认同感高的员工，会展现出较高的工作绩效以及组织公民行为，其离职意愿和离职率都比较低（Riketta，2005：358－384；韩雪松等，2007：58～61；王士红，2016：23～27）。因此，可以说，组织认同与离职意愿有着密不可分的关系。作为社会工作专业发展的灵魂，价值观贯穿于社会工作服务的始终。如果社会工作机构的价值观内化为社会工作者的信念，就会驱使社会工作者产生某种道德情怀，从而降低离职意愿（李喆、卫小将，2008：8～10）。有社会工作机构管理者发现，社会工作者流失频繁在一定程度上是因为社会工作者不了解或不认同机构的价值观（郑杰榆，2018：63）。基于上述讨论，提出如下假设：

假设1：社会工作者的组织认同负向影响离职意愿。

（二）职业倦怠的中介机制

根据资源保存理论，长期的职业倦怠会给员工的身心带来伤害，而员工为了保护其身心资源，通常会采取离职行为来应对职业倦怠（江红艳等，2018：67～70）。许多研究证实了职业倦怠对员工的离职意愿有显著影响（赵世超等，2020：565～567；陶建刚等，2021：618～623），但少有研究将职业倦怠作为组织认同影响员工离职意愿结果变量的中介机制。组织认同是员工努力做好本职工作、完成组织任务和实现组织目标的重要心理基础，组织认同将带来强烈归属感，有助于满足员工对安全和归属的需求（Ashforth，et al.，2008：325－374）。当员工对组织的使命宗旨、工作目标完全赞同或认可时，他将更愿意参与群体协作和组织互助，由此得以缓解工作带来的压力。有研究表明，组织认同感与工作满意度呈正相关，与职业倦怠呈负相关（Steffens，et al.，2017：303－335）。因此，本研究推断，组织认同会通过影响员工的职业倦怠感，对离职意愿产生影响。社会工作属于人力密集型行业，强烈的组织认同有助于增强社会工作者的群体归属感，增强社会工作者的工作信念，减轻社会工作者的职业倦怠（沈黎，2008：31～33）。综上所述，组织认同不仅可以直接影响社会工作者的离职意愿，还可以通过降低职业倦怠降低社会工作者的离职意愿。因此，提出如下假设：

假设2：社会工作者的职业倦怠在组织认同与离职意愿之间发挥中介作用。

（三）组织支持的调节机制

在社会交换理论的基础上，艾森伯格（Robert Eisenberger）等人进一步发展出组织支持理论，提出先有组织对于员工的承诺，才会有员工为组织创造价值（Eisenberger, et al., 1986：500-507）。该理论认为自上而下的组织支持、组织对员工的关心和重视是员工愿意为组织做出贡献的关键（淦未宇等，2015：1623~1631）。工作要求—工作资源模型认为，过多的工作要求会导致员工身心耗竭，从而产生职业倦怠，而组织支持、工作自主性和发展机会等工作资源可以减轻过多工作要求带来的负面影响（Bakker & Demerouti，2007：309-328）。基于这一模型的许多研究证实，组织支持对职业倦怠具有调节作用。比如有研究发现，组织支持在人岗匹配与职业倦怠之间发挥着调节作用（孙晓露、周春燕，2020：42~53）。组织支持不仅能够调节职业倦怠，而且还能作为调节变量对离职意愿产生影响。已有研究发现，组织支持在乐观和离职意愿、情绪耗竭和离职意愿之间发挥着显著的调节作用（林亚清、赵曙明，2014：62~65；赵慧军、席燕平，2017：80~86）。社会工作者除了受到服务对象的工作压力外，还需要承受机构管理的行政压力。在这种情况下，组织支持就显得尤为重要。如果社会工作机构提供的组织支持越多，社会工作者就会越有信心和动力来应对工作中的挑战，从而减轻职业倦怠感与离职意愿（张大维等，2014：79~84）。基于上述讨论，提出如下假设：

假设3：组织支持在社会工作者组织认同与离职意愿之间起调节作用。

假设4：组织支持在社会工作者组织认同与职业倦怠之间起调节作用。

最后，根据组织支持理论的逻辑推导，组织支持不仅可以直接调节社会工作者组织认同对于离职意愿的影响，还可以调节组织认同—职业倦怠—离职意愿这一中介路径，即社会工作者职业倦怠的中介作用受到组织支持的调节，有调节的中介效应存在。社会工作者的组织支持感知越高，组织认同对职业倦怠的负向影响就会越强，从而降低社会工作者的离职意愿。因此，提出如下假设：

假设5：社会工作者的组织支持对职业倦怠的中介效应具有调节作用。

基于以上对组织认同、职业倦怠、组织支持以及离职意愿关系的阐述，本研究的理论模型如图1所示。

图1　职业倦怠的中介作用及组织支持的调节作用模型

三　研究设计

（一）数据来源与研究样本

本研究所用数据来自"中国社会工作动态调查"（CSWLS2019）数据库，该数据库是由华东理工大学发起的全国第一个以社会工作行业发展动态为主题的大型连续性抽样调查和研究项目，采用多阶段随机抽样方法，以每个样本城市注册社会工作机构名单为抽样框随机抽取社工机构，再随机抽取社会工作者，获得社会工作者有效问卷5965份（刘畅等，2020：1～32）。通过对核心变量以及控制变量的清洗与整理，最终获得4682份有效个案进行后续的实证分析。

（二）变量介绍

本研究选取CSWLS2019数据库中有关组织认同、职业倦怠、组织支持以及离职意愿的量表，并对4个潜变量进行测量。

组织认同是指个体对于组织成员感、归属感的认知过程，体现了个体与组织在价值观上的一致性（Ashforth & Mael，1989：20 – 29）。对于社会工作者来说，社工机构就是其所归属的组织，社会工作者对于机构价值理念、文化氛围的接受和认可构成了社会工作者的组织认同。组织认同是本研究的自变量，采用Karasek开发的工作内容量表进行测量，共包括4个题项，例如"我认同我们机构的组织文化氛围""我认同我们机构的价值理念"。每个题目的回答分为5级。该量表Cronbachα信度系数为0.837。

职业倦怠是指员工在工作重压之下产生的身心疲惫不堪与情感耗竭的状态（Freudenberger，1974：159 – 165）。职业倦怠是本研究的中介变量，采用Maslach开发的职业倦怠量表进行测量，由情绪耗竭、去人格化和低个人成就感等三个分量表组成，共包括 22 个题项，例如"工作有时使我情绪低落""我担心这份工作让我变成一个硬心肠的人"。每个题目的回答分为 7 级，用三个分量表的均值之和测量职业倦怠。该量表 Cronbachα 信度系数为 0.904。

组织支持是指员工对组织如何看待他们的贡献并且关心他们的利益的总体感受（凌文辁等，2006：281~287）。组织支持是本研究的调节变量，采用 House 和 Wells 开发的社会支持量表进行测量，分别从直接督导、主管、同事以及机构最高领导四个层面测量社会工作者的组织支持度，共包括 4 个题项，例如"当我工作繁忙时，他们予以可靠的支持""他们愿意倾听我工作中的问题"。每个题目的回答分为 5 级。该量表 Cronbachα 信度系数为 0.740。

离职意愿是指离职行为的前序变量，即个体想要离开组织或机构的打算和想法。离职意愿是本研究的因变量，采用 Likert 5 级量表进行测量（分数越高说明离职意愿越强），共包括 3 个题项，例如"我打算在未来六个月内离开目前任职的机构""我偶尔会有离开目前任职机构的想法"。该量表 Cronbachα 信度系数为 0.785。

在控制变量的选取方面，已有研究表明，性别、是否在婚以及是否持有社工证书会对社会工作者的离职意愿产生影响。因此将上述 3 个变量虚拟化处理之后，作为本研究的控制变量。

表 1 报告了变量的基本统计量。表 1 显示社会工作者中女性有 3676 人，人数占比为 78.5%，男性有 1006 人，占比为 21.5%，说明社会工作者群体以女性为主。非在婚状态的社会工作者有 2518 人，占比为 53.8%，在婚状态的社会工作者有 2164 人，占比为 46.2%。对于是否持有社工证书的问题，其中 2281 人是拥有社工证书的，占比为 48.7%，而没有持有社工证书的有 2401 人，占比为 51.3%。因此，是否在婚与是否持有社工证书的人数分布比较平均。从工资的分布来看，其中 1946 人在 3000 元以下，占比为 41.6%，2487 人为 3001~6000 元，占比为 53.1%。说明社会工作者的工资差异较小，且多分布在 6000 元以下。

表 1　变量的描述性统计

单位：人，%

		人数	比例
性别	女	3676	78.5
	男	1006	21.5

		人数	比率
是否在婚	非在婚状态	2518	53.8
	在婚状态	2164	46.2
是否持有社工证书	是	2281	48.7
	否	2401	51.3
工资	3000 元以下	1946	41.6
	3001~6000 元	2487	53.1
	6001~9000 元	222	4.7
	9001~12000 元	24	0.5
	120001 元及以上	3	0.1

（三）数据分析

本研究采用 SPSS 21.0 和 AMOS 24.0 统计软件对数据进行处理与分析，运用 AMOS 软件进行模型的信效度检验，运用 SPSS 插件 Process 进行有调节的中介效应分析与检验。

四　数据分析与结果

（一）信度与效度检验

如前所述，四个量表的 Cronbachα 信度系数均大于 0.7，表明测量量表具有良好的内部一致性，信度良好。如表 2 所示，各个潜变量所对应的题项因子载荷均大于 0.5，说明各题项具有较高的代表性。组合信度 CR 均高于 0.75，平均方差变异 AVE 均大于 0.5，说明聚敛效度理想。由表 3 可知，组织认同、职业倦怠、组织支持、离职意愿之间具有显著的相关性（$p < 0.01$），且相关性绝对系数均小于 0.5，小于所对应的 AVE 平方根，说明各量表的区别效度理想。

表 2　聚敛效度检验

变量	题项	因子载荷	CR	AVE
组织认同（OI）	OI 1	0.664	0.895	0.683
	OI 2	0.889		
	OI 3	0.898		
	OI 4	0.832		

续表

变量	题项	因子载荷	CR	AVE
职业倦怠（JB）	JB 1	0.825	0.781	0.553
	JB 2	0.848		
	JB 3	0.510		
组织支持（OS）	OS 1	0.802	0.837	0.564
	OS 2	0.768		
	OS 3	0.714		
	OS 4	0.715		
离职意愿（TI）	TI 1	0.801	0.875	0.700
	TI 2	0.869		
	TI 3	0.839		

表3　区别效度检验

变量	OI	JB	OS	TI
OI	0.826			
JB	− 0.339 ***	0.744		
OS	0.330 ***	− 0.313 ***	0.751	
TI	− 0.332 ***	0.339 ***	− 0.269 ***	0.837

注：对角线上的数字为 AVE 平方根，对角线下的数字为变量间相关系数； *** $p < 0.01$。

（二）共同方法偏差

为了验证数据的共同方法偏差是否严重，首先采用 Harman 单因子检验，发现未经旋转的第一个因子只能解释全部变异量的 31.031%（小于 40%）。其次采用验证性因子分析，结果显示模型拟合较差（$\chi^2/df = 61.60$，CFI = 0.796，NFI = 0.793，TLI = 0.796，RMSEA = 0.114）。综上所述，本研究不存在严重的共同方法偏差问题。

（三）研究假设检验

1. 组织认同对社会工作者离职意愿的影响

根据逐步回归的方法检验社会工作者组织认同与离职意愿之间的关系。将性别、是否在婚、是否持有社工证书作为控制变量，组织认同作为自变量，离职意愿作为因变量，建立模型 1。结果如表 4 所示，在控制其他条件的影响下，社会工作者的组织认同对离职意愿具有显著的负向影响（B = - 0.367，p < 0.01），即社会工作者对组织的认同度越高，其离职意愿就会越低，假设 1 成立。

2. 职业倦怠：中介效应检验

采用逐步回归的方法对社会工作者职业倦怠在组织认同与离职意愿关系中的中介效应进行检验，在控制性别、是否在婚、是否持有社工证书的条件下得到模型 2 和模型 3。结果如表 4 所示，模型 2 的因变量为职业倦怠，社会工作者的组织认同对职业倦怠的负向预测作用显著（$B = - 2.330$，$p < 0.01$）。模型 3 的因变量为离职意愿，在纳入职业倦怠这一中介变量后，组织认同对离职意愿的直接预测作用依然显著（$B = - 0.279$，$p < 0.01$），社会工作者的职业倦怠对离职意愿的正向预测作用显著（$B = 0.038$，$p < 0.01$）。根据温忠麟等人提出的中介效应检验过程（温忠麟等，2005：268 ~ 274），可以认为职业倦怠在组织认同与离职意愿之间发挥着部分中介作用。为了进一步说明职业倦怠的中介作用，对其进行 Bootstrap 检验。如表 5 所示，组织认同对离职意愿影响的直接效应与职业倦怠的中介效应的 Bootstrap 95% 置信区间的上、下限均不包含 0，进一步说明组织认同不仅能够直接预测离职意愿，而且能够通过职业倦怠的部分中介作用预测社会工作者的离职意愿。直接效应（- 0.279）和中介效应（- 0.088）分别占总效应（- 0.367）的 76.02%、23.97%。因此，假设 2 得到验证。

表 4　中介效应检验

变量	模型 1 (TI)			模型 2 (JB)			模型 3 (TI)		
	B	SE	t	B	SE	t	B	SE	t
G	- 0.174	0.088	- 1.983 **	- 0.423	0.544	- 0.779	- 0.158	0.085	- 1.852 *
M	- 1.106	0.072	- 15.316 ***	- 3.590	0.449	- 8.001 ***	- 0.971	0.071	- 13.734 ***
C	0.467	0.072	6.501 ***	2.178	0.447	4.878	0.385	0.070	5.499 ***
OI	- 0.367	0.015	- 23.900 ***	- 2.330	0.095	- 24.425 ***	- 0.279	0.016	- 17.619 ***
JB							0.038	0.002	16.432 ***
R²	0.158			0.130			0.204		
F	219.756 ***			175.151 ***			239.923 ***		

注：G 代表性别；M 代表是否在婚；C 代表是否持有社工证书；OI 代表组织认同；JB 代表职业倦怠；TI 代表离职意愿；* p < 0.1，** p < 0.05，*** p < 0.01。

表5 总效应、直接效应及中介效应分解

	效应值	Boot 标准误	Boot 95% 下限	Boot 95% 上限	相对效应值
总效应	-0.367	0.015	-0.397	-0.337	
直接效应	-0.279	0.016	-0.310	-0.248	76.02%
中介效应	-0.088	0.003	-0.101	-0.075	23.97%

3. 组织支持：有调节的中介效应检验

根据温忠麟等人提出的有调节的中介模型检验步骤（温忠麟、叶宝娟，2014：714～726），在控制性别、是否在婚、是否持有社工证书的条件下得到模型4、模型5和模型6，分别检验直接路径和中介模型的前后路径是否受到组织支持的调节。由表6可知，在模型4中，社会工作者的组织认同会对离职意愿产生显著的负向影响（$B = -0.305$，$p < 0.01$），组织支持也会对离职意愿产生显著的负向影响（$B = -0.142$，$p < 0.01$），并且中心化处理之后的组织认同与组织支持的交互项对离职意愿具有显著影响（$B = -0.009$，$p < 0.05$）。这说明组织支持能够正向调节组织认同对于离职意愿的影响，即社会工作者组织支持越高，组织认同对于离职意愿的负向作用就会越强。模型5将职业倦怠作为因变量，结果显示组织认同与组织支持的交互项对职业倦怠具有显著影响（$B = -0.060$，$p < 0.05$；a_3）。这表明组织支持能够正向调节组织认同对于职业倦怠的影响，即社会工作者组织支持越高，组织认同对于职业倦怠的影响就会越强。因此，假设3和假设4得到了验证。模型6是在直接效应显著的条件下建立的回归模型，可以看出组织支持与职业倦怠的交互项对离职意愿并不具有显著影响（$B = 0.001$，$p > 0.1$；b_2），但职业倦怠对于离职意愿具有显著的正向影响（$B = 0.034$，$p < 0.01$；b_1）。根据"有调节的中介模型"检验步骤，模型5中的组织认同与组织支持的交互项 a_3 显著（$a_3 \neq 0$），模型6中的职业倦怠对于离职意愿的系数 b_1 显著（$b_1 \neq 0$），即 a_3 $b_1 \neq 0$，所以组织支持不仅调节了"组织认同—离职意愿"这一直接路径，还调节了中介过程"组织认同—职业倦怠—离职意愿"的前半路径。因此，假设5成立。

表6 有调节的中介模型检验

变量	模型4（TI）			模型5（JB）			模型6（TI）		
	B	SE	t	B	SE	t	B	SE	t
G	-0.178	0.086	-2.068 **	-0.464	0.531	-0.874	-0.165	0.084	-1.950 *

变量	模型 4（TI）			模型 5（JB）			模型 6（TI）		
	B	SE	t	B	SE	t	B	SE	t
M	− 1.084	0.071	− 15.227***	− 3.412	0.438	− 7.793***	− 0.970	0.070	− 13.832***
C	0.347	0.072	4.848***	1.211	0.440	2.753***	0.300	0.070	4.281***
OI	− 0.305	0.016	− 18.977***	− 1.833	0.099	− 18.518***	− 0.243	0.016	− 14.880***
OS	− 0.142	0.012	− 11.905***	− 1.138	0.073	− 15.488***	− 0.106	0.012	− 8.828***
JB							0.034	0.002	14.314***
OI * OS	− 0.009	0.004	− 2.016**	− 0.060	0.026	− 2.265**	− 0.005	0.004	− 1.031
JB * OS							0.001	0.001	1.598
R²	0.183			0.173			0.217		
F	174.541***			162.856***			162.201***		

注：G 代表性别；M 代表是否在婚；C 代表是否持有社工证书；OI 代表组织认同；OS 代表组织支持；JB 代表职业倦怠；TI 代表离职意愿；$* p < 0.1$，$** p < 0.05$，$*** p < 0.01$。

为了展示组织支持对于中介过程"组织认同—职业倦怠—离职意愿"前半路径的调节作用，采用简单斜率检验进一步分析组织支持的调节效应。如图 2 所示，组织支持较高（M + 1SD）的社会工作者，组织认同对职业倦怠具有显著的负向预测作用（$k_1 = - 2.027$，$t_1 = - 14.179$，$p_1 = 0.000$），而组织支持较低（M − 1SD）的社会工作者，组织认同对职业倦怠也会产生负向预测作用（$k_2 = - 1.639$，$t_2 = - 11.467$，$p_2 = 0.000$），但其预测作用较小。这说明提高社会工作者的组织支持可以显著增强组织认同对于职业倦怠带来的负向作用。

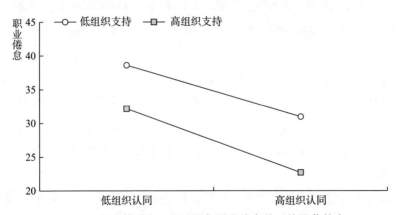

图 2　组织支持对于组织认同与职业倦怠关系的调节效应

为了进一步检验组织支持对职业倦怠中介效应的调节作用，本研究采用 Hayes 编制的 Process 中的 Model 8（假设直接路径和中介模型的前半路径受到调节）进行有调节的中介效应检验。结果如表 7 所示，在组织支持的三个水平上，直接效应与有调节的中介效应的区间内均不包含 0。因此，有调节的中介效应存在。也就是说，随着社会工作者组织支持水平的提升，组织认同更能减轻社会工作者的职业倦怠，从而降低其离职意愿。

表 7　在组织支持的不同水平上的直接效应与中介效应

	组织支持	效应值	Boot 标准误	Boot 95% 下限	Boot 95% 上限
直接效应	− 3.229（M − 1SD）	− 0.223	0.021	− 0.263	− 0.183
	0.000（M）	− 0.245	0.016	− 0.277	− 0.213
	3.229（M + 1SD）	− 0.266	0.022	− 0.309	− 0.223
有调节的中介效应	− 3.229（M − 1SD）	− 0.054	0.007	− 0.068	− 0.042
	0.000（M）	− 0.061	0.006	− 0.072	− 0.050
	3.229（M + 1SD）	− 0.067	0.007	− 0.081	− 0.054

五　结论与讨论

（一）研究结论

近年来，社会工作者逐渐被视为社会建设和社会治理中的重要参与力量。然而，社会工作者的频繁离职是当前的普遍现象，如何留住社会工作者成为社会工作人才队伍建设的关键问题。已有研究主要从个人、家庭、组织等三个层面考察社会工作者离职意愿的影响因素，许多研究尤其强调了薪酬待遇的激励作用。本研究并不否认薪酬待遇的重要作用，但认为社会工作作为一个拥有强烈价值观和同理心的行业，不能忽视组织认同和组织支持对社会工作者离职意愿的影响。本研究通过有调节的中介模型，分析了社会工作者组织认同对离职意愿的影响路径，验证了职业倦怠的中介作用与组织支持的调节作用。本研究主要得出以下结论。

第一，社会工作者的组织认同对其离职意愿具有显著的负向作用。社会工作者的组织认同越高，其离职意愿会越弱。这一结论说明社会工作机构应该关注社会工作者的组织认同，以良好的价值理念与文化氛围引领社会工作者，提高社会工作者对组织的认同感，从而降低其离职意愿。

第二，职业倦怠在社会工作者组织认同与离职意愿之间发挥着部分中介作用。这一结论说明组织认同对社会工作者离职意愿的影响分为直接、间接两条路径，换句话说，社会工作者的组织认同不仅能直接影响离职意愿，还有部分作用是通过职业倦怠间接影响的。这在一定程度上解释了组织认同对社会工作者离职意愿负向影响的作用机制。

第三，组织支持对直接路径以及中介效应的前半路径存在调节作用。当社会工作者获得的组织支持越高时，组织认同对于离职意愿的负向作用就会越强，离职意愿也会越低。此外，社会工作者获得的组织支持越高，组织认同对职业倦怠的负向影响就会越强，从而社会工作者的离职意愿越低。综上所述，组织认同、职业倦怠、组织支持与离职意愿这一有调节的中介模型得到验证。

（二）理论思考与管理启示

在社会工作者的离职研究中，"薪酬归因论"或"薪酬留人论"是主流的观点（杨发祥、叶淑静，2016：101～109；唐立、费梅苹，2020：59～69），毫无疑问，薪酬提升的确有利于留住人才，而本研究所证明和想强调的是组织文化建设同样是提高社会工作者稳定性和实现社会工作机构可持续发展的优良思路。文化氛围是一个组织发展的基石，组织文化能够使组织成员更好地融入组织和投身工作，同时，组织的宗旨和使命也是使组织成员能够坚持下去的理由（王华凤、施从美，2021：138～154）。专业性是社会工作的生命线，价值观是社会工作的灵魂。以专业性和价值观为基础的组织文化建设有助于社会工作者形成组织认同，增强社会工作者对社会工作机构的"黏性"。当越来越多的社会工作者因为对专业和价值的共同认同凝聚在一起时，在同侪效应的影响下，社会工作者不仅不会轻易离开，而且还会相互支持并进一步形成组织支持文化。可以说，组织认同文化和组织支持文化是降低社会工作者离职意愿的"强心针"。从上述思考出发，可以为社会工作机构管理提供以下启示。

第一，明确组织价值理念，营造良好文化氛围。组织认同离不开价值理念与文化氛围两个方面，只有当组织理念和氛围与个人追求一致时，组织认同才会提高，工作效果才能体现。因此，机构管理者应当尽早形成机构的价值理念，并且优先招聘与组织价值理念相一致的社会工作者。更重要的是，机构管理者应当营造良好的组织文化氛围，加强对社会工作者思想和情感的培养，将组织价值观融入社会工作者的个人价值观中，提高社会工作者的组织归属感，激发社会工作者的内心动力。

第二，加大组织支持力度，形成多元支持网络。对于机构管理者而言，不仅要重视社会工作者工作能力的提升，而且要重视对社会工作者的工作支持和情感支持。首先，机构应当制定互帮互助、积极向上的工作制度，推动形成良好的同事支持网络，比如可以设置专门的互助小组，倾听社会工作者在日常工作中所遇到的问题并给予有针对性的支持。其次，机构管理者可以通过对表现优异的社会工作者进行公开表扬，提升社会工作者的荣誉感和成就感，从而提升社会工作者的组织支持感知。最后，机构应当实施家庭友好型的用工政策，从家庭角度出发为社会工作者提供组织支持，如与社会工作者协商采取弹性上下班制度、为社会工作者提供亲属照料服务，激励社会工作者的持续奉献。

第三，合理配置工作压力，提高工作自主程度。超负荷的工作或者过分紧张的组织管理模式可能会带来组织认同的消极影响，比如员工由于时间问题而不能完成工作任务时，会自我怀疑并产生消极情绪（钱欣等，2021：84～94）。对此，一方面，机构应当合理分配社会工作者的工作任务，避免给社会工作者造成太大的工作压力，可以采取居家办公、弹性工作制等灵活工作方式，让社会工作者相对自由地安排工作时间，使社会工作者更从容地面对工作中的各种挑战。另一方面，机构应当提高社会工作者的工作自主性，适度授予社会工作者一定的工作决策权，让社会工作者自主把握工作方式和工作节奏，为社会工作者提供宽松舒适的工作环境（兰千钧、沈锦浩，2022：1023～1027）。

（三）贡献与不足

本研究主要有以下三个贡献：第一，本研究为社会工作者的离职意愿提供了组织行为学视角的解释，证实了组织认同和组织支持对社会工作者离职意愿的显著影响，也为社会工作行业提供了一种文化导向的组织能力建设思路。第二，以往研究在探讨组织认同对于离职意愿的影响时，大多将组织认同作为调节变量或者中介变量纳入模型，本研究则将组织认同作为自变量，为理解组织认同负向影响离职意愿的机制研究提供了一个新的思路，即组织认同会通过降低职业倦怠感来降低社会工作者的离职意愿。第三，本研究构建了有调节的中介效应模型，验证了组织支持在社会工作者组织认同与职业倦怠以及离职意愿的关系中的调节作用。研究发现，组织支持不仅能够调节组织认同对离职意愿影响的直接路径，而且能够调节职业倦怠中介效应的前半路径。这一发现与既有研究结论基本一致，并进一步揭示了组织支持对离职意愿的影响路径和作用机制。

当然，本研究也存在一些局限性：第一，本研究在考察调节作用时，只考察了组织支持这一变量，没有涉及组织培训、工作自主性等组织环境中的其他变量，在今后的研究中，可以考察组织环境中的不同变量造成的影响效果及其差异。第二，本研究为横断研究，但离职是一个过程，不同的时间点可能有不同的想法，随着数据库的动态更新，可以进一步开展追踪研究，考察不同时间点社会工作者的离职意愿及其影响因素。

参考文献

邓梦园（2019）：《社会工作者职业认同与组织认同对职业流动影响的研究——基于对广州市社会工作者的调查》，《中国非营利评论》，第 1 期。

淦未宇、刘伟、徐细雄（2015）：《组织支持感对新生代农民工离职意愿的影响效应研究》，《管理学报》，第 11 期。

韩雪松、江云、袁冰（2007）：《组织认同研究述评及展望》，《商业研究》，第 3 期。

何瑞、朱健刚（2021）：《分类嵌入与多层整合：社会组织参与基层社会治理的探究——基于三种不同类型社会组织的比较分析》，《中国非营利评论》，第 2 期。

何雪松、刘畅（2021）：《从薪酬留人到文化赋能：组织文化视野下社会工作者的离职行为》，《杭州师范大学学报》（社会科学版），第 6 期。

胡荣、石柏林（2022）：《工作支持对社会工作者离职意愿的影响研究——基于"中国社会工作动态调查"（CSWLS2019）的实证分析》，《华东理工大学学报》（社会科学版），第 3 期。

黄晓玲（2015）：《社会工作者职业稳定性及其影响因素的实证研究——基于上海市 200 名社会工作者的调查》，华东理工大学硕士学位论文。

江红艳、杨军、孙配贞、陈洋（2018）：《工作资源对员工离职意向的影响——工作—家庭冲突的中介作用与主动性人格的调节作用》，《软科学》，第 10 期。

兰千钧、沈锦浩（2022）：《社会工作者超时劳动对职业倦怠的影响：工作自主性的调节作用》，《中国健康心理学杂志》，第 7 期。

李喆、卫小将（2008）：《个人价值观与社会工作价值观之整合——社工之专业自我的形塑路径初探》，《社会工作下半月（理论）》，第 12 期。

林亚清、赵曙明（2014）：《乐观与离职倾向关系的实证研究——领导成员关系和组织支持感的调节作用检验》，《软科学》，第 4 期。

凌文辁、杨海军、方俐洛（2006）：《企业员工的组织支持感》，《心理学报》，第 2 期。

刘畅、袁易卿、孙中伟、何雪松（2020）：《中国社会工作动态调查（CSWLS2019）：设计、实施与样本描述》，《华东理工大学学报》（社会科学版），第 1 期。

钱欣、刘平青、刘园园（2021）：《组织认同"消极面"研究综述与展望》，《中国人力资源开发》，第 2 期。

曲绍旭、李振鑫（2019）：《岗位设置是否影响在职社工的离职意愿？——基于 M 市问卷调查的分析》，《中国第三部门研究》，第 2 期。

沈黎（2008）：《社会工作者的职业倦怠：国际研究与经验启示》，《上海青年管理干部学院学报》，第 2 期。

宋亚娟、蓝煜昕（2019）：《政社合作中社会服务组织的功能建构及其实现——以 S 市购买服务为例》，《中国非营利评论》，第 2 期。

孙晓露、周春燕（2020）：《人岗匹配程度对幼儿园教师职业倦怠的影响：工作满意度的中介和组织支持感知的调节》，《学前教育研究》，第 1 期。

孙中伟、周海燕（2019）：《工作条件、家庭支持与职业发展：中国社会工作者离职意愿的多因素分析》，《社会工作与管理》，第 4 期。

唐立、费梅苹（2020）：《薪酬激励抑或情感支持：社会工作者流失之因探究》，《青年研究》，第 2 期。

唐咏、陈海燕、叶芙蓉、罗鹏（2021）：《社会工作者职业倦怠、机构组织环境与职业认同研究》，《社会工作》，第 4 期。

陶建刚、何凯、赵岩（2021）：《高校辅导员职业倦怠在组织支持和离职倾向间的中介作用》，《环境与职业医学》，第 6 期。

王华凤、施从美（2021）：《依附性嵌入、内生性发展与中国社会组织话语权建设——基于 H 省政府购买社工服务的案例研究》，《中国非营利评论》，第 1 期。

王士红（2016）：《组织认同、信任调节与政府审计人员的离职意愿》，《中国行政管理》，第 9 期。

王思斌（2013）：《走向承认：中国专业社会工作的发展方向》，《河北学刊》，第 6 期。

温忠麟、侯杰泰、张雷（2005）：《调节效应与中介效应的比较和应用》，《心理学报》，第 2 期。

温忠麟、叶宝娟（2014）：《有调节的中介模型检验方法：竞争还是替补？》，《心理学报》，第 5 期。

徐道稳（2017）：《社会工作者职业认同和离职倾向研究——基于对深圳市社会工作者的调查》，《人文杂志》，第 6 期。

杨发祥、叶淑静（2016）：《社工薪酬的结构性困境与可能出路——以珠三角地区为例》，《江苏行政学院学报》，第 5 期。

曾守锤、黄锐、李筱（2014）：《社会工作本科毕业生就业问题研究：一个批判性回顾》，《华东理工大学学报》（社会科学版），第 6 期。

曾守锤、李筱、何雪松、陈魏（2019）：《中国社工的离职倾向及其影响因素研究》，《重庆工商大学学报》（社会科学版），第 4 期。

曾守锤、李筱、何雪松（2020）：《社会工作者离职：从想法到行动，差别在何处》，《社会工作与管理》，第 5 期。

张大维、郑永君、李静静（2014）：《社会环境、社会支持与社会工作者的职业耗竭——基于广深莞汉 100 名专职社工的调查》，《中州学刊》，第 2 期。

赵慧军、席燕平（2017）：《情绪劳动与员工离职意愿——情绪耗竭与组织支持感的作用》，《经济与管理研究》，第 2 期。

赵世超、王宇桐、谭福金、孟庆跃、王颖（2020）：《基层卫生人员职业倦怠对离职意愿的影响研究——感情承诺的中介作用》，《中国卫生统计》，第 4 期。

郑杰榆（2017）：《政府购买社工服务对政社分开作用的制度比较——基于台湾与大陆的社会服务案例》，《中国非营利评论》，第 1 期。

郑杰榆（2018）：《价值与价值观》，《中国社会工作》，第 28 期。

朱健刚、陈安娜（2013）：《嵌入中的专业社会工作与街区权力关系——对一个政府购买服务项目的个案分析》，《社会学研究》，第 1 期。

Apriyanto, P., & Haryono, S. (2020), "An Evaluation of the Effects of Work Stress, Work Load and Work Environment on Employee's Turnover: The Role of Job Satisfaction," *Journal of Resources Development and Management* 64, pp. 23 – 30.

Ashforth, B. E., & Mael, F. (1989), "Social Identity Theory and the Organization," *The Academy of Management Review* 14 (1), pp. 20 – 29.

Ashforth, B. E., Harrison, S. H., & Corley, K. G. (2008), "Identification in Organizations: An Examination of Four Fundamental Questions," *Journal of Management* 34 (3), pp. 325 – 374.

Bakker, A. B., & Demerouti, E. (2007), "The Job Demands-Resources Model: State of the Art," *Journal of Managerial Psychology* 22 (3), pp. 309 – 328.

Babalola, M. T., Stouten, J., & Euwema, M. (2016), "Frequent Change and Turnover Intention: The Moderating Role of Ethical Leadership," *Journal of Business Ethics* 134 (2), pp. 311 – 322.

Dukerich, J. M., Golden, B. R., Shortell, S. M. (2002), "Beauty Is in the Eye of the Beholder: The Impact of Organizational Identification, Identity, and Image on the Cooperative Behaviors of Physicians," *Administrative Science Quarterly* 47 (3), pp. 507 – 533.

Eisenberger, R., Huntington, R., Hutchison, S., & Sowa, D. (1986), "Perceived Organizational Support," *Journal of Applied Psychology* 71 (3), pp. 500 – 507.

Freudenberger, H. J. (1974), "Staff Burnout," *Journal of Social Issues* 30 (1), pp. 159 – 165.

Mor Barak, M. E., Nissly, J. A., & Levin, A. (2001), "Antecedents to Retention and Turnover among Child Welfare, Social Work, and Other Human Service Employees: What

Can We Learn from Past Research? A Review and Metanalysis," *Social Service Review* 75 (4), pp. 625 – 661.

Riketta, M. (2005), "Organizational Identification: A Meta-Analysis," *Journal of Vocational Behavior* 66 (2), pp. 358 – 384.

Steffens, N. K., Haslam, S. A., Schuh, S., Jetten, J., & Dick, R. V. (2017), "A Meta-Analytic Review of Social Identification and Health in Organizational Contexts," *Personality and Social Psychology Review* 21 (4), pp. 303 – 335.

Tajfel, H. (1978), *Differentiation between Social Groups: Studies in the Social Psychology of Intergroup Relations*, London: Academic Press.

Wermeling, L. (2013), "Why Social Workers Leave the Profession: Understanding the Profession and Workforce," *Administration in Social Work* 37 (4), pp. 329 – 339.

Organizational Identity, Job Burnout and Turnover Intention of Social Workers

—A Quantitative Analysis of CSWLS2019

Shen Jinhao & Lan Qianjun

[**Abstract**] As a new social undertaking, social work is increasingly valued by the government and regarded as an important force to participate in social construction and social governance. However, the frequent departures of social workers is a common phenomenon at present, how to retain social workers has become a key issue in the construction of social work personnel. Through the analysis of the database of "China Social Work Longitudinal Study" (CSWLS2019), results show that social workers' organizational identity negatively affects turnover intention. It is further found that job burnout plays a partial mediation role between organizational identity and turnover intention, organizational support positively moderates the direct effect of social workers' organizational identity on turnover intention. Therefore, it is suggested that social work institutions should clarify the organizational values and create a good cultural atmosphere; strengthen organizational support and form a diversified support network; reasonably allocate the work pressure and improve the degree of work autonomy, so as to slow down the turnover intention of social workers.

[**Keywords**] Social Worker; Organizational Identity; Turnover Intention; Job Burnout; Organizational Support

责任编辑：张潮

组织认同、职业倦怠与社会工作者离职意愿

177

混杂社会的医疗慈善：民国旅沪浙商与宁绍地域的公共医疗建设[*]

邵钢锋^{**}

【摘要】旅沪浙商如何切入宁绍地域的公共医疗建设呢？本文对该案例——民国时期旅沪浙商在宁绍地域的公共医疗建设的缘起、人事组织模式、资金运作体系和浙商背后的社会关系网络进行了详细描述，并在近代中国"混杂社会"的概念框架下呈现民国时期旅沪浙商"你中有我，我中有你"的合作策略和非制度性安排。本文归纳了旅沪浙商与宁绍地域社会公共医疗建设的常规做法：旅沪浙商以宁波旅沪同乡会、绍兴七县旅沪同乡会等为依托，以大上海为舞台，以商人之间董事个人特别捐、同乡同业之间的日常捐等为公共医疗慈善募款。这些公共医疗慈善机构既有王晓籁捐资设立的嵊县毓源济生善会等传统善会善堂，也有宋汉章出资、医学博士宋梧生担任院长的新式医院——余姚阳明医院。概言之，这种基于同乡同业的社会关系网络，不断强化外埠商人与故里的种种关联，从而能够保证商人利益集团的乡土之链不断。

【关键词】旅沪浙商；宁绍地域；医疗慈善；社会治理

---

* 本文系 2017 年度国家社会科学基金重大项目"大运河与中国古代社会研究"（17ZDA184）、北京用友基金会"商的长城"重点课题"浙商群体研究及中国商人数据库建设"（2019 - Z06）的阶段性成果。

** 邵钢锋，浙江工商大学人文与传播学院历史学系讲师，商务部国际贸易经济合作研究院博士后，研究方向：中国近代社会经济史、公益慈善史。

近年来，关于近代医疗慈善方面的研究一度成为热点。周秋光的《民国北京政府时期中国红十字会的慈善救护与赈济活动》认为，以中国红十字会为代表的民间慈善团体在民国北京政府时期所担负的救赈工作已成为调解社会不可或缺的一份力量（周秋光，2000）。胡成的《何以心系中国——基督教医疗传教士与地方社会（1835~1911）》认为，近代基督教医疗传教士得到当地社会和普通民众的高度尊敬与慷慨捐助，使他们心系中国，这同时也是被接纳和善待的一个过程（胡成，2010）。陶飞亚、王皓的《近代医学共同体的嬗变：从博医会到中华医学会》（2014）与郝先中的《西医东渐与中国近代医疗卫生事业的肇始》（2005）一致认为，近代西方传教会中国化的身份转移与资源整合，推动了民国医学行政界的合作，成为近代中国科学共同体洋为中用的一种范式。

实际上，流风所及，不惟近代的传教士如此，近代以来的绅商群体更是在西医东渐过程中默默无闻地发挥了实际效能。例如，旅沪浙商朱葆三等不仅参与了中国红十字会的创建，还专心致力于华洋义赈会、四明公所、四明医院、上海公立医院、上海孤儿院、上海时疫医院等多家机构的医疗慈善事业。像旅沪浙商宋汉章还曾担任中国红十字会董事、上海妇孺救济会董事。又如，绍兴嵊县芷湘医院由名医王邈达、旅沪浙商王晓籁、西医博士王孝本三兄弟创建，以其父名芷湘命名。此外，还有宁波的慈溪保黎医院、镇海同义医院均由旅沪浙商虞洽卿等共同创办。这些旅沪浙商重视团结合作，重视信用。他们之所以成功，除了个人的努力之外，其生存的土壤与社会环境、当时的行业选择与契约精神，都缺一不可。事实上，深入研究民国旅沪浙商的医疗慈善行为，对于我们重新认识当前浙商参与慈善公益事业有着重要意义。旅沪浙商身处"混杂社会"通过社会募资的方式方法，对于当下我们筹办公共医疗慈善事业也有着深刻启迪。民国时期的旅沪浙商，从其发展历史来看，又恰是当代浙商的前身。因此，我们进行民国时期旅沪浙商及其医疗慈善事业的相关研究，应认为是有必要的。

一　混杂社会的医疗慈善缘起

应当指出，近代中国的社会性质并非纯之又纯的封建主义或者资本主义可以概括，有学者认为这是一种夹在"封建主义与资本主义之间的过渡社会形态"（马敏，1994：11～12）。马俊亚认为，"中国近代社会形态是混合型的，中国近代社会的阶级同样也是混合型的"（马俊亚，2003：25）。事实上，近代中国社会的地域性差异极大，而同一地域出身的商帮群体则往往又呈现"你中有我，我中有你"的混杂形态。这种混合之中又杂糅了太多同乡同业等共同体要素的社会关系网络，构成了近代中国社会诸多领域的主要形态。笔者所提及的"混杂社会"主要指的就是这样一种社会形态。

需要注意的是，近代盛产浙商的宁绍地域水患灾害频发，各县时疫时有蔓延。每当冬春时节，宁绍各县往往久旱河干，寒冷不常，加之当地百姓饮食不洁，各县时有病疫发生。一村之中往往十室九空，一家之中十人九死，棺木石板所售一空，枕尸待装，不知其数（《申报》，1918a）。1918年，绍兴、余姚、上虞各县时疫流行，死亡相继（《申报》，1918d）。1923年，宁波地区疾病流行甚剧，起初腹痛，继则手冷腹泻，移时毙命，治愈者十无一二，城厢以江北岸及东门一带为最，乡镇以镇海柴桥镇为最，该镇患疫死者已一百二十余人（《申报》，1923）。1932年，绍属同乡来沪报告，"今秋亢旱之后，绍兴、上虞、余姚三县，时疫流行，疾发时往往施救不及"（《申报》，1932）。鉴于宁绍各属时疫蔓延，中国红十字会特派西医曹思勰等携带医疗器用由沪搭宁绍轮赴甬，分道组设防疫队（《申报》，1918b）。另有上海中国济生学会也前往宁绍等处施救时疫（《申报》，1918c）。事实上，不管是中国红十字会，还是上海中国济生学会，作为旅沪浙商的朱葆三、宋汉章、王一亭等人都是其核心领导成员。由此可见，近代宁绍地域疫情反复无常而且来势凶猛，几乎影响到了各区县及广大农村地区。旅沪浙商通过绍兴七县旅沪同乡会、中国红十字会、上海中国济生学会、宁波旅沪同乡会等各种途径向故乡父老施予援救。当然，这样说，也与近代中国半殖民地半封建条件下资本主义发生和发展的国情紧密相关。

事实上，相比"鱼米之乡"的杭嘉湖平原而言，宁绍地域地形复杂多样，生存的条件也自然恶劣很多。广大农村地区限于经济条件，医疗资源极为匮乏，一旦发现痢疾，基本宣告死亡。"病者辄以道途遥远，阻于方隅，又或病起一时，势难延缓。"① "乡民智识浅薄，伤风咳嗽，辄视症恙。"（宁波市政协文史委员会，2014：332～333）当时肺结核一症，为最严要的卫生问题之一，而初

---

① 《镇海同义医院二十年汇志·文献》。

期患者以为受寒伤风咳，且民间对于卫生常识之缺乏，既不能与病者隔离而居，又往往任病者随意吐痰，致传染愈广（宁波市政协文史委员会，2014：317）。由此可见，宁绍地域乡民由于缺少必要的卫生常识，往往误把肺结核等当作伤风咳嗽等寻常病症，一旦发现则直接毙命，再之平时随意吐痰等恶习，种种因素直接导致肺结核等越传越广。

另一方面，明清以降江南地区的善会善堂一度非常发达。单就宁绍地域而言，本地绅商一直有主持创办慈善机构的风俗习惯，这些善会善堂本身兼有施医送药功能。比如，鄞县的体仁局，道光十四年（1834）并立，施穷民棺，合和暑药以 6 月施送，置田 212 亩 7 分有奇。① 同治八年（1869），象山绅商郑泰焉、赵世阜等捐资创设敦仁堂，"办理施医、舍药、给棺、掩露、惜字、恤孤等善举"。② 光绪六年（1880），镇海绅商顾心田、沈履斋、向凤楼等人在镇海米行街筹设公善堂，设立医局，施医送药（《时事公报》，1922）。由此可见，宁绍地域历来就有兴办善会善堂的传统，这一方面固然是传统社会因果报应观念的历史延续，另一方面也是当地士绅在地方威望之表征。

所有这些变化，是在错综复杂的近代中国社会中进行的，是一个包含着复杂的利益矛盾与合作的过程。首先，虞洽卿、董杏生等旅沪浙商创办地方公共医疗慈善，最初发心也是受此过去的传统浸染。镇海同义医院发起人叶贻铨、虞和德等呈称："对于地方公益，如学校、消防保卫等事，均次第修举，筹资合办，惟医院未设，引为缺憾。……兹就本邑庄市镇东首横河堰地方，创设医院一所，名曰同义，取同乡尚义之意。"（宁波市政协文史委员会，2014：140）医院作为当时地方自治事业之一，有识之士普遍认为自当谋之（宁波市政协文史委员会，2014：29）。宁波作为通商口岸，风气开通亦早。当时除了洋人设立医院外，鄞有公益，慈有保黎，城中亦有公善医院，而乡镇独付阙如。叶雨庵、包雨塘、庄云章有鉴于此，商诸叶子衡发起创办。在沪在乡历次会商，先行组织，同志会友，章程就绪，禀县立案。就水陆交通之处，于庄市镇横河堰地方创设医院，名曰同义，意在救济贫病，以同济桑梓之义务（宁波市政协文史委员会，2014：129～130）。由此可见，虞洽卿等旅沪浙商虽然常年在外奔波，但他们仍与过去的地方绅商一样，最初更多是为了家乡父老以及地方自治事业的

---

① 董沛、张恕、徐时栋纂《光绪鄞县志》卷二《义举》，第 16 页。
② 陈汉章总纂《民国象山县志》，第 878 页。

发展。然就其思想观念的延续而言，同样受到明清以来江南地区办理善会善堂等传统观念的影响。

1911 年 1 月，嵊县芷湘医院由名医王遐达、旅沪浙商王晓籁、西医博士王孝本三兄弟创建，以父名芷湘命名。"嵊邑芷湘医院系邑绅王遐达、王晓籁兄弟私资所建，计建筑开办经常等费，共约二十万金，规模宏大。"（《申报》，1922）据悉，该院有西式楼房 4 幢，中式楼房 2 幢，计 63 间。初设中医、西医两部（嵊县志编纂委员会，1989：485）。1917 年，上虞马家堰乡旅沪浙商田时霖笃爱桑梓，拟在上虞设立医院一所。兹悉该院定名永济，其中一切规模参仿慈溪保黎医院办理，对于急症种痘等项尤为注重，至于开办费一层，已由田绅独立承担（《申报》，1917）。永济医院当时布置颇完备，内外妇孺各科均由陈召恩医生主任，其产科一门另延女医生支持（《申报》，1919）。1937 年，旅沪浙商宋汉章为造福桑梓，创设余姚阳明医院。嗣因中日事变遂告停顿，胜利以还纠合若干旅沪浙商，赓续旧志于 1936 年组织筹备会，以司其事。① 由此可见，近代以来，由旅沪浙商出资建设医疗慈善，已然成为宁绍地域基层社会治理的有机组成部分。

二 公共医疗慈善的组织及其配备

有别于一般意义上的公立医院，商人所办的私立医疗慈善一般由院董事会及院医护人员组成，部分医院还有董监事会，负责医院日常院务工作。例如，为谋乡间便利推广以及开通风气起见，经名誉董事庄保衡提议，镇海同义医院董事会决定常产、难产及重要外科手术费减半征收。药物只收定价之半，余均施送，故一般贫病者争赴之。为保持公众健康并予贫病者相当救济，院董监事会决定免收 10 里以内急救赤贫难产医金与舆金，住院难产只收膳金，不收医疗等费，并由医院广贴广告以便周知。② 由此可见，旅沪浙商在这些医疗慈善运作的关键节点有着非同小可的影响，尤其是由旅沪浙商组成的董事会在医院医疗费用减免、医院高层人事任命、普通医务人员招募以及医疗设备采购等诸多

---

① 《伪余姚县阳明医院概况》（1948 年 4 月），浙江省余姚市档案馆藏，旧政权档案，档案号：11 - 18 - 17 - 2。
② 《镇海同义医院二十年汇志·历年议案》。

方面发挥了举足轻重的作用。

（一）公共医疗慈善的组织架构

当时这些公共医疗慈善创建之初，医院往往会陆续订有同志会章程及医院章程两种。同时，他们还会驻沪设立医院董事会。例如，驻沪镇海同义医院董事会，专以保障同义医院基础及维护该医院经济等。董事会全体 5 人，若有 1 人缺席，须由其他 4 人负责延聘足数以维院务。董事会每年定常会 4 次，分春夏秋冬四季举行，必要时得随时召集临时会议（宁波市政协文史委员会，2014：321）。除同志会外，医院还会有董事会及理事会，为医院执行机关。以同志大会为最高权力机关，产生执监委员并经济总监，复由执监委员会征经济总监之同意聘请院长。① 由此可见，旅沪浙商在这些公共医疗慈善的创建之初还发挥着遥领的重要作用。

实际上，这一时期，宁绍地域部分县城仍存在传统善会组织的施医诊所。例如，嵊县毓源济生善会施医所，于 1928 年由旅沪浙商王晓籁邀同当地绅商喻忠唐等地方人士创设。② 据悉，该会施医所置理事长 1 人，理事 4 人，候补理事 2 人，监事 1 人，候补监事 1 人；置总务、施医、施药、救济 4 股，每股置主任 1 人或 2 人。1946 年 1 月，旅沪浙商代表人物王晓籁亲自敦聘西医张诗观先生为嵊县毓源济生善会施诊股义务医师。③ 由此可见，当时嵊县毓源济生善会集合同志，对己以修身养性为砥砺，对人则创办各种慈善事业以济生为目的。我们从救济设施人事调查表了解到，嵊县毓源济生善会的董事同样以商人群体为主，其中包括了旅沪浙商王晓籁，具体执行层面由嵊县商会前会长喻忠唐负责，此外还有茶茧商、嵊县商会前副会长张湘雯，宏济堂药号经理董西生等。④ 该善会既有明清时期传统善会善堂的旧道德一面，又有近代公共医疗慈善的主要职能，两者相得益彰，较好地体现了旅沪浙商与地方绅商群体的有机结合。

（二）公共医疗慈善的医务人员配置

一般而言，这些公共医疗慈善分为日常门诊与特殊诊断。日常门诊以驻院

---

① 《镇海同义医院二十年汇志·各种章则》。

② 《嵊县救济设施调查表》（1946～1949 年），浙江省嵊州市档案馆藏，敌伪政治档案卷宗，档案号：67-1-2-41。

③ 《有关毓源济生善会会员名单及行文》（1946～1949 年），浙江省嵊州市档案馆藏，敌伪政治档案卷宗，档案号：67-1-2-7。

④ 《嵊县毓源济生善会·救济设施认识调查表》（1946～1949 年），浙江省嵊州市档案馆藏，敌伪政治档案卷宗，档案号：67-1-3-24。

门诊为主，特殊诊断则是以疫情期间外出施医赠药为主。以余姚阳明医院为例，其聘请宋梧生博士为院长，当时余姚阳明医院临时门诊部开幕当天，求诊者络绎不绝，截至上午 12 时，应诊人数共 225 名，计外科 102 名，内科 98 名（急症 2 名），注射 25 名，由宋院长亲自主持诊疗（《宁绍新报》，1947d）。由此可见，地方的公共医疗慈善多以熟人主持工作，其中不乏高学历的亲友加盟。

由余姚县阳明医院医务人员资历一览表可知，① 第一，绝大多数医务工作者都接受过专业教育，其中不乏国立医学院毕业生，比如副院长兼外科主任李学易、内科主任李宗明以及妇产科主任毕婵琴等。院长宋梧生更是法国里昂大学医学博士。还有部分助理医师系刚毕业的医学院大学生，如外科助理医师章百哉系上海震旦大学医学院 1946 年毕业生，外科助理医师姜百男系英士大学医学部 1946 年毕业生，内科助理医师陆汾孙系上海震旦大学医学院 1947 年毕业生。第二，余姚阳明医院虽系地方县一级私立医院，但科室齐备，从院长到副院长，从内科、外科再到妇产科，从护理部到药物部，从化验师到助产士、药剂师，还有总务主任、病室护士长、护士、助理员等现代化医院应当具备的职位职员一应俱全。第三，从主要科室医生的履历可知，当时已出现持证上岗现象。例如，李学易副院长就持有部证 4647 号，李宗明主任就持有部证医字 1862 号，毕婵琴主任持有部证医字 2342 号，章百哉助理医师持有部证 887 号，其他姜百男助理医师与陆汾孙助理医师当时也在申领中。以上种种现象表明，余姚县的阳明医院具有独立法人资格，由旅沪浙商的至亲主持日常工作，大部分的医务人员接受过职业的医学教育，是一家初具现代化气息的正规私立医院。

（三）公共医疗慈善的医疗设备构成

通常，这些公共医疗慈善包括院舍建筑、医疗设备、病房设备、检验设备等，均由旅沪浙商或亲自，或委派专人负责采购与维护。以余姚阳明医院为例，该院董事会公推徐侠钧、史久鳌、严成德、罗四维、杨一顺等来姚验收。"徐侠钧等此来曾携有药品数十箱，因须报关之故，致稽延一日，始于 5 日到余姚县，即往该院包工代表遂部验收。晚间由邵余庆、张克和两人在中一信托公司设宴，为徐等洗尘，晚餐后该院沪姚两方董事，假中一信托公司会议室举行座谈会，

---

① 《伪余姚县阳明医院概况》（1948 年 4 月），浙江省余姚市档案馆藏，旧政权档案，档案号：11－18－17－3。

商讨院方四周布置花木办法，及收取病人住院经费诸问。闻罗四维、杨一顺已返沪。"（《宁绍新报》，1947e）需要注意的是，当时上海中一信托公司在余姚设子公司，旅沪浙商徐侠钧一方面负责验收余姚阳明医院，另一方面负责沟通公司商务事宜。实际上，宋汉章作为旅沪浙商的领导性人物，主要起牵头引领作用，具体执行分别由严成德、潘久芬、徐侠钧、杨一顺等同人负责。而旅沪浙商严成德、潘久芬是宋汉章银钱事业上的左膀右臂，两位长期担任中国银行副理一职，其中严成德长期担任中一信托公司负责人。

余姚县阳明医院拥有院舍建筑假 4 层院舍 1 所，2 层宿舍 1 所，厨房及洗衣间 1 所，太平间、车间 1 所，公共厕所 1 所，活动房屋 2 所。医疗设备有内科静脉与皮下盐水注射器、腹水与胸水穿刺器、胸骨穿刺器、腰脊穿刺器、输血与静脉切开术之设置、人工气胸直肠镜检查设施。X 光科设备有 Fishhez 30M. A. XI、Pihchen 15M. A. XI X-Ray Fishez。外科及手术室有可折器械台、开刀灯具、开刀台架。[①] 一般开刀用具大部齐备。妇产科有产床（最新标准式）1 只、手术用灯具、消毒器、各种难产用具齐备，输血管通气器全套、子宫颈扩张器及子宫剖术用具全套、产前检查器械全副、婴儿磅秤 1 具。病房设备（行总赠与务资）有病床 150 只、靠背架 6 只、枕套 300 只、睡衣裤 100 套、绒毯 108 条、羊毛毯 25 条、羽毛枕 25 只、绿蚊帐 2040 码、床垫 50 只、被毯 6 捆。自行装置有电铃，每床 1 只，床几、靠椅、痰盂每床 1 只，水电卫生设备俱全。[②]

同时，部分公共医疗慈善工作人员全凭义务，不予支薪。例如，嵊县毓源济生善会所办的慈善事业需款并无定额，全由理事开会核定，实支实销，各理事及办事人员各尽义务，不支薪给。[③] 由此可见，当时这些公共医疗慈善虽没有固定的经费划拨，但实际的门诊开销全靠理事们的义务支撑。这也从另一个角度说明，经费筹募正是浙商兴办这些公共医疗慈善的重中之重。

---

① 《伪余姚县阳明医院概况》（1948 年 4 月），浙江省余姚市档案馆藏，旧政权档案，档案号：11 - 18 - 17 - 4。

② 《伪余姚县阳明医院概况》（1948 年 4 月），浙江省余姚市档案馆藏，旧政权档案，档案号：11 - 18 - 17 - 5。

③ 《嵊县毓源济生善会简则》（1946～1949 年），浙江省嵊州市档案馆藏，敌伪政治档案卷宗，档案号：67 - 1 - 3 - 10。

三 公共医疗慈善的经费筹募及其运作体系

通常，医疗慈善的经费源于捐款，募款方式可分董事会董事个人特别捐、同乡同业日常捐、地方公款等多种。关于董事个人特别捐，如鄞奉公益医院"独立捐建洋式病室 5 间，迄冬月大致告成。本年（指 1920 年）复由何氏二君捐银 1000 元，筑造石砌并墈上垣墙，填筑病室及院舍外四周土方。……至病室内应备具由孙梅堂君募资购办，亦略完备"。① 同乡同业日常捐如"本院经费悉由同志热心捐输经募，并由经济总监之筹划而来"。② 镇海同义医院，历经世界经济恐慌及我国农村破产与国难严重之时期，幸能在风雨飘摇之中维持不坠，端赖乐善君子有以助成之也（宁波市政协文史委员会，2014：73）。实际上，不管是董事个人特别捐，还是同乡同业日常捐，都不足以满足宁绍地域医疗慈善的长期开支运行，这就迫切需要有一个专门的机构负责医疗慈善的经费筹募工作。

在创办医疗慈善之前，不少旅沪浙商往往都会成立专门的董事会，董事由同业或同乡所组成，董事间不少掺杂有股东或姻亲关系，董事会同时会邀请具有一定社会威望的旅沪浙商担任首席董事。如余姚县阳明医院创立基金 30 亿元，基金董事会组织计董事 42 人，董事长宋汉章，副董事长严成德、洪元初，财务董事潘久芬、沈景樑、洪佐尧、沈浩生、吴柏年、罗四维。③ 事实上，像宋汉章、严成德、潘久芬、沈景樑等都是绍帮上海银钱业的资深前辈。宋汉章长期担任中国银行高层领导，1925 年曾出任上海总商会会长；而严成德曾担任中国银行沪杭副经理，后担任中一信托公司董事长；潘久芬曾长期担任中国银行副经理；而沈景樑担任宝丰钱庄总经理。以上四位均为沪上浙商的翘楚。

（一）董事会董事个人特别捐

这些公共医疗慈善的募款赈济活动往往会选择在上海举行，一般先由董事

---

① 《鄞奉公益医院第二次报告书·进行事略报告》。
② 《镇海同义医院二十年汇志·各种章则》。
③ 《伪余姚县阳明医院概况》（1948 年 4 月），浙江省余姚市档案馆藏，旧政权档案，档案号：11 - 18 - 17 - 4。

会成员登报，然后择一日在同乡会公所或董事会的董事公司举办劝募活动。例如"余姚旅沪巨绅宋汉章，为纪念先贤王阳明先生，特于去年发起创办'阳明医院'，筹集资金8万万元，昨在外滩中国银行3楼，举行全体董事会议，到丁山桂等20余人。公推宋汉章、洪元初、严成德、徐侠钧等19人为常务董事，并由宋汉章任董事长"（《申报》，1947）。又如"假此间客室举行（慈溪）保黎常任董事会。由余主席请魏友棐记录。余主席先报告医院现状及筹费之必要，次议设董事会于上海，在慈另设办事董事"。① 实际上，董事会的董事往往兼有同乡同业之缘，不少旅沪浙商还是合伙企业的股东。比如严成德、潘久芬、沈景樑同时也是上海中一信托公司的董事。为此，沪上的募款活动往往在同乡会会所或者同乡的公司如宋汉章之中国银行举行。每一次劝募活动，同时也是旅沪浙商见面沟通的机会，这对于商人来说尤为重要，尤其是旅沪浙商与同乡前辈畅叙乡情，也是一次无障碍的商业合作交流会。

作为董事会董事个人特别捐的董事长，威望在旅沪浙商中可能不一定最高，但责任心无疑是最强的，所付出的心血自然也最多。如旅沪浙商董杏生更为深谋远虑计，征请同乡前辈私人共同参加该院事，而董杏生被推为董事长，岁中各斥巨资，以补经费之不足。俞佐庭、方稼孙、刘敏斋、乐汝成四人皆旅沪巨绅，令闻广誉，桑梓硕望，乐善而好施予者（宁波市政协文史委员会，2014：113）。由此可知，董杏生、俞佐庭、方稼孙、刘敏斋、乐汝成等人都是极富责任心的旅沪浙商，正是有了他们所搭建的由同乡组成的董事会等组织，广大旅沪同乡才能发挥热忱，真正将劝募基金工作有条不紊地进行下去。

还应该指出，旅沪浙商对于时疫医院的支持地域性较为明显，他们因具有同乡地缘优势，作用极为关键。1947年，为了防止疫疾流行，定海临时时疫医院开诊，兼治其他病疾。诸位董事即席自非叙餐，由陈翊庭董事代表桑梓贫病，向陈连宝、郭宝昌、邱国桢等热心辛劳者敬酒致谢（《宁绍新报》，1947c）。该院最初经费额定1亿元，先由王启宇、周三元、马仲达合填1000万元。定海旅沪同乡会议决："（甲）另设医院定曰定海旅沪同乡会主办定海临时时疫医院；（乙）公推王启宇为主任委员，邱国桢为总务主任，陈连宝为财务主任，林熊飞为医务主任；（丙）暂假城内都神殿为临时时疫医院院址；（丁）经费劝募数

---

① 《陈谦夫先生纪念册·日记》，1947年印行。

额为一万万元。由王启宇、周三元、马仲达三君先合垫付一千万元，即席推聘王统元、包赓笙、周祥生、周三元、马仲达、夏才圭、陆守伦、梁凤翔、刘念义为劝募委员，并请洪琪良君为定海办事处主任，郭宝昌、舒明量为副主任。"（《宁绍新报》，1947b）由此可见，旅沪浙商以各自的旅沪同乡会为基轴，并与其他旅沪商会相熟稔。单以旅沪浙商陈翊庭为例，他既是奉记玻璃厂经理，还是上海总商会的执行委员，同时兼有定海旅沪同乡会会长职务。

（二）同乡同业日常捐

这种同乡同业日常捐的募款方式，不外乎董事会牵头动员同乡募捐、组建征募小队以及登报通告几种。不少旅沪同乡受旅沪浙商的桑梓情怀感召，纷纷加入这个队伍中来。余姚县旅沪金融巨子宋汉章，会同沪上同乡募集巨款发起筹建阳明医院于余姚城西水阊，该院董事上海中国银行协理潘久芬、医学博士宋梧生以及海上巨商罗四维、杨一顺等，均联袂专车自沪抵县（《宁绍新报》，1947a）。镇海同义医院自开诊以来，成效卓著，所有前捐巨款概作建筑及开办之用，已详载报告册。鄞奉公益医院理事长江西滇日夕奔走于诸慈善之门，往来沪甬各地，呼吁请求，席不暇暖，募集公私款项 3 万余金。① 应该说，旅沪浙商内部夹杂了太多的同乡同业甚至师生关系，这给同乡同业日常捐款带来了诸多的便利，同时亲缘关系也有利于进一步凝聚人心，加强商业合作上的互信与认同。

事实上，旅沪浙商的同乡同业日常捐也有购买公债券为基本金、众筹、定向捐赠等多种方式。鄞奉公益医院在上海开会，何绍庭、江北滇、陈益钦、何天生议决设法募集 2 万元，购公债券为基本金，由孙梅堂、江西滇各认募万元，1920 年医药预算 2400 元亦由二君分半承担（宁波市政协文史委员会，2014：73）。樊时勋以 300 金首倡，后又约戚友量力饮助，不到数月功夫而集 3000 余金（向道深，2012：229）。上海交通银行慨以鄞奉公益医院迁居新屋筵移资助洋 100 元（《申报》，1920）。由此可见，旅沪浙商的筹募方式不仅多种多样，而且遥遥领先于过去一般意义上的劝募活动。

医院董事会由旅沪浙商担任董事，并定期组织董事常务会议，共商医院日常规章制度等事项。"镇海同义医院，院务由叶雨庵暨董监会、旅沪干事诸君主

---

① 《鄞奉公益医院第二次报告书》。

持，余纵在局外亦颇关怀。……余自维才铨识浅，恐未克臻此重任，第为桑梓幸福计，为贯彻初衷计，均属义不容辞。是为余直接参与院务之始。"（宁波市政协文史委员会，2014：165）镇海同义医院，由旅沪募捐事务所诸君热心积极筹建，同人殊深钦佩，无不竭诚劝募。普通诊期原定号金每名小洋1角，贫病诊期号金每名铜元6枚，贫病诊期求诊者众，当时"医务上恐难遍及，不如改为每日上午每名号金铜元6枚，以昭平允"（宁波市政协文史委员会，2014：162~163）。由此可见，由旅沪浙商组成医院董事会并负责医院院长的任命工作，医院门诊的费用极为低廉，这种种优势条件在很大程度上保证了基层百姓的福祉。

随着报纸等新式媒体的不断普及，民国时期这些公共医疗慈善的募集资金活动也往往采用登报形式。大凡捐户姓名、捐款数目以及日常开支等通过上海申、新两报或以征信录的形式加以开诚布公，以示鼓励。例如，庄祥泰认为筹捐事宜应登日报，经叶雨庵议宜登上海新、申两报以及宁波《四明日报》，以一星期为限，须间日登载，得延至两星期，俾众咸知，以资易于筹捐（宁波市政协文史委员会，2014：160）。鄞奉公益医院规定，凡捐户姓名、捐款数目以及经常收支、各项规约，或条分缕析，纲举目张，或详加统计，胪列图表。每届年度终了，必举其概况，刊登篇幅，以供众览。① 由此可见，民国时期，登报筹资已相当成熟，这种方式一方面有利于劝募基金，另一方面账目的不断公开化也有利于广大浙商的社会威望进一步扩大。

四　公共医疗慈善背后的浙商社会关系网络

事实上，近代上海市场作为一种组织形式，历来是各地商帮和金融投资家的天堂。在近代上海的"混杂社会"之中，地域往往又是精心构建复杂的社会基础设施最重要的因素（安克强，2022）。事实上，早在明清时期，上海一地商人团体的发展就已经呈现出愈往后乡土的结合愈凝固，他们之间壁垒森严、分割市场的状态（傅衣凌，1956：39）。尤其是在近代上海的工商业与金融界，旅沪浙商又是诸多地域性商帮中的佼佼者。这些旅沪的商人积

---

① 《鄞奉公益医院十九年度报告册·弁言》。

聚在城市中，他们通过地缘、业缘等共同体要素来保护自身的利益不受侵害。宁绍地域这些公共医疗慈善的陆续开设，离不开广大旅沪同乡尤其是旅沪浙商的大力支持，更考验董事会尤其是董事长的持续性付出。

这些公共医疗慈善之所以产生，一方面固然是由于同一地域出身的旅沪浙商的社会身份地位，另一方面也是商人出于日常社会交往的需要。随着宁绍地域公共医疗设施的建立，宁绍地域的社会经济脉搏也紧随着中国经济中心上海而跳动。这种公共医疗慈善的陆续开设，自然离不开地方上较为宽松的营商环境。例如，1921 年 6 月 14 日，宁绍地域的黄道尹专程赴沪邀集朱葆三等旅沪浙商 30 余人，于 16 日午刻假座四马路一枝香，开会集议筹款（宁波市政协文史委员会，2014：104）。旅沪浙商何绍裕、何绍庭独立捐建洋式病室 5 间，迄冬月大致告成。后复由何氏二君捐银 1000 元。奉化知事姜若氏乃据情面请会稽道尹张公鼎铭奖何绍裕、绍庭二君，以"荫庇恫瘝"四字悬额（宁波市政协文史委员会，2014：73～74）。由此可见，不仅部分地方官员亲赴沪上邀请旅沪浙商参与家乡地方建设，而且政府还会褒奖部分佼佼者，这样的营商环境自然有利于旅沪浙商不断为家乡做出贡献。

另一方面，这些公共医疗慈善的实际出资人为旅沪的商人群体，他们与现实的政治会保持一定距离，始终以救济贫病作为第一目的，部分地区的公共医疗慈善甚至还带有明清以来传统善会善堂的惯习。例如，嵊县毓源济生善会要求提倡道德、救济贫苦，不涉党派政治。[①] 该会以维持道德、倡化善俗、救济贫病、实行公益为目的。[②] 实际上，嵊县毓源济生善会本身并无固定经费，每年由各会员之介绍，听凭本会会员或乐善家自动乐输，公决分配开支。[③] 例如，每本捐册募足 50 元者，如系 1 户所捐，该户在本院立单式长生禄位，并为永远董事，每年酌给免费优待各券若干，若系 2 户以上零星所捐者，则一切享受俱由经募人出面；每本捐册募足 100 元者，如系 1 户所捐，该户在本院立复式长生禄位，余同前；每本捐册募足 300 元、500 元、1000 元者，除照前条办理外，按照捐数呈

---

① 《嵊县毓源济生善会简则》（1946～1949 年），浙江省嵊州市档案馆藏，敌伪政治档案卷宗，档案号：67－1－3－1。

② 《嵊县毓源济生善会简章》（1946～1949 年），浙江省嵊州市档案馆藏，敌伪政治档案卷宗，档案号：67－1－3－6。

③ 《嵊县毓源济生善会简章》（1946～1949 年），浙江省嵊州市档案馆藏，敌伪政治档案卷宗，档案号：67－1－3－6。

请地方长官分别给奖；免费优待各券应如何给法，俟捐册交齐后，请经募人开会公议（宁波市政协文史委员会，2014：72）。由此可见，该会捐额以自愿为主，同时数额并不算大，作为民国时期的地方善会组织明显有旧道德的影子在。

随着上海金融业的不断发展和交通方式的改进，旅沪浙商有了更大的灵活性。这些公共医疗慈善陆续开办，旅沪浙商之间开始有了比较明显的合作往来。这些公共医疗慈善的陆续创办，间接扩大了旅沪浙商对地方社会的影响，同时也是旅沪浙商抱团取暖的另一种表现形式。以余姚县阳明医院为例，其中不少医院董事均为中一信托公司的常务董事及董事。院长宋梧生博士是中一信托公司的董事，医院董事潘久芬、严成德、罗怀凯等人也是中一信托公司的董事。此外，嵊县王晓籁担任了中一信托公司的董事长，上虞裴云卿担任了中一信托公司的常务董事。余姚方面的宋汉章、王鞠如、阮葭仙等人担任中一信托公司的董事，上虞方面的李济生、田亦民、袁钝初亦担任中一信托公司的董事。① 实际上，中一信托公司常务董事沈景樑、裴云卿是上海钱业公会资深经理，董事宋汉章、严成德，常务董事潘久芬又是中国银行的同事兼余姚同乡。董事田亦民、协理田我醒还是上海钱业公会会长田祈原同族。我们注意到，虽然中一信托公司董事的籍贯有嵊县、嘉定，但主要是上虞、余姚邻县；行业分布以同润钱庄、宝丰钱庄、滋丰钱庄、安裕钱庄、衡通钱庄等上海钱庄绍兴帮为主，亦不乏新式银行如中国银行、光华银行、中国垦业银行、中华懋业银行等，其中还有如胡庆余堂国药号、久记木材公司、永兴祥五金号、大中化学工业厂、南洋煤球厂、广益书局、义泰兴煤号、协兴记木行等商号。② 实际上，他们的身份往往是多元的，甚至可以说是"混杂"的。此外，我们发现，部分董事在居住地选择上，也往往会与同乡比邻而居。事实上，他们既是绍兴七县旅沪同乡会的领袖级人物，同时也是中一信托公司的董事成员。此外，他们还是余姚阳明医院、余上永济医院的董事会董事。

总体来看，自从五口通商以来，身处"混杂社会"的旅沪浙商一直是上海商界翘楚。而由旅沪浙商发起的公共医疗慈善的数量，也是无法精确统计的。

———————————

① 《中一信托股份有限公司现任董事监察人及重要职员姓名籍贯住址清册》（1947 年 7 月 28日），上海市档案馆藏，档案号：Q92－1－505。

② 《中一信托股份有限公司现任董事监察人及重要职员姓名籍贯简历清册》（1947 年 7 月 28日），上海市档案馆藏，档案号：Q92－1－505。

因为近代绝大部分的公共医疗慈善，是私人募集捐赠的。因此，这些公共医疗慈善，对旅沪浙商而言，又是非营利性慈善事业。由旅沪浙商发起的这些公共医疗慈善，也是近代中国慈善史一个重要的侧面。

图 1　阳明医院旅沪董事摄影纪念

图片来源：余姚市人民医院官网，http://www. yyhospital. com/col/col7813/index. html。

五　结论

由上述可知，"混杂社会"的医疗慈善事业正是针对民国时期的医疗慈善事业而言，当时正处于传统中国社会的善会善堂向现代慈善公益事业转型之际，作为社会重要力量的商人群体发挥了举足轻重的作用。案例研究反映出，民国时期的旅沪浙商通过旅沪同乡会、上海钱业公会等社会关系网络，将分散各处的商人整合起来，无形中凝聚成一股不可忽视的社会力量，从而将医疗慈善事业进行到底。"混杂社会"有如下三个特点：其一是社会人群的边界模糊，不少人物兼有多种身份，并从其中产生了具有一定影响力的人物，他们使用先进的技术手段或拥有相当实力的社会财富，雇用了大批的劳动者。其二，在"混杂社会"的历史条件之下，传统意义上的中央政府往往处在弱统治的情况下，地方的商人、官僚、地主三位一体，不断加强对地方社会的治理，不亟亟于物质生产活动。其三，身处"混杂社会"的商人群体一方面面临外资压迫、封建势力的经济阻碍，另一方面又迫切想要得到政府的支持。而获得政府支持的商人，又往往是德高望重、与官场及地方公益慈善事业紧密关联的善人。总之，笔者认为民国时期，宁绍地域的宁波、绍兴、余姚、嵊县等地的医疗慈善事业发展正是得益于近代上海对周边城市的不断辐射与涓滴效应，其中主要得益于旅沪浙商的报团取暖与地方实践。

本文的主题是民国时期的旅沪浙商在宁绍地域如何建立起一批公共医疗设施，这些公共医疗慈善活动如何影响了近代浙商的不断发展，促使浙商成为近代中国重要的地域性商帮群体。

从中我们可以得到如下启示：民国时期旅沪浙商创办这些公共医疗慈善，是浙商关怀桑梓的一种表达方式，正是由于这些公共医疗慈善的陆续创办，作为新兴的地域性商帮群体的旅沪浙商的威望和口碑得以比较迅速的提升。早期旅沪浙商协助外国洋行推销洋货、搜罗土产，获得资本。而这些资本有相当一部分由钱庄的利润转化为银行信托等，部分旅沪浙商还建立起属于自己的企业，从而取得更多的企业利润。旅沪浙商资本从商贸流通领域向社会医疗慈善领域转化，旅沪浙商从附着于外国企业到自办企业，代表了其由明清时期传统意义上的商帮群体向近代企业家的不断转化，客观上亦是历史之进步。于今而言，针对民国时期"混杂社会"医疗慈善事业的研究，对于当下发展慈善事业尤其是医疗慈善事业尤为重要。地方政府尤其要重视旅外商会对本地公益慈善事业的作用，加强政策层面的有机引导，在各项优惠条件上，执行要落在实处。在当前的推进共同富裕事业中，重要一环就是动员广大社会力量，尤其是要发挥商人群体参与中国医疗慈善事业在实施国家重大战略、促进中华民族伟大复兴中的积极作用。

当代浙商是积极落实共同富裕的重要力量，公共医疗慈善又是眼下中国百姓最为关切的问题之一，着力推进浙商与公共医疗慈善的相关研究发展显得尤为重要。实际上，不管是民国时期还是当下，旅沪浙商群体在金融、贸易、航运等商贸流通领域颇有建树，与浙江的社会经济往来历来密切频繁。旅沪浙商宁绍地域的医疗慈善事业发生和发展的过程，也正是中国近代企业家创办地方公共医疗慈善事业的缩影。如果一部分浙商、地主和官僚是近代企业家的前身，那么一部分公共医疗慈善机构就是近代中国地方公共医疗慈善机构的先声。民国时期的浙商群体，从其发展的历史来看，不仅延续了明清时期商人的特点，更是拉开了当代浙商的帷幕。因此，我们进行民国时期浙商及医疗慈善事业的研究，应认为是极为必要的。

总之，对"混杂社会"医疗慈善的分析，可以使我们明白民国时期诸如宁波、绍兴、余姚、嵊县等地的公共医疗慈善实践与旅沪浙商的各项事业发展相辅相成，互为促进。同时，这些公共医疗慈善的开设与运行，也有利于增进地方各界的福祉，加快了近代以来江浙地区的现代化进程。随着医疗技术进步带来的卫生常识和个人责任意识的不断丰富和增强，由旅沪浙商组成的各色旅沪同乡会、商会、行业公会变得更为活跃。由此可见，旅沪浙商最主要的意义也许并不在于创办了多少个公共医疗慈善，而是在于基于地域性人群的共同利益所创造的独特的社会人力资本，能够以更加分散与多元的方式增强市民的规范意识和职业自觉性。另一方面，旅沪浙商创办这些公共医疗慈善更有利于互信合作，使雄厚的货币资本更好地与产业资本对接并转化，将有业缘、地缘的潜在力量作为自己合作的对象，这一模式使近代以来的旅沪浙商群体从众多传统的地域性商帮群体中脱颖而出，同时亦使地方社会不断发展。

参考文献

〔法〕安克强（2022）：《镰刀与城市：以上海为例的死亡社会史研究》，刘喆译，上海：上海社会科学院出版社。

傅衣凌（1956）：《明清时代商人及商业资本》，北京：人民出版社。

郝先中（2005）：《西医东渐与中国近代医疗卫生事业的肇始》，《华东师范大学学报》（哲学社会科学版），第 1 期。

胡成（2010）：《何以心系中国——基督教医疗传教士与地方社会（1835～1911）》，《近代史研究》，第 4 期。

马敏（1994）：《过渡形态：中国早期资产阶级构成之谜》，北京：中国社会科学出版社。

马俊亚（2003）：《混合与发展——江南地区传统社会经济的现代演变（1900～1950)》，北京：社会科学文献出版社。

宁波市政协文史委员会编（2014）《甬商办医：宁波帮与近代宁波医疗慈善史料集》，宁波：宁波出版社。

《宁绍新报》（1947a）：《阳明医院行奠基礼》，创刊号，第 7 页。

《宁绍新报》（1947b）：《沪讯：定海同乡会筹设临时时疫院》，第 8 期，第 2 页。

《宁绍新报》（1947c）：《沪讯：定海旅沪绅商继续救助贫病》，第 11～12 期，第 3 页。

《宁绍新报》（1947d）:《乡情：姚民福音阳明医院开幕》，第 13 期，第 6 页。

《宁绍新报》（1947e）:《余姚阳明医院院舍落成，董事会派员验收》，第 17 ~ 18 期，第 10 页。

《申报》（1917）:《上虞：马家堰创办医院之近况》，6 月 11 日，第 2 版。

《申报》（1918a）:《绍兴时疫剧烈之来函》，10 月 19 日，第 2 版。

《申报》（1918b）:《杭州快信》，10 月 24 日，第 2 版。

《申报》（1918c）:《上海中国济生学会谨告》，11 月 1 日，第 1 版。

《申报》（1918d）:《杭州快信》，11 月 2 日，第 2 版。

《申报》（1919）:《绍兴：永济医院大扩充》，2 月 26 日，第 2 版。

《申报》（1920）:《鄞奉公益医院敬谢》，6 月 30 日，第 3 版。

《申报》（1922）:《绍兴·芷湘医院落成》，3 月 5 日，第 3 版。

《申报》（1923）:《地方通信·宁波》，9 月 3 日，第 3 版。

《申报》（1932）:《寄送大批治疫良药》，9 月 8 日，第 4 版。

《申报》（1947）:《余姚旅沪人士创办阳明医院》，5 月 22 日，第 4 版。

《时事公报》（1922）:《义务医院之发达》，6 月 11 日。

陶飞亚、王皓（2014）:《近代医学共同体的嬗变：从博医会到中华医学会》，《历史研究》，第 5 期。

嵊县志编纂委员会编（1989）:《嵊县志》，杭州：浙江人民出版社。

向道深（2012）:《镇海公善医院记》，龚烈沸编著《宁波中医药文化志》，北京：中国中医药出版社。

周秋光（2000）:《民国北京政府时期中国红十字会的慈善救护与赈济活动》，《近代史研究》，第 6 期。

Medical Charity in a Mixed Society: Zhejiang Merchants in the Republic of China and the Construction of Public Health Care in the Ning-Shao Region

Shao Gangfeng

[**Abstract**] How did Shanghai-based Zhejiang merchants enter the construction of public health care in the Ning-Shao region? This article de-

混杂社会的医疗慈善：民国旅沪浙商与宁绍地域的公共医疗建设

scribes in detail the origins of public health care construction, the personnel organisation model, the capital operation system and the social network behind this case, the Shanghai and Zhejiang merchants in Ning-Shao during the Republican period, and presents it within the framework of the concept of "mixed society" in modern China. It also presents the cooperative strategies and non-institutional arrangements between the Shanghai and Zhejiang merchants during the Republican era, in which "you have me and I have you". This article summarises the common practices of the Shanghai and Zhejiang merchants and the construction of public health care in the Ning-Shao region: the Shanghai and Zhejiang merchants used the Ningbo and Shaoxing Seven Counties Associations as the backbone of their associations and the greater Shanghai as the stage to raise funds for public health care institutions through special donations from merchant directors and annual donations from fellow merchants. In modern times, these public medical charities range from the continuation of traditional charitable societies such as the Sheng County Yuyuan Jisheng Shan Association, which Wang Xiaolai donated to, to the new hospital, the Yuyao Yangming Hospital, which was funded by Song Hanzhang and headed by Dr. Song Wusheng, a medical doctor. In short, this network of social ties, based on fellow villagers and businesses, continues to strengthen the ties between expatriate merchants and their hometowns, thus ensuring a chain of merchant interests in their hometowns.

[**Keywords**] Shanghai and Zhejiang Businessmen; Ning-Shao Region; Charitable Organizations; Social Governance

责任编辑：罗文恩

秩序与机制：一个西南农村民间组织对乡村社会关系修复的案例[*]

李秋华^{**}

【摘要】 近年来，在传统丧葬文化保持得较为完好的贵州农村地区，葬礼操办存在一种从宗亲互助向地区性邻里互助转变的趋势。贵州省石桥村建立专门的丧葬互助组织"龙杆会"，通过应急策略、集体制裁、互惠原则等规约机制，以及场景安慰、主家信任、集体依赖等情感机制，以"村民小组—社区—村庄"的互助逻辑调整着乡村社会关系。该组织在促进乡村劳动力回流、加强人情往来以及加固村落团结等方面都发挥着重要作用。可为在农村空心化程度不断加剧的今天，就修复村庄共同体关系问题提供一个有益的实践案例。

【关键词】 农村民间组织；"龙杆会"；乡村社会关系

现有研究对农村民间组织的关注度总体不高。以 CNKI 全文数据总库为例，以"SU = 民间组织""SU = 农村民间组织"分别进行专业检索，显示文献总量为 11341 篇，其中农村民间组织仅为 282 篇。通过文献梳理可以发现，农村民间组织的研究与我国社会经济环境密切相关。我国关于农村民间组织的探讨始

---

* 本文为国家民委项目"民族交往交流交融视域下湘黔边区四十八寨歌场功能研究"（2021-GMG-037）、国家社会科学基金项目"西北少数民族女性经济能人社会作用调查研究"（18BMZ113）的阶段性成果。

** 李秋华，厦门大学社会与人类学院博士研究生，研究方向：文化人类学。

于 20 世纪 90 年代初，围绕农村借贷问题及相关农村经济组织展开。21 世纪初，"社会主义新农村建设"相关问题曾引发一时研究关注，但近十年来研究呈放缓趋势。在研究内容上，多从定义、功能、发展阶段与发展动力、存在的问题与原因对策等方面进行论述（张平、周彩虹，2008：21~27）。在研究方法上，侧重宏观理论论述。这与研究主要涉及管理学、政治学、经济学、法学等学科背景相关。从人类学、社会学视角对农村民间组织展开的专门研究数量相对较少，特别是较少涉及农村民间组织和社会关系基础等方面的讨论，因此不能很好地透析在具体的社会条件下农村民间组织在协调社会关系时运用的实在机制。

人类学学科对乡村社会关系的理解，至今仍以费孝通先生的"差序格局"理论为经典。随着城市化转型，众多研究者认为当下的乡村社会关系呈现轻血缘情感、重社会资本的状态。利益的吸引使他们不断扩大自己的关系网络，地缘、拟血缘、姻缘、业缘、团体格局也成为重要构成（宋国庆等，2008：52~55+62）。此外，在人口流动频繁的当前乡村社会关系中，半熟人化的"人情关系"也是重要的构成部分。此中研究如阎云翔对礼物的人情研究、黄光国的"人情与面子"理论等，侧重理性计算与工具性考量。他们认为人情关系的主要特点有看重交换和回报、容易代际断裂等（金晓彤、陈艺妮，2008：76~79）。总体而言，现有关于乡村社会关系的人类学研究在一定范畴下解释较为充分，但由于城市化转型下乡村社会的复杂性，其切入视角还有待丰富和深入，调节乡村社会关系的具体媒介及其运行表现等还可以继续讨论。

鉴于上述研究成果，本文从农村丧葬互助组织"龙杆会"切入展开对乡村社会关系的研究，其原因主要有二：第一，本研究案例所处的社会关系环境具有一定代表性。本文所调查案例"龙杆会"①所在生境的社会结构，既有以宗亲为主的"熟人"社区，又有以邻里为主的"半熟人"社区，因此可展开研究该类组织在协调社区内部关系及联合二者、团结村庄等方面的具体表现及运行机制。第二，本文的研究案例白事互助组织"龙杆会"，具备协调乡村社会关系的特殊功能。白事属突发事件，在操办的人力物力上天然依赖人际互助。且当地白事观念重，村民们普遍存在"去看一眼"这种朴素的人文关怀，较为强调集体在场。但该村劳动力常年外流，人们一般逢红白喜事及法定节假日方才返家，

---

① "龙杆会"，一说为"龙杆"，即白事抬老人上山埋葬时挑棺材用的龙杆；又说"拢干会"，聚拢大家一起做事之义。民间说法都可通行，本文以前者为叙。

因而需要组织规约的介入，以保障白事操持与吊唁的在场性。由此看来该组织具备调动在场与返村村民的社会凝聚功能，就此展开研究可了解农村民间组织在调节乡村社会关系问题上的具体表现与功用。

一 "龙杆会"的生境与起源

石桥村（107.85°E，26.39°N）位于贵州省黔东南州丹寨县南皋乡，平均海拔约为 750 米，属低山地貌，北亚热带季风性温湿气候。该村面积 9.85 平方公里，耕地较集中，耕田分布在河两岸和山冲上，土地分布在半山坡或坡塝中，山上主要为林地（文兴林，1987：184～185）。

（一）生境

石桥村是一个苗族村庄。2018 年，石桥村全村共 325 户，总人口为 1380 人，80.9% 为苗族，以在村务农与外出务工为主要生计方式，当年外出务工人口约占劳动力人口的1/3。① 该村含 4 个自然寨，6 个村民小组。② 因地理环境、经济社会文化等方面的差异，当地人习惯上将石桥村分为石桥社区和大簸箕苗寨社区两个结群形态（见图 1）。

1. 石桥社区

石桥社区是由村委会驻地、以古法造纸商业街纸街为中心的大寨，移民进出的荒寨和进行旅游开发及移民安置的新村等三个自然寨组成，居住一至四村民小组。2018 年，石桥社区有 203 户 851 人。王姓是该村的最大姓氏，但石桥社区的非王姓户数占该社区总户数的 70.2%。③ 石桥社区由于可接受外来住户定居等，约从元代始有王、杨、李、龙等十余个姓氏，从江西、湖北、湖南、山东及贵州都匀等地由于屯兵、战乱、逃荒等陆续迁入。④ 在民族成分上，除占 71.5% 的苗族外，汉族占 25.9%，还有少量布依、仫佬、水、苗、壮等民族。⑤ 可见，石桥社区是一个接纳外来移民，且内部多有流动的杂居式多民族

---

① 参见石桥村村委会内部资料。
② 民间习惯上以大寨、荒寨、新村、大簸箕寨 4 个自然寨作为"石桥村"，后并入石桥村行政管辖的太平寨七、八村民小组不为本文所涉指。
③ 参见石桥村村委会内部资料。
④ 据家谱字辈推算，王姓可能为该村最早先民，在石桥村已有 31 辈，约 750 年的历史。
⑤ 参见石桥村村委会内部资料。

社区。近年来，随着政府对石桥村古法造纸旅游业的开发，石桥社区约1/4的农户直接或间接从事古法造纸作业、农家乐等旅游业。近年来，该社区的旅游业虽受疫情冲击影响较大，但总体而言，整体商业氛围相对浓郁，社区布局较松散，村民与外界接触更为频繁。

2. 大簸箕苗寨社区

大簸箕苗寨社区是指大簸箕自然寨，位于石桥村东部，距离村委会驻地约1公里，居住五、六村民小组。2018 年，大簸箕苗寨社区有 122 户 529 人，96% 为苗族。① "大簸箕"苗语为"别鸡""八基"，意为杉树坡。大簸箕苗寨社区在小山包上，隔河而居。这里居住着石桥村的最大姓氏——王姓，全寨的男性户主均为王姓。该苗寨不接受非王姓男子入住，传说会给全寨带来灾祸，致不生育等。据称王氏宗族有三个分支，从今贵州榕江、雷山大塘等地迁入（何茂莉，2019：141~142）。大簸箕苗寨社区因三面环水、隔河而居的天然地形，形成与石桥社区相区隔的独立社区空间。社区内部房屋十分密集，均为苗族典型的木楼瓦盖的吊脚楼。不接受外姓男子入住、聚落分布的独立、居住空间的紧凑，进一步密切了社区人际关系。大簸箕苗寨社区不经营造纸和旅游业，其主要生计方式为山地稻作与外出务工。在族缘、地缘和业缘等联系仍然较为紧密的情况下，大簸箕苗寨社区至今依旧保持着相对稳固的团结力与凝聚力，较好地活态传承了苗族传统文化。

在传统认知中，村民们认为"石桥是石桥，大簸箕是大簸箕"，两个社区暗含一种心理分界。双方虽距离较近，互有往来，但约定俗成不到对方处过夜。随着"龙杆会"的诞生和发展，两个社区关系也发生了微妙的变化。

（二）起源

1. 民间白事互助的传统

当地苗族的传统葬礼习俗隆重，丧葬仪礼全过程可长达月余。在苗族生命观中，丧礼全部礼毕后这名逝者才正式离世，完全地走完了人生。故而仪礼操办的费用高昂，人力需求大。由于需由鬼师测算安葬的日子，停尸待葬的时间长短不定，其间连续不断的酒席宴请食物开销、柴火开伙及供暖花销等十分高昂。因此，在成立"龙杆会"之前，石桥村的丧葬是由主家指定熟悉白事的家

---

① 参见石桥村村委会内部资料。

族宗亲来主管，通过放炮、串寨子报丧通知全村，并在需要劳力时吹哨子来请村民帮忙，逐渐形成民间白事互助的传统。

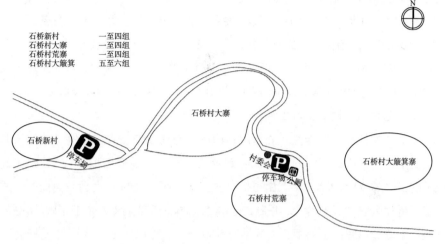

石桥新村 　　一至四组
石桥村大寨 　一至四组
石桥村荒寨 　一至四组
石桥村大簸箕 五至六组

图 1　石桥村布局分布示意

图片来源：石桥村村委会提供。

2. 村庄白事人情往来的衰落

2000 年至 2008 年（"龙杆会"成立前），石桥村的白事一度无法正常进行，这主要是该村缺乏仪式操办资金与人力导致的。具体而言，在"钱"与"人"的因素上，石桥社区和大簸箕苗寨社区均有涉及，但各自占比稍异。以非亲属关系为主、兼营造纸及旅游业、人力较多的石桥社区，在白事上的衰落反应是最为快速和明显的，这里面的主要问题是经济因素。早在 2000 年初，石桥社区就面临白事操办上的收不抵支局面。主要是生存压力、人际矛盾、短视自利等多重原因，造成白事的互不赴宴或礼金过低。由对多人的访谈可知，如石桥社区，当时送礼人数仅为 1/3，大多送 1 斤白米或 2 元以下的礼金，并不足以支撑主家白事的正常进行。[①] 这也与以非亲属关系为主的社区在人情交往上的金钱逻辑相关。

以宗亲为主的大簸箕苗寨社区同样面临葬礼场面冷清的局面，这主要是因为该社区在村人力缺乏。一方面，该村属老龄化社会。石桥村 65 岁以上人口占总人口的 13%，劳动力本身较少。另一方面，劳动力外流。该村常年外出务工

---

①　报道人张 AG，汉族，1965 年生。访谈地点：石桥村马路湾。访谈时间：2021 年 4 月 2 日。

人数约占劳动力的 2/5①，特别是在不经营造纸及旅游业的大簸箕苗寨社区，此种情况更为突出。2005 年前后，该社区如寨老等乡村精英外流，仪式主持者的缺乏、操办者的锐减是该社区白事操办凋零的主要问题。

鉴于以上原因，传统互助不足以支撑村庄相对密集的白事。而在村落这样一个熟人社会中，白事上长期的互不往来，意味着重要的人情关系的终止，这将影响人际交往和村庄团结。并且，随着近年来村庄整体经济状况的转好，出现了恢复白事时宴客的需求，故急需规约各户、保障白事正常运行的组织及制度。

3. "龙杆会"的诞生与发展

关于"龙杆会"的诞生，先是由石桥社区的几位带头人在借鉴其他村经验的基础上，在石桥社区的两三个小组间牵头成立了小规模组织。② 在看到民间组织的良好效应后，2008 年，由石桥村村支书组织，经村民大会协商同意，成立了石桥社区总"龙杆会"，并制定了详细的规约。随着石桥社区白事操办的兴盛，大簸箕苗寨社区的领头人等学习前者经验，也自主成立社区"龙杆会"。由于人员分散不利于分工协作等，2013 年前后，石桥社区、大簸箕苗寨社区"龙杆会"在自主协定下，按村民小组人数的多少，分别拆分及合并为 4 个、3 个小组。由此可见，官方虽在一定程度上促进了"龙杆会"的整村化运行，但其总体仍是由村民自愿自发组成、自主运行管理、以互助为目的的农村民间组织。

二 "龙杆会"的组织和现状

"龙杆会"是一个遇丧临时运作、多村民小组共同协作的农村民间组织。由于该村白事上基本采用苗族风俗，各组"龙杆会"规定虽稍有差异，但大体流程一致。因此本文以笔者见证的石桥社区村民二组为"当事组"，王 MY 为白事主家（本文称村民去世时所在组为"当事组"，白事主家简称"主家"，以下略）的"龙杆会"运作为具体案例。

（一）组织结构

1. 运行结构

目前，"龙杆会"是以发生白事的社区为主要运行中心，按当事组为主要

---

① 参见石桥村村委会内部资料。
② 报道人张 AG，汉族，1965 年生。访谈地点：石桥村马路湾。访谈时间：2021 年 4 月 22 日。

负责单位的方式组织的。逢白事，本社区的当事组负责主要工作，即厨房、守夜及机动事项，本社区其余小组为配合组，只负责出殡事宜。社区之间，自愿互助。如宾客过多，人手与用具不足时，社区之间可临时协调。

2. 参会成员

石桥村村民均默认为"龙杆会"成员。当本社区村民遇丧时，每户必须至少有一名劳动力参与白事的操办工作，并号召所有在村村民尽量参与服务。不按组织规约参与者，开除组织。

3. 组织框架

各小组"龙杆会"会长固定设置二到三人，遇白事时主家先通知本组会长，此时会长必须马上到主家开会商议确定本次白事的总管负责人——该总负责人被称为"内总""外总"，再由这几位总管通知本组成员及其他小组会长，统计可到场人数。总管须尽快确定每项工种的小负责人及整体村民安排，再由各工种的小负责人管理活动的实际运行。"内总"主管对接主家内部；"外总"主管后勤保障，整体监督和协调工作。总管的人选并不固定，按白事发生时在村村民的具体情况选举任命。"内总"一般选会做预算、对主家宾客较为熟悉的人；"外总"由熟悉白事流程、具备威望的人选担任。

（二）组织规约

"龙杆会"成立初期，为了恢复白事操办，曾制定规约15条左右。而在拆分为小组"龙杆会"后，随着人们的自觉遵守，后期规约有所简化，现以每组实际执行为准。以下为现行石桥社区规约的主体部分。

1. 集资

（1）会费。会费为"龙杆会"的活动经费，主要用于炊事用具、桌椅的购买及支付存放用具的房租水电。各小组集资添置，自备一套用具。按实际各组运作情况，每户每年集资百元不等。

（2）柴火费。逢白事，每户集资50元左右的柴火费。

（3）送礼。初期规定白事礼金为10元。随着人们生活水平的提高，礼金数额已不做具体规定，约定俗成为50元以上。

2. 人力及替补规定

逢白事，每户至少一名劳动力参与服务工作。若无法到场，或可请人替工，或按各组规定给主人家每天200元左右的劳动费。

3. 处罚

（1）不参会的处罚。对于完全不参与"龙杆会"活动的人户，即不参与集资、不到场、不请他人代替劳动、不缴纳劳动费等，全村人不出席、不帮忙该户红白喜事。此条已纳入石桥村现行村规民约。

（2）罚款制度。部分小组点名监督，对重要活动（如守夜、抬人上山）分时段点名三次，特殊情况可请假，不到者每次点名罚 50 元，罚金归各小组管理。

（三）运行现状

当地苗族葬礼全过程包括：报丧—停尸守灵—吊丧"拢客"（宴请宾客）—上山出殡、安葬—"送水"（送"诀别水"，或称"喊魂"，在坟上与逝者告别，告知其已去世）—"走客"（逝者子女代替其吃酒与赶场）—全村人打平伙"吃甜酒"（村民各家回请主家）等。"龙杆会"负责的白事从报丧起至安葬止。

1. **进入田野**

笔者在得到石桥社区村民二组村民王 MY 家母亲去世的消息后，于次日进入田野。此时"龙杆会"已经投入运作，主管已经商议确定并做好了在村村民的职务安排。本次主家的宾客人数众多，拢客正酒当天到约 100 桌 800 余人，所需工作人员较多。时逢疫情，在家的村民或临时就近赶回的村民也较多。按规定，二组应到位 80 余人，实际到位约六成，未到位的人家户也均请替工或缴纳劳动费。除按规约每户应出的一名劳动力外，现场还有部分家庭成员轮换替班或携家眷多人主动前来，以及自愿来帮忙的大簸箕苗寨社区村民等。这些人力主要负责厨房、守夜及出殡事宜。

2. **"外总"：采购物资、协调厨房**

"外总"在报丧当天的首要责任便是派人采购宴会食物，隔天便开始"厨房"工作。由于当地苗族白事是同时开席而非流水席，因此所需的劳力最多，也最为忙碌。"外总"穿梭其中，一边进行协调和监管，一边从"内总"处预支资金，以便物资采购。所谓"厨房"是一个临时搭建在开阔空地上的露天大厨房，由灶台、煮饭蒸子、切菜桌板、洗菜处等构成。笔者本次所见的白事宾客众多，需要"龙杆会"成员近 50 人同时进行集体劳作。分工明确，责任到人，若规定时间完不成任务，则需要加班。洗菜、洗碗、装酒、摆桌、端菜等轻巧活都由妇女做，而苗族白喜时必须要烹猪肉，抬猪、杀猪、切肉、炒大锅菜等力气活则由男子负责。本次所需厨具数量庞大，还须向石桥社区其他组借用，专门负责用具借还的人员就达 5 人。消耗的用具，则由主家付"龙杆会"100 元添置。

3. "内总"：收礼记账、招呼宾客、公布账目

两位"龙杆会"的"内总"站在村口迎接宾客，还有两位"内总"坐在村口收礼处，二人分开记礼单以便核对。按当地风俗，送的实物为 1 升白米，登记的礼金基本为 50 元至 300 元不等。礼单上包括了石桥社区几乎所有人家户，还有约 1/6 的宾客为大簸箕苗寨社区村民。此外，"内总"的工作还有将账目与主家核对，并张贴红纸公示，账本则按习俗在下葬时焚烧。

4. 守灵

守灵的待葬期须由鬼师测算，通常是 2 至 10 天不等，本次停留时间为四晚。第一夜为当事组全体守夜，第二、三夜以小组户，约 25 户为一队轮流守夜，第四夜为正酒席拢客日（隔天抬上山安葬），由主家和其亲戚守夜。前三晚，凡是当事组值班成员都来守夜，制作并共食夜宵。非当值者消夜结束约凌晨 1 点即可回家，当值人须守夜至第二天 8 点。在守灵场景下，"龙杆会"成员与主家同吃共话、吹跳芦笙等。

5. 出殡

除当事组以外的其他三组"龙杆会"成员约 30 人，负责抬人上山出殡、送行、砌坟等。早上 8 点，由 4 名"龙杆会"男子落棺、合棺，将棺材用龙杆和粗绳系好，抬棺材上山。主家的亲友、宾客及"龙杆会"成员陪同送行。其中，苗族女性身穿传统服装。"龙杆会"成员在上山沿途放鞭炮。抬到半途，需要停下棺材，等待主家请的芦笙队伍进行围棺吹跳芦笙表演并由"龙杆会"成员抛零食。奏毕，抬棺送至坟墓处，鬼师打黑伞将账本礼单扔到墓地坑处烧毁，随后落棺进来。众人纷纷捡拾泥土，待鬼师在棺材上念完苗语咒语后，向棺材坑处扔小泥土块。在鞭炮声中，礼毕，"龙杆会"成员开始挖泥土掩埋棺材，主家则可以不用动手。

三　秩序与机制："龙杆会"对乡村社会关系的修复

如王铭铭所说，"在诸如丧事一类的家事中，帮忙操办重大家事、仪式的阵容，表现的是民间互助圈子的基本概貌"（王铭铭，1997：197）。在"龙杆会"

组织的运作下，石桥村从以宗亲为主的血缘式丧葬互助圈逐步调整为"村民小组—社区—村庄"的地缘式互助关系，在很大程度上反映了乡村社会关系的变迁。笔者将以上述为线索，展开对"龙杆会"修复乡村社会关系及其运行机制的描述与分析。

（一）"龙杆会"对乡村社会关系的调整

1. 家户：在场与回流的决策

村委会资料显示，该村劳动力的历年流出人口、返回人口分别为240人、281人，整体呈现平衡状态。其中，该村返回的劳动力以中年为主，集中在40~50岁的年龄段。[①] 笔者采访了解到，劳动力回流主要有两方面原因。一方面，出于生计考虑。该年龄段外出务工的村民接近休工年龄，而村庄有可资发展的产业提供，则返乡适合工作。另一方面，基于照顾老人、孩子的目的，同时考虑到"龙杆会"。石桥村每个家庭都面临以下情形：若家中老人身体硬朗、能做力气活，老人自己参与"龙杆会"活动即可，这种情况年龄大多在65岁以下。否则，就有两种情况，一是至少留一名劳动力长期在家或就近工作以方便参与"龙杆会"；二是劳动力均外出，逢白事请替工或支付劳动费。石桥村是一个老龄化问题较严重的村落，村中白事频发。考虑到经济成本，前者为大多数人的选择。无论是长期留村、临时返回村庄，还是人情互换的替工、缴纳"龙杆会"活动费用等，都在时刻提醒人们与村庄进行联系。

2. 村庄社区：内部团结

（1）石桥社区：人情互助应然性的社区集合体。石桥社区以非亲属关系为主，曾经在白事上近1/3的人家互不往来，致使该社区人际关系一度较为紧张。"不团结，哪个都不听哪个的，白事做不起来。"[②] 为促进白事恢复，"龙杆会"成立初期，规约的制定与执行都较为严厉，如明确规定送礼金额、执行点名罚款制度等，以提醒村民有组织意识。规约、监督、惩罚一度成为其运行逻辑。随着"龙杆会"十余年的运作，社区逐渐在合力操办白事这件事上达成共识，无形中产生了社区内部人情互助的应然性与正当性，"始终他都有种概念，哪个家都有这种事，都是要做'龙杆会'的"。[③] 基于这份人情互助的

---

① 参见石桥村村委会内部资料。

② 报道人张AG，汉族，1965年生。访谈地点：石桥村马路湾。访谈时间：2021年4月22日。

③ 报道人王MY，苗族，1960年生。访谈地点：石桥村马路湾。访谈时间：2021年4月25日。

"应然"，当主家邀请做任何工种时，绝对不能推辞，否则会被认为不尊重主家、不明事理，影响口碑和团结，是被集体所不容的。故而，总管安排工作时具有很大的权威性，所谓"安排任何人在任何岗位不得抗拒"。[①]

无血缘关系的人们在丧葬操办互助这件事情上获得了长期一致性认同，成为社区形式集体活动的认知基础。该社区丧葬操办的互助圈从家族、邻居，拓展到自己所在的村民小组，乃至整个社区，人情交往的范围大大拓展了。人们逐渐开始强调邻里、地缘的社区集合体形式，常常称"我们石桥"或"上半村"，即代指一至四组的石桥社区。人们通过守夜时的彻夜攀谈、仪式时共同协作，更加了解自身所在的生存环境与社区每户人家的具体情况。这种代代延续的人情交集、互助的集体情感也拉近了人际关系。现在石桥社区以地缘为纽带，结成就近外出务工关系的家庭较多。逢白事时，又常常商量结伴返村或一家多人回来以便和其他村民轮换替工等。而在村的村民也不止一人按规约前来劳动，还不乏整家人都自愿加入的情形，并且大体上到位迅速、做事积极。

（2）大簸箕苗寨社区：宗族关系的再确认。该社区在白事操办上的主要问题在于常年外出务工人数过多、缺乏劳动力操持。如寨老等仪式主持者、号召者的缺位，对整体宗族的凝聚力也有影响。故而该社区"龙杆会"的成立是紧随石桥社区之后的，总管则由"龙杆会"每次临时选举在村的小组能人担任。由此可见宗亲白事互助式微的问题。但笔者在调研大簸箕苗寨社区"龙杆会"时，发现了一个较为微妙的现象。该社区村民认为他们的"龙杆会"不是正规组织，并且是稍加否认或有些回避的东西。人们会说："其实我们这个'龙杆会'不是很正规，因为大簸箕都是一家人嘛，多少都有点亲戚关系的。"[②] 究其原因，在于大簸箕苗寨社区是一个以王氏宗族为主的苗族村寨，人们都以宗亲之名对彼此的互助行为进行宣扬与解释。但在实际执行中，"逢白事每户需出一名劳动力或替工或缴纳劳动费，不参与的人户全村不出席、不帮忙该户红白喜事"的基本原则是一致的。该社区的区别仅是部分工种的要求放宽，村民自主性较多。同时，对工作的监督也较为隐蔽，对

---

① 报道人龙 DP，汉族，1975 年生。访谈地点：石桥村荒寨。访谈时间：2020 年 9 月 7 日。
② 报道人王 XZ，苗族，1983 年生。访谈地点：石桥村大簸箕苗寨。访谈时间：2020 年 1 月 5 日。

秩序与机制：一个西南农村民间组织对乡村社会关系修复的案例

于每户人家的出席主管只默记在心，缺席多次的人户会私下提醒和罚款，总是缺席同样会被开除出"龙杆会"。因此，大簸箕苗寨社区在规约的执行中虽夹杂着灵活性与人情，但主体惩罚措施是正常执行的。对于大簸箕苗寨社区来说，"龙杆会"是一个心照不宣的模糊地带，与其说是一个组织，倒不如说它更像是一种规约概念。一方面，他们确实需要明文来约束族人，以执行碍于亲戚关系"不好开口"的制裁，同时这种活动对外是相对隐秘的。另一方面，规约的存在也为无法到场的宗亲提供了一种补偿方案，以缓解来自宗族内部的道德压力。

目前，在大簸箕苗寨社区"龙杆会"的运作下，小规模的就近中青年劳力返乡白事互助是较有保障的。该社区内部的社会关系结构也悄然发生了变化。传统的宗亲长辈的宗族式权威，逐步转向在村经济能人、政治能人的领导。而外出务工和在村的中青年一代，也在如杀猪宰羊、厨房烹饪、吃席畅谈、守夜吹跳芦笙等场景中，再确认与密切了彼此的宗亲关系。此外，该社区白事未出席者在经济上的补偿现象也是较突出的。如由大簸箕苗寨社区外出务工者组成的"苗疆协会"等组织逢社区白事组织捐款、献花圈等。以上种种都说明了大簸箕苗寨社区由一个传统少数民族宗族村寨逐步向现代化转型，以及该社区为防止宗族解体所做出的各种努力。

3. 社区之间：缔结泛人情化人际关系网络

长期以来，石桥村形成石桥社区、大簸箕苗寨社区两个文化中心，二者的丧葬互助圈是独立运作的。但随着城市化的发展，二者都曾面临白事操办难以为继、人情凋零的局面。在"龙杆会"的长期影响下，双方自愿人力互助、互赴酒宴的情形发生得愈发频繁，这为二者的礼尚往来、促进人际沟通提供了现实基础和契机。在实践中，村民究竟采取何种策略处理村际人情往来，则较为依赖有民间权威及群体的判断。如"两头吃酒"的带头人王 QH 校长的案例：

> 大簸箕的带头人是南皋中学的第一任校长王 QH，为人开明。我们石桥建立这个"龙杆会"以后，石桥就很热闹、很团结。他退休后来看，就经常来送礼。后来他家弟媳过世了。他们讲是"王校长家弟媳嘞"，我们石桥就全力以赴地都去那里，包括抬人上山都是我们去抬，守夜也是基本全村都到场，人数达历来最多。他一影响了以后，大簸箕的大部分都爱来了

嘛。现在我们石桥也经常去大簸箕啊，坐酒席那些大部分基本都是我们石桥呢（声音高昂）。①

有学者认为，在血缘与地缘结合的分裂型村庄中，人情起着沟通的作用（宋丽娜，2011：200～202）。根据笔者观察，在"龙杆会"的运作下，在人力、物力不足时，双方社区会临时协调人手、物力。两个社区有了互相帮忙的风气后，越来越多的村民主动开展白事人情走动、结交人情关系。村民们通过白事人情的礼尚往来，将自己人与外人之间的界限模糊化，构建出新的实践性亲属关系，发展出泛人情化人际关系网络，以增强己家与村庄的结群密度。

（二）机制：规约与情感

1. 规约：应急策略、集体制裁、互惠原则

（1）集中资源的应急策略。葬礼作为人生仪礼的最终节点，民间例来有厚葬的传统观念。仪礼程序通常较为冗长，费用高昂，并具有突发性、注重集体吊唁等特点，属群体应急事项。因此，丧葬仪礼的顺利开展天然依赖人际协助，既有金钱众筹的需求，也依赖人力调动，对宾客和操持者的人数需求较大。与红喜不同，丧葬是突发的，事先无法计划安排，所以需由"龙杆会"这样的民间组织备好丧葬宴客等所需物资，由有运作经验的会长快速安排主事，以规约送礼、集体筹钱、人力协助等方式提供各种支持，集中群体资源，压缩开支，发挥民间智慧，提供情感支持，以互助的方式共同应对生命无常的风险。

（2）面子、声望与村庄人际关系网络的集体制裁。葬礼这类重大人生仪式热闹与否，通常被当成对逝者及其家人的社会评价。若被规约制裁，无人赴宴，不仅丢失面子，而且会被认为人品低劣、为人处世有问题，降低家族声望。此外，在人际关系中，整个村庄在白事上的拒绝参宴和提供帮助，也是一种情感孤立，代表该户人家与整个村落人际关系网络的脱节和破裂。这种集体制裁的压力，迫使个人必须在遵循组织规约或与村庄告别之间做出选择。

（3）以家户为中心的互惠原则。中国人在人情往来上的社交遵循的是以己为核心的互惠原则，基础是公平，讲究回报，有来有往，甚至回比送更多，而且会选择某一时间延迟回馈以便形成长期关系等。这原应是无须明言、约定俗

---

① 报道人刘 GW，苗族，1986 年生。访谈地点：石桥村荒寨。访谈时间：2019 年 10 月 11 日。

成的,但在人口流动频繁的今天,随着乡村共同体的松散化而日益弱化。尤其是在红白喜事上,人情回报会有相当长时间的延迟,这就产生了不在场、人走茶凉、回馈断裂的风险。建立规约,以户为单位,规范"施"与"报"的公平流动,在保证自家利益不受损的同时,也给拒绝帮助不遵循规约的人家提供了合理理由,人情回报链条得以闭环。对于多次无故不参与的人家可开除出组织,对前期未参与活动、后期想用钱加入的家庭予以坚决拒绝。

> 加入"龙杆会"是收点会费的,要买锅碗瓢盆那些嘛。因为有些户头刚开始做会时他们都没在家,人也勤快,后加入大家也不会多收。有些人家太懒或多次缺席被开除,想要加入别的组,给再多钱人家都不接受。①

2. 情感:场景安慰、主家信任、集体依赖

(1)主家:欢腾的场景安慰。葬礼仪式热闹的场面、吊唁及帮忙操办家事,象征着群体情感的支持。过去经济压力较大,最多宴请百桌。现在生活水平提升、村级交通方便,大多为五十至上百桌的规模。"龙杆会"忙碌有序的集体在场,无须言语的群体力量,对主家来说是一种莫大的心理安慰。提及自家办葬礼时"龙杆会"的帮忙,王 MY 感慨颇多:

> 我家客多,100 多桌,杀 10 多头猪。直接有个"龙杆会",他们把那个广播啊,喇叭啊,音响全部拿出来喊:"他家人老了嘞,我们组集中在他家帮忙。"然后我们组的人陆陆续续地来嘛,集中在我家讨论,当天是咋安排。外总要 3 个,内总要 2 个,我家帮忙人多,还有些轮流来,厨房搞板凳啊用具借还的都要四五个人。像今天拢客来吃酒的这些,就全部送礼来了,明天一起帮忙抬上山。农村人他有种想法,不管咋样,去看一眼,外地坐车来吃餐饭走了,去安慰主人家的意思。看到那种场面,还是热闹,感觉心理有安慰。②

因为有"龙杆会"负责葬礼,主家可以从各种事务性忙碌中抽离出来,有

---

① 报道人龙 DP,汉族,1975 年生。访谈地点:石桥村荒寨。访谈时间:2020 年 9 月 7 日。
② 报道人王 MY,苗族,1960 年生。访谈地点:石桥村马路湾。访谈时间:2021 年 4 月 25 日。

了更多时间与亲戚、村邻交流，从而得到情绪转移，同时对这份善意心存感激。哀痛情绪仿佛只存在于灵堂，仪式的各种事务性程序与宴席热闹忙碌的场景抵消了人们的悲伤情绪。芦笙吹响，人们开始舞蹈欢腾。灵堂之外，人们仍然按正常秩序热络地过着生活。

（2）"龙杆会"成员：家事信任。丧礼是家事，"龙杆会"大部分成员为村邻或远亲。因为有了这样一个组织及规定，在涉及金钱和文化意义上应由至亲完成的特殊环节，如收礼、记账、采购物资、招呼宾客、守夜、砌坟等，"龙杆会"由邻居和远亲等"事外人"，转变为家常事的主理人和操办者等"事内人"。赋权代表着信任、认可和责任。他们将此看作出于对自身认可的家事信任，因此做起事来必须积极得力，哪怕耽误到农忙，也不能辜负主家的信任，必须把事情办好。

> 他相信你了你必须去帮忙。尤其是农忙的时候，耽误到起，那是哪个都耽误到的。比方讲我该下雨去犁田，没时间犁田，我一年当中起码一半的粮食没有好收成。但是他相信你，叫做哪样就做哪样，你不能推辞。[1]

（3）村庄：集体依赖。在石桥村人的观念里，白事是人生大事。对于外出务工的村民来说，现在回家主要的契机除了法定节日，便是红白喜事。与红喜的计划性、自愿参与性不同，白事是突发性的，要求集体到场，以期未来同村人也能够来自家赴宴或参与帮忙，因此人们在此事上返乡的意愿是较高的。推己及人，在人生命终点的守望相助是一份朴素的人性关怀。人们放弃了暂时的个人收益，自发形成组织，将这份质朴的人情味结成村民共识。村民们在葬礼重逢、共同劳作、全程观礼、重温村落传统丧葬文化及构建集体记忆，使生者重新结成整体，修复传统乡土社会关系，形成了村民们割舍不开的、盘根错节的乡土依赖。

四　结语

目前，我国农村的酒席操办也出现了不少市场化的"一条龙"服务，即提供餐具、桌椅、厨师等服务。一般为经济较富裕、不愿意互欠人情的人家所选

---

① 报道人梁 Y，汉族，1960 年生。访谈地点：石桥村马路湾。访谈时间：2022 年 1 月 25 日。

择。但在涉及敏感环节如收礼、记账等工作时，大部分人仍选择内亲或信任的人。贵州农村民间的丧葬互助行为是较为普遍的。笔者认为，在传统丧葬文化较为浓郁的地区，出现以规约约束的民间组织和团体将会是一个趋势。本文研究的案例正是一个少数民族村庄，村民的丧葬观念素来浓重。如前文所言，在熟人社会向现代化转型的过程中，以非亲属关系占大多数的石桥社区率先出现了"龙杆会"这样的互助组织，而另一个以宗族为主的大簸箕苗寨社区也逐渐脱离单纯意义上的宗族互助，紧随其后，可见其必要性。未来农村葬礼操持将走向何方，从"龙杆会"的案例中或许能看出端倪。

在农村人口频繁流动、乡村人情往来逐渐淡薄的今天，"龙杆会"这样的民间丧葬互助组织并非特例。它通过规约机制与情感机制，在一定程度上实现了家户的在场与回流、社区内部的团结及村庄的人情走动，抵消了因人口外流对村落传统文化造成的削蚀，乡村人情往来全然恢复甚至更为兴盛。因此，社会各界应多关注这类农村民间组织产生的良好效应，特别是重视该类组织如何影响、重塑和联结乡村社会关系，从而为实现文明团结的乡风建设提供一种可行方案。

参考文献

何茂莉（2019）：《古法造纸与传统村落发展：石桥》（第 1 版），贵州：贵州大学出版社。

金晓彤、陈艺妮（2008）：《关于中国本土化人情研究的述评》，《理论学刊》，第 9 期。

宋国庆、沈丽巍、赖天能（2008）：《我国农村人际关系研究述评》，《长春工业大学学报》（社会科学版），第 5 期。

宋丽娜（2011）：《人情的社会基础研究》，华中科技大学博士学位论文。

王铭铭（1997）：《村落视野中的文化与权力：闽台三村五论》（第 1 版），北京：生活·读书·新知三联书店。

文兴林主编（1987）：《贵州省丹寨县地名志》，贵州：丹寨县人民政府。

张平、周彩虹（2008）：《21 世纪以来国内农村民间组织研究述评》，《学会》，第 7 期。

Order and Mechanism: A Case of the Restoration of Rural Social Relations by Rural Non-Governmental Organizations in Southwest China

Li Qiuhua

[**Abstract**] In recent years, in the rural areas of Guizhou, where the traditional funeral culture has been well preserved, there is a trend that the funeral operation has changed from the mutual aid between the relatives to the mutual aid between the local neighbors. Shiqiao Village, Guizhou Province, has established a special funeral mutual aid organization "Longgan Association" to adjust the rural social relations with the mutual aid logic of "Villager Group, Community, Village" through emergency strategies, collective sanctions, the principle of reciprocity and other regulatory mechanisms, as well as emotional mechanisms such as scene comfort, host trust, and collective dependence. The organization plays an important role in promoting the return of rural labor force, strengthening human relations and strengthening village unity. It can provide a useful practical case on the issue of repairing the village community relationship in today's increasingly hollow rural areas.

[**Keywords**] Rural Non-Governmental Organizations; "Dragon Club"; Rural Social Relations

责任编辑: 李朔严

秩序与机制: 一个西南农村民间组织对乡村社会关系修复的案例

慈善公信力建设的区块链路径

张　亮　贾西津[*]

【摘要】公信力建设对于慈善事业发展至关重要。传统的慈善模式是以公益组织为关键环节的三方主体模式，公信力建设高度依赖于公益组织的内部治理。区块链作为一种去中心化和分配权限管理的技术，技术特点决定了其在公信力建设中的应用可能。本文通过对支付宝、"善踪"平台、阳光联盟链、BitGive 基金会四个案例的研究，讨论了区块链技术在慈善公信力建设中的不同应用场景，对比分析了其不同的模式与作用路径，进而总结出区块链技术应用于慈善公募公信力建设的一般路径，并提出该应用的现实阶段、前景，也反思了技术的边界与综合发展前提。

【关键词】公信力；区块链；慈善

一　慈善公信力建设的传统路径与问题

（一）三方主体的传统慈善模式

一百多年来，经典的慈善是捐赠方、公益组织、受益方三方主体来实现的过程。其中，公益组织作为接受捐赠、管理资金、实现公益目的的专业机构，

---

* 张亮，清华大学公共管理学院 MPA；贾西津，清华大学公共管理学院副教授，清华大学公益慈善研究院副院长。

是慈善过程中的关键环节。如图 1 所示，在这个过程中，捐赠方将资金捐给公益组织，公益组织再将资金或其对应服务提供给受益方；资金管理通过公益组织的内部过程实现，公益组织一手使用资金运行慈善项目给到受益方，一手将资金使用结果写成报告给到捐赠方，这两个过程情况的匹配真实性，高度依赖于公益组织的内部治理。

图 1　三方主体的传统慈善模式

（二）慈善公信力建设的现有路径和问题

1. 现有路径

传统慈善模式的公信力由于高度依赖公益组织的内部治理，当组织治理紊乱或能力不足时，可能出现资金造假、报告虚假、报告不及时和不准确、资金流向不透明及不匹配等问题，从而导致慈善公信力受到质疑。

经典的慈善公信力建设路径，主要包括立法规制加强公开透明责任、公益组织及行业自律建设、加强第三方评估机制等三种。但这些提升公信力的路径严重受到公益组织能力的制约。

2. 制约瓶颈

（1）公益组织信息披露能力不足。张楠和王名（2018）认为，"目前公益组织信息披露问题主要表现为信息披露能力不足，披露信息的平台不健全，披露信息的边界不清"。李琪、李勍和朱建明等（2017）认为，"在现行的慈善系统内，由于人力物力种种局限，公益组织很难做到财务信息完全公开，捐款人往往不清楚自己善款的最终去向，从而对公益组织产生怀疑，影响了公众的捐款热情"。

（2）公益组织内部治理提升艰难。郑善文和高祖林（2020）认为，"公益组织的内部组织架构和治理体系的健全程度还需要持续改进，公益组织内部管理存在组织结构僵化、运行程序陈旧、管理技术方法落后等问题，直接影响了公益组织运行的效能，尤其是人员管理、资金筹集、项目管理的规范化程度不高，成为制约公益组织运行绩效的短板"。

（3）公益组织评价反馈渠道依然缺乏。王丽荣（2020）认为，"现行的公益慈善活动中，并没有为捐赠人提供评价和反馈的途径与方式，即与之相配套的评价与管理机制的缺失，没有使捐赠者在其整个捐赠过程中得到肯定和激励，出现了'捐赠者高流失率''虚假捐赠'等问题"。

二 区块链技术特点应对慈善公信力问题的方案

（一）区块链技术特点

中本聪在 2008 年发表著名论文《比特币：点对点的电子现金系统》，提出"没有任何一个机制能让双方在其中一方不被信任的情况下通过沟通渠道进行支付"，并提到区块链的概念。区块链技术本质上是一个去中心化的数据库，是对数据进行加密，利用智能合约来操作的数据基础设施。目前区块链技术按照去中心化程度和管理权限划分为私有链、联盟链、公有链三种发展模式。

区块链的主要技术特点包括：去中心化、加密安全、不可篡改性、智能合约、分布式网络。公益慈善领域由于在目标上具有广泛的公开、公共性，在运营上又体现为多元、志愿、产权激励不明显的三方主体模式，是与区块链技术应用很匹配的场景（王丽荣，2020），目前已有此探索（王欣宁，2020）。

（二）区块链技术提升慈善公信力的方案

针对慈善公信力建设经典路径中的瓶颈，即如上一节所述在信息披露能力、内部治理能力、评价反馈渠道三方面公益组织有所欠缺，区块链依据其技术特点具有特别价值，值得更多关注和实践探索。对于区块链技术在此三方面可能的解决方案，分述如下。

1. 区块链技术完善公益组织信息披露机制

（1）利用非对称加密实现兼顾个人身份认证与隐私保护的有效信息披露。慈善项目信息披露的技术难点，一是要准确识别数量庞大的受助个人身份，二是慈善项目中捐赠人和受助者都有明确的隐私保护诉求，这两方面要求常难兼顾，使得信息披露的成本和所需时间都是巨大的。区块链加密技术可以有效加密信息（庸国祥，2020），进行受助人身份公证与认证，其非对称加密又可保护捐赠人隐私，尤其利于低调的企业家进行大额捐赠。如此，可以在公开特定信息的同时实现匿名捐赠；同时也可不经过银行等第三方中介机构，实现点对点的捐赠（张楠，2020）。

（2）利用去中心化实现账目共享。区块链是一个公开的数据库，天然具有信息透明、可追溯、防篡改的特点，每笔款项的流通和交易都被储存在链上，每个节点均可对账目进行查看和监督，保证公益项目的公开性和透明性（施羽暇，2020）。区块链技术的共享机制是指理论上，所有参与者可通过相应的访问权限，访问、查询、记录区块链中的数据（胡卿汉等，2020）。基于互联网的互相不信任的多方网络节点依据某种共识共同记账，形成多个共享副本，每一方都有公开、透明的账本，不再需要公益组织作为资产流转中介，从而推动整个慈善活动的流程改变，大大降低信息披露成本，带来公开透明性（张楠，2020）。

2. 区块链技术改善公益组织内部治理机制

（1）利用智能合约实现资源有效匹配。区块链的智能合约技术可以用于一些较为复杂的公益场景，来解决公益慈善资源配置失衡的问题，比如定向捐赠、分批捐赠、有条件的捐赠等，更好地解决资源配置不均衡导致的过度救济和无人救济问题（李丹，2019）。区块链智能合约技术可以加速应答、明确分工，建立各方都认同满意的合约，提升公益事业管理的科学性和公平性（沈秋欢等，2020）。此机制在定向捐赠、重大疫情防控优化方面已得以应用（胡卿汉等，2020；赵超，2020）。

（2）利用不可篡改性实现善款及物资溯源。不可篡改的时间戳可以有效解决慈善捐赠中善款追溯的问题，而无须公益组织通过组织管理整合数据。在物资捐赠方面，随着区块链配合物联网技术的普及，线下捐赠物资的数据化和可追溯化也变得更加简单（王涵，2018）。捐赠、分配及使用等各环节都有"时间戳"记录，并且每笔物资可以准确匹配和验证，从而快速地获知捐赠物资的对应受捐者、发放批次、使用方式及效果等详细信息（王晓光、杨培蓓，2021）。

3. 区块链技术改善信用链评价反馈机制

区块链可利用分布式网络实现双向评价反馈。传统的应急物资管理机制中，社会捐赠虽有记录，但缺乏对捐赠的正向激励机制（王晓光、杨培蓓，2021），很难做到对捐赠人点对点的反馈，更无法将捐赠人的捐后评价再反馈回慈善组织。研究表明，有效反馈，让捐赠人对捐赠用途、流向、效率有详细了解，将提高捐赠者再次捐赠的可能性（王丽荣，2020）。基于区块链技术的公益组织信用评价机制，可由公益组织信用链来实现，信用链上的各接入节点由民政、税务、审计等政府管理机构，第三方审计机构，公益组织以及捐助方、受捐助方等多方构成（李琪等，2017），可以实现实时实地动态信息流通，并建立双向评价的深度反馈控制机制，使公益慈善主体能基于此信息进行快速反应与调整，同时可使捐赠人进行捐后评价及追评，反馈环为捐赠人可持续捐赠提供参考依据（王丽荣，2020）。

三　区块链技术在慈善公信力建设中的应用场景：案例分析

上一节根据区块链技术特性，提炼了其针对传统慈善公信力建设路径中的三方面瓶颈的五种不同解决方案。梳理目前实践案例，可以发现这些解决方案，根据技术深入程度不同，呈现出不同的应用广泛程度。区块链技术在慈善公信力建设中的应用概况如表1所示。本节将通过代表性案例，分析每种应用场景的模式、公信力建设路径、问题与挑战。

表1　区块链技术在慈善公信力建设中的应用一览

区块链技术	典型应用案例	主要模式	应用场景广泛度	其他案例
私有链上半段	支付宝公益	链上公益	较广泛	淘宝、微信、微博、度小满等的公益平台
私有链全段	"善踪"平台	公益物联网	部分案例	京东公益平台、众托帮"心链"
联盟链	阳光公益联盟链	多相反馈	国内较少	"金链盟"，日韩慈善基金会HAPY平台
公有链	BitGive基金会	"加密"慈善	国外案例	币安基金会、菠萝基金、富达基金会、Helperbit平台

（一）支付宝公益

1. 主要模式：链上公益

区块链技术在慈善领域应用最普遍的是支付平台线上公益项目，其中以支付宝平台和公益组织合作推出的"链上公益"项目较为成熟、典型。"链上公益"项目是在支付宝平台上线的小程序，它对平台上的所有公益机构免费开放，捐赠方和受益方可以随时登录，捐赠方通过小程序来将物资捐给受益方。小程序会记录整个过程，双方都能看到捐赠的每一个细节，随时可以查看项目进展和捐赠流向。当受益方被拨付的时候，捐赠方就能看到捐赠去向，执行成果和受益人反馈等信息也能有效存证。

如图 2 所示，平台相当于把公益组织这个"黑匣子"给打开了，资金不再由组织内部管理，平台成为共享账户。资金的流向是捐赠者到平台，平台再到受益者。公益组织的角色是执行者，不再经过人工生成报告。捐赠者将物资捐赠给平台，公益组织来作出决策，资金直接打给受益方，在平台上可以看到三方的行为。平台改变了公益组织的边界，解决了依赖公益组织内部治理披露信息可能造成的资金流向不透明问题。公益组织不再扮演接收并管理资金和生成报告的角色，因此可能出现信息偏差的环节均被消除，资金流向完全展现给慈善各相关方。

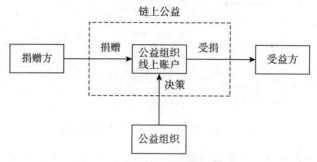

图 2 支付宝"链上公益"模式

2. 公信力建设路径：认证披露 + 自动拨付 + 云端公示

"链上公益"中区块链的主要作用机制是建立"平台公共账本"，将区块链技术应用于认证、拨付和公示三个环节，使其作用于公益组织的有效信息披露和有效资源匹配，提升慈善公信力。在技术上，它属于区块链私有链上半段，相对容易实现，因此可以在实践中看到较为广泛的应用，例如淘宝、微信、微博、度小满等的公益平台，均或多或少有上述尝试。

以支付宝"链上公益"为典例，在这种模式中，每位捐助者都有一份"账本"，资金的流向会自动生成相应的数据标记，记录在每一位捐助者的"账本"中。捐款方、平台方和受捐方资金数据上链，在平台上资金来往可以被公开查询，查询不需要任何授权。

如图 3 所示，区块链技术的三条路径作用机制分别是：第一，认证披露，即利用非对称加密技术，公钥查看每一笔交易，私钥查看交易对象的身份信息，从而在保护捐赠人和受助人隐私的同时，实现每一笔交易信息的有效披露，避免"诈捐"现象发生。第二，自动拨付，即平台自动调取智能合约，直接将款项发放至受赠方账户中，无须中间多轮流转，可以实现捐款当天拨付，受赠方通过支付宝刷脸确认身份，在线签名即可完成领用。第三，云端公示，即筹款、拨款信息跟随项目进展实时公示，所有善款记录同步到云端。"公共账本"在云端生成后，信息只有共同确认才能生效，掌握在慈善各参与方手中，某一方无法偷偷审改，捐赠数据和分配数据对社会公开。如上三种机制，认证披露和云端公示提升了公益组织的信息披露能力，自动拨付突破了公益组织内部治理能力的桎梏，从而提升了慈善公信力。

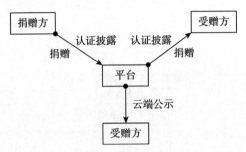

图 3　"链上公益"模式的公信力建设路径

3. 问题与挑战：限于资金捐赠

"链上公益"目前只能解决资金上链的问题，还无法实现慈善信息全链路上链，对物资分配、培训服务类信息不能全程记录。另外，这种模式只能单向捐赠，需求方的需求不能即时提出，无法做到捐赠方和需求方的动态匹配。

（二）"善踪"平台

1. 主要模式：公益物联网

"链上公益"不能解决捐赠物资的监管问题，物资分配问题在现实中仍然是一个突出困境，武汉红十字会事件就是一个例证。疫情期间出现了各种捐赠溯源平台，试图用区块链技术解决物资捐赠及配置问题，精准匹配捐受双方需求，其中"善踪"平台是一个典例。

"善踪"是一个服务于企业物资捐赠全过程追踪的公共慈善平台，它支持慈善项目的发起、管理、跟踪溯源、监管、公示等。受捐方随时发布需求，精准匹配捐赠者，每个慈善机构在"善踪"上发起项目后，可随时查看进度，记录慈善行为。借助物联网技术，物资流通数据自动被设备采集和记录，利用"时间戳"来存证物资流向的各个节点，将物资从捐赠到流转到接收的数据全程上链，使每笔物资均可被追踪溯源，并自动精准匹配捐赠物资和需求，实现物资的有效捐赠与匹配。

如图4所示，"善踪"全面记录捐赠到受益方的物联过程。根据捐赠需求自动匹配有两种模式。一种是直接跳过了公益组织，捐赠方匹配受捐方，相当于跳过了传统模式中的公益组织。另一种是捐赠方来对接公益组织，根据公益组织的需求定量捐赠，而不是传统模式中由公益组织来制订计划分配物资。平台记录捐赠者、公益组织、受益者、中介机构等的信息，以及物资的捐赠、对接、分配、接收、受助者确认等全过程信息，打通了慈善捐赠的全流程，实现捐赠过程信息的即时披露，优化物资分配过程。

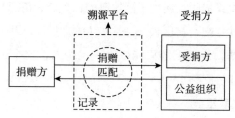

图4　"善踪"平台公益物联网模式

2. 公信力建设路径：精准匹配＋票据存证＋溯源追踪

与"链上公益"相比，在公益物联网模式中，区块链技术除了自动精准匹配机制外，还主要应用于存证和溯源两个方面。它对于慈善公信力的提升，同样是通过完善公益组织的有效信息披露和有效资源匹配，但是从资金捐赠扩展到物资捐赠的溯源。在技术上，物联网应用到私有链的全段，相较"链上公益"更进一步，其他应用案例尚有京东公益平台、众托帮"心链"等。

以"善踪"平台为例，如图5所示，区块链技术的作用路径包括三个方面：第一，精准匹配，即需求方发布信息，平台自动快速匹配捐赠方，减少从发布需求到接收捐赠的响应时间。同时，还可以实现差异化捐赠，捐赠方可匹配多个受赠方，或多个捐赠方匹配一个受赠方，从而提升捐赠效率。第二，票据存证，即对捐赠方公示的物流凭证和接收证明等信息进行存证，对存证信息进行在线校验。捐赠和受赠双方通过电子签名在线签署的方式进行赠与、受赠的意思表示。第三，溯源追踪，即利用物联网设备实现物流信息自动识别，结合已有的资金上链信息，实现全链路数据闭环，将捐赠、分配数据向捐赠方、慈善平台与受赠方公开，以快速验证慈善行为。其中，票据存证和溯源追踪机制大大增强了公益组织物资捐赠的信息披露能力，有助于解决慈善捐赠中的物资分配困境。

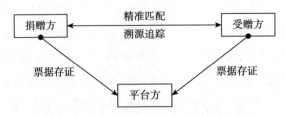

图 5　公益物联网模式的公信力建设路径

3. 问题与挑战：平台中心化

由于捐赠溯源模式本质上还属于区块链的私有链，信息权限归平台方管理，平台总揽物资和钱款分配，与区块链去中心化的初衷形成张力。同时，对于服务评价类的慈善活动，信息上链只能依靠人工录入，这个过程是由机构控制，不能很好解决服务评价问题。

（三）阳光公益联盟链

1. 主要模式：多相反馈

传统的慈善捐赠，信息公开的责任在慈善组织层面，捐赠人通常不能在捐赠行为完成后获得点对点反馈，不利于持续捐赠。"链上公益"和捐赠溯源仅作用于信息披露和资源分配环节，仍然是单向记录过程，未纳入评价反馈机制，主要作用是防止"诈捐"或捐赠资源滥用，并无对慈善行为的正向激励。2017年，轻松筹公司联合多家公益基金会启动的阳光公益联盟链，将各慈善相关方都纳入进来，为慈善行为提供反馈，是一个多相互动模式的示范。

阳光公益联盟链的主要模式如图 6 所示，联合公益组织、医院、基金会、志愿者、受益方等公益慈善过程的各种主体，通过将上下游机构纳入联盟链，在捐赠、支付、受助、监管、审计等各环节，各方作为一个独立节点对慈善过程进行反馈评价，形成慈善行为和评价闭环。阳光公益联盟链清晰记录资金从捐赠到使用到服务评价的每个环节，采用多方记账、实时同步的形式，可实现对于资金分配、物资分配和行动支援等各种形式的多相互评和反馈。联盟链模式有针对性地解决了公益组织评价反馈渠道缺乏的问题，特别是解决了长期困扰志愿服务类组织公益活动无从记录反馈的困境，使慈善各相关方可以参与评价反馈，有效促进慈善信用评价机制形成，进而提高捐赠、志愿服务等慈善活跃度。

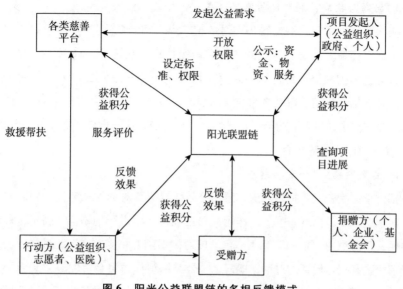

图6　阳光公益联盟链的多相反馈模式

2. 公信力建设路径：社区型多方互动

联盟链模式最重要的特点，是沟通了需求方、募款方、捐赠方、执行方和监督方，打破传统模式信息被平台方掌握的局面，形成了社区型多方互动。利用区块链技术的联盟链在公益慈善中应用的典型案例还有深圳市金融区块链发展促进会（简称"金链盟"），国外的例如日韩慈善基金会 HAPY 平台等。

如图7所示，阳光公益联盟链的公信力建设路径是利用多头认证、多方监督的信息流，将上下游机构纳入联盟链，使得与行动同步的即时、多相评价反馈成为可能，从而形成公益"社交网络"，可以获得去中心化的链上公益之公信力建设效果。

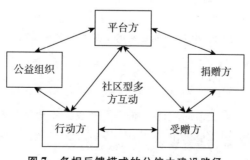

图7　多相反馈模式的公信力建设路径

3. 问题与挑战：联盟链的有限边界

在区块链技术上，联盟链仍然是特定节点之间的共同参与，而不是公有链，任何人均可读取、发送、有效确认的共识区块链。它还可被视为私有池，或者是一定范围内的共益性结构，尚未真正体现区块链充分开放、多中心的公共性价值。介于私有链和公有链之间的尴尬地位，特别是由于目前国内权威机构和监管部门参与缺失，进入联盟链平台仍然有一定门槛，这一模式还需要进一步演进。

（四）BitGive 基金会

1. 主要模式："加密"慈善

相比于链上公益、捐赠溯源、阳光公益联盟链等对捐赠及慈善行为的实时披露、匹配追踪、多相反馈等信息作用，通过数字货币进行捐赠，开启了一种新的慈善模式，可称为"加密"慈善。它直接对接捐赠方和受益方，跳过经由公益组织管理资金及报告反馈的过程，换言之，公益组织作为资金管理的"黑匣子"完全被打开，不需要经过公益组织主动操作披露信息、内部财务管理、评价反馈等任何环节，直接实现慈善捐赠的目的。这一模式目前国内尚无应用案例。

BitGive 基金会是"加密"慈善的代表，它允许捐赠者向特定慈善机构捐赠数字货币，通过启用资金转移和跟踪机制，为公益组织筹资提供前所未有的透明度。如图 8 所示，BitGive 基金会的"加密"慈善不由公益组织来决定资金分配和反馈资金使用报告，它利用数字货币的定向性和可追踪性，由捐赠方来决策资金的用途，指定受益方；受益方收到捐赠的同时，向捐赠方直接报告接收时间和金额，取代了公益组织发布报告的角色。

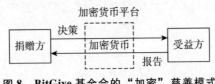

图 8　BitGive 基金会的"加密"慈善模式

"加密"慈善的优势至少包括：第一，为特定项目和受益人进行捐赠，可实现定向精准捐赠；第二，公益组织接受数字货币捐赠，极大地削减了传统捐赠所需要的手续费；第三，捐款行为能够不受数额和数量的限制，从而推动公众捐赠碎片化、小额化、常态化。

2. 公信力建设路径：加密货币

"加密"慈善是真正区块链公有链的应用。如图 9 所示，"加密"慈善通过追踪"加密货币"来完成全面溯源，完成捐助—受赠流程，从而改变了三方主体的传统慈善模式中公益组织的角色，使其从边界封闭的资金管理者变成一个公共开放的资金平台。通过允许慈善捐款使用加密货币，并实时跟踪这些捐款，永久保留所有交易记录，包括资金来源及资金使用等信息，平台公开完成慈善捐赠活动，无须财务审计和第三方监督，利用加密货币的特性验证慈善机构公益行为的预算收支情况，极大地提升了公益行为公信力。

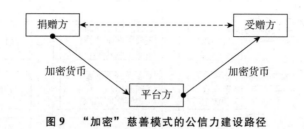

图 9　"加密"慈善模式的公信力建设路径

3. 问题与挑战：受市场影响大

加密货币受市场因素影响较大，经常有大幅价格波动。同时公有链需要大量的资金和人力投入进行基础设施建设和人力资源培训，时间成本大，见效较慢。

四　区块链技术在慈善公信力建设中的作用路径总结

（一）不同的公信力建设路径对比

从上节四个应用场景的案例来看，区块链技术作用于公益慈善的不同节点，呈现出不同的作用路径，使慈善公信力建设形成不同的具体模式。图 10 总结了区块链技术在四种慈善公募场景中的实践模式，从中可以发现区块链技术应用于慈善公信力建设的一般路径。

区块链技术在四种应用场景中的作用路径呈现递进层次。支付宝相当于完成了私有链的上半段，在向上信息公开、接受监督方面，区块链技术促进慈善领域的信息公开和资金透明；"善踪"平台完成了私有链的全段，解决了向下的资源调配、机构间协作问题，能够将不同机构之间的资金和物资数据进行整合，提高物资分配效率；阳光公益联盟链把慈善相关方都包含进来，建立了一个具有更大自主权、去中心化的社会组织社区；以"BitGive 基金会"为代表的"加密"慈善，利用加密货币这一特殊载体，把慈善的中间环节略去，实现"精准慈善"。区块链技术应用于慈善公信力的建设路径，在不同层次案例中的体现可总结如表2。

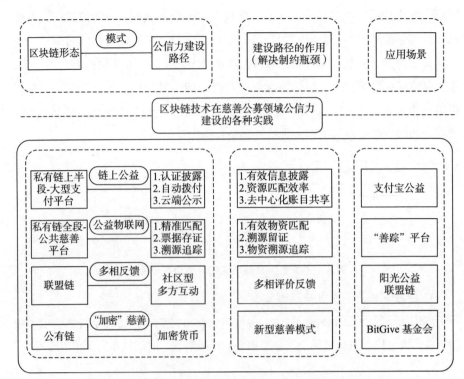

图10 区块链技术在四种慈善公募场景中的公信力建设路径

表2 不同层次区块链技术的慈善公信力建设路径小结

区块链公信力建设路径	解决传统慈善公信力制约问题	支付宝"链上公益"（私有链上半段）	"善踪"平台（私有链全段）	阳光公益联盟链（联盟链）	BitGive基金会（公有链）
有效信息披露	公益组织信息披露能力问题	√	√	√	
账目共享		√	√	√	
有效资源匹配	公益组织内部治理能力问题	（单向自动拨付）	√	√	√
善款及物资溯源			√	√	
双向评价反馈	公益组织评价反馈渠道缺乏问题			√	
"加密"货币					

目前，在慈善公信力建设的已有实践中，区块链技术的应用层次主要还是在以"支付宝"为代表的"私有链"上段上，而"私有链"的全段应用，乃至"联盟链""公有链"的发展，仍然时间短、案例少，实践较单薄，更多的还是处于创新探索阶段，国内的实践更是如此。这也显示了区块链技术对于慈善公

信力建设的潜力仍待开发。

（二）区块链技术在慈善公信力建设中的一般作用路径

总结不同实践中公信力建设的路径，可以看到区块链技术的作用体现在八个节点，包括：认证、匹配、拨付、存证、公示、溯源、多方互动和加密货币。每个实践的公信力建设途径都是区块链技术作用于其中一个节点或多个节点的体现，依此总结区块链技术在慈善公募公信力建设中的一般路径如图 11 所示。

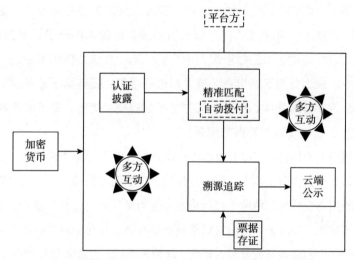

图 11　区块链技术在慈善公募公信力建设中的一般路径

在八个节点中，精准匹配和溯源追踪主要作用于提升公益组织内部治理能力，认证披露和云端公示则分别在慈善流程的前段和后段作用于提升公益组织的信息披露能力，这四个环节按公益链的时间顺序展开；自动拨付和票据存证分别是精准匹配和溯源追踪环节的关键技术；多方互动则将不同节点贯穿起来，提供评价反馈；最后，加密货币是捐赠双方在平台外利用特殊载体来完成慈善，突破了传统意义的公益组织角色，开启新慈善模式以实现公信力提升。

区块链技术应用在上述路径的不同节点，会产生不同的公信力建设实践。如上总结的区块链技术应用于慈善公信力建设的一般路径，如果根据特性综合应用各节点，将可能得到更丰富的实践模式。

五　讨论：技术应用的前景、边界与政策取向

目前，区块链技术在慈善领域的应用场景主要有以上四种，但都普遍存在技术边界问题。技术并不能完全解决价值、意愿和动机问题，也不能完全解决管理问题。虽然区块链技术能解决慈善公信力目前存在的很多问题，但也需要更多因素的参与和其他主体的配合。

私有链上半段的应用已经比较成功、普遍，支付宝"链上公益"是较为成熟的典例。需要进一步思考的是，虽然目前区块链技术提升了资金披露水平，但它的慈善过程仍然是以公益组织为中心的，这种公信力作用能否进一步延伸到公益组织，成为公益组织自身公信力增进的手段，还有赖于公益组织的自身意愿。同时区块链是去中心化的，但支付平台有较大优势，有可能形成自身的"超中心化"，这也是需要警惕的问题。

私有链全段的应用，可以有效解决物资分配效率和追踪溯源问题，实现了资金和物资信息的全流程上链。"善踪"作为一个第三方公益平台，很大程度上取代了公益组织物资分配的角色，它能否为公益组织和社会公众所接受，决定了平台能否运行成功。同时，平台自身仍然属于私有链，存在平台中心化的问题，政策能否为更多平台提供开放竞争的环境，维护多中心，也是需要考虑的问题。

联盟链沟通了募款方、需求方、捐赠方、执行方、监督方等多主体，打造在线反馈评价机制，对慈善行为形成正向激励，这是当前公益慈善领域急需的。但打造生态公益闭环，需要统一慈善相关方的数据标准，也需要大量经济成本和技术培训，这取决于慈善各方的意愿和动机，如此才能有效推动信用评价机制最终形成。轻松筹是个商业公司，推动各方参与的能力不足，这就造成阳光公益联盟链的落地使用相对缓慢。联盟链的推进，需要政府和社会的协同配合，以及公益用户的认可，真正打破信息壁垒和组织壁垒，如此才能更好地享受到联盟链带来的好处。

公有链的"加密"慈善模式使捐款行为能够不受数额和数量的限制，捐赠方可以按照意愿来分配捐赠资金，不需要公益组织来反馈捐赠结果，由受益方直接反馈，可以说真正实现了去中心化，是慈善未来发展的方向。不过这种模式需要法律立法支持，在很多国家有法律门槛。同时因为不是传统货币捐赠，

对很多普通民众来说很陌生，社会支持率并不高，因此需要一定的政府政策支持和推广。

参考文献

程玉敏（2012）：《自律与互律：慈善公益组织公信力重建的路径研究》，华东理工大学硕士学位论文。

付永贵（2018）：《基于区块链的供应链信息共享机制与管理模式研究》，中央财经大学博士学位论文。

高小枚（2017）：《论健全慈善监督体制与提升慈善公信力》，《贵州社会科学》，第9期。

何真余（2017）：《信息公开基础上慈善公益组织公信力提升的对策研究——以青海省红十字会为例》，广西大学硕士学位论文。

胡卿汉、何娟、董青（2020）：《区块链架构下医用防疫紧急物资供应信息管理研究——以我国新型冠状病毒肺炎防疫物资定向捐赠为例》，《卫生经济研究》，第4期。

李丹（2019）：《基于区块链技术在社会公益领域的应用初探》，《信息技术》，第10期。

李琪、李勋、朱建明、关晓瑶、王慧、郊晨梓（2017）：《基于区块链技术的慈善应用模式与平台》，《计算机应用》，第S2期。

沈秋欢、刘艳华、申瑜洁（2020）：《区块链技术与公益事业管理方式创新探讨》，《中国管理信息化》，第7期。

施羽暇（2020）：《区块链在公益慈善行业的应用研究》，《信息通信技术与政策》，第4期。

王涵（2018）：《基于区块链技术的社会公益行业的发展趋势研究》，《科技经济导刊》，第36期。

王丽荣（2020）：《公益慈善何以更透明——基于区块链的数字证书认证策略》，《兰州学刊》，第4期。

王晓光、杨培蓓（2021）：《社会捐赠应急物资的信任管理机制研究》，《物流科技》，第1期。

王欣宁（2020）：《区块链在公益行业的应用研究》，《电脑知识与技术》，第29期。

闫妍（2013）：《关于提升我国公益组织公信力的途径研究》，山西财经大学硕士学位论文。

杨佳文（2018）：《慈善组织公信力的提升路径研究》，郑州大学硕士学位论文。

杨思斌、吴春晖（2012）：《慈善公信力：内涵、功能及重构》，《理论月刊》，第12期。

庸国祥（2020）：《让区块链在慈善领域大放异彩》，《中国民政》，第 13 期。

张楠、王名（2018）：《公益 4.0：中国公益慈善的区块链时代》，《中国非营利评论》，第 2 期。

张楠（2020）：《区块链慈善的创新模式分析——功能、组织结构与影响因素》，《北京交通大学学报》（社会科学版），第 4 期。

赵超（2020）：《区块链技术与重大疫情防控优化研究》，《科技创新发展战略研究》，第 3 期。

郑善文、高祖林（2020）：《我国慈善组织内部治理能力建设研究》，《学海》，第 6 期。

The Path with Blockchain of Charity Credibility Building

Zhang Liang & Jia Xijin

[**Abstract**] Public credibility is crucial to philanthropy. The traditional charity model is a three-party model with the charitable organization as the essential actor, and the credibility buliding highly depends on the internal governance of the charitable organizations. Blockchain, the technical characteristics being decentralization and multiple-distribution of management authorities, determines its possible application in the charity credibility building. This article takes four cases in discussion, including the Alipay, the "Good Track" platform, the Sun Alliance Chain, and BitGive Foundation, to find the different application scenarios of blockchain technology in charity credibility building. Comparison analyses are given to find the different patterns and paths in the models, and then to sum up the general paths of blockchain technique applied to charity credibility building. The realistic stage and prospect of the application are put forward, and the boundary of technology and the premise of comprehensive development are also reflected.

[**Keywords**] Credibility; Blockchain; Charity

责任编辑 李长文

价值共享与价值竞争：考察 INGO 跨国公益运作的两个视角

陶传进　戴　影*

【摘要】本文通过理论框架结合案例的分析，展示出国际公益组织（INGO）在跨越国界活动中，是如何进入不同类别人群的共享价值地带的。研究得出的结论是：第一，共享价值的核心内涵其实就是人本身，而不分种族、信仰与国别，它致力于减轻人本身的痛苦，增加人本身的福利与尊严；第二，在此过程中，它促成了不同国别的人相互借鉴，实现人类价值的共同增长；第三，该过程还会将人们之间的分歧、冲突、博弈与对抗，转化进价值最大公约数的范围之内；第四，其中需要遵循社会科学的专业能力，而不是价值观上的偏好，由此展示出政策上的启发和国际社会进步的方向。

【关键词】国际公益组织；共享价值；专业能力

一　背景与问题

随着全球化的推进，社会组织跨越国界参与社会公益越来越普遍。大约在

---

*　陶传进，北京师范大学社会发展与公共政策学院教授，研究方向：非营利组织管理、社会公益与公共服务领域的项目运作与评估、社会服务的理论与实务等；戴影，北京师范大学社会发展与公共政策学院博士研究生，研究方向：社会服务、非营利组织管理、企业社会责任与社会公益。

20 年前的一段时间里，大量的国际非营利组织（International Non-governmental Organization，INGO）进入中国开展社区发展、公益慈善等活动。近年来，中国的社会组织"走出去"也得到了官方的积极推动。

在国内的研究领域，INGO 跨国界公益行动主要有两个不同的考察维度。其一是与价值观念、国家利益等密切联系在一起，相应的话语体系则是国外社会组织到中国带来的国家风险、价值观冲突等问题（王丽娟，2016；陈旭清、高满良，2020；刘超等，2020；雷悦露等，2021），以及中国的社会组织"走出去"所肩负的传播或推广本国文化价值的使命（马庆钰，2022）；第二个维度是共享价值的视角，即在不同的国家、不同的民族、不同的文化价值体系之间存在共享价值，比如对生命的关怀追求、平等与尊严、参与的理念，以及将这些目标落地的价值中立意义上的专业性（韩俊魁，2006；谢舜、王天维，2021）。

两个不同的考察维度对于 INGO 定位与运作的解读完全不同，并因此决定了在 INGO 的管理机制方面两种完全不同的策略。一种以引导、支持为精髓，另一种则是以防范和监管为特征；一种开发运用 INGO 在资源、理念、专业技术方面的优势，另一种则是将其行为限制在一定的范围之内，避免对社会造成危害。

因此，建构一个分析 INGO 的有效框架，将会为人们提供科学合理的判断依据。陶传进和张欢欢（2020）提出的井字形分类结构为本文提供了一个恰当的分析工具。该文指出，在社会组织开展工作的领域，主要分为两大截然不同的类型，一种追求运用专业化的手法实现社会目标，专业即意味着以权力无涉、价值无涉的纯技术手法来解决问题，在井字形的分类格局中它被安放在中间的框格中。与此相反，另外一种类型则进入井字形上下左右四个框格之中，分属为不同的具体情形，分别运用半官方身份、江湖权力、抗争与正义的话语等手法来追寻实现社会目标，但又都将实现目标的手段泛政治化，从而构成了与井字形中间地带对立的类型。

《社会组织走出去：优势与挑战》（范娟娟等，2022）进一步将井字形分类思想延伸到社会组织"走出去"的领域。在井字形上下左右四周地带可以安放不同的群体类别，其在宗教信仰、民族国家、政治观点等方面所属类别不同，并会在行动中追求属于自身类别的价值或理念坚守；井字形的中间框格则代表着不同类别群体的共享价值，它意味着所有类别的群体能实现共享与共赢。在努力方向集中于中间地带时，共享价值被开发，四周之间的张力随之减弱，出现求同存异。

本文以井字形结构作为分析框架，以北京春晖博爱公益基金会①作为分析对象，研究该基金会在长达 20 余年的发展中，如何由一家典型的 INGO 逐渐转化为具有国际背景的本土公益组织。从其本土化的过程中探究，井字形中间地带的价值内容与专业内容都是什么；坚守中间地带所实现的社会价值又将如何；进而推导出在相关的社会组织管理政策中，为什么需要区分对待。由此得出的经验，又可以运用于我们国家社会组织"走出去"的路径努力之中。

二 文献回顾

（一）井字形结构的分析框架

首先呈现陶传进等（2020）关于社会组织的井字形分类（见图 1）。

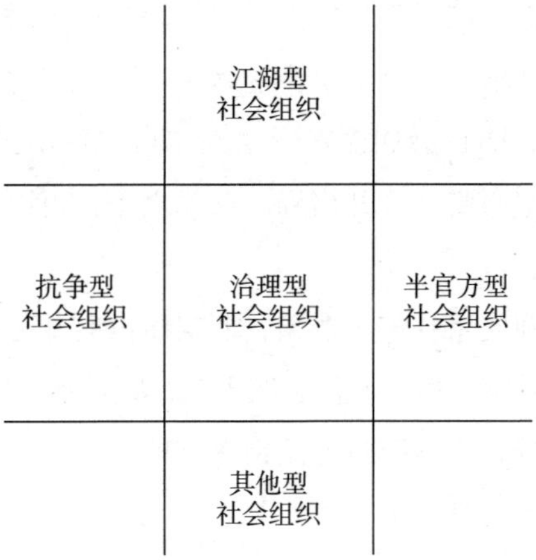

	江湖型 社会组织	
抗争型 社会组织	治理型 社会组织	半官方型 社会组织
	其他型 社会组织	

图 1　社会组织分类的井字形构图

在井字形的结构中，依照社会组织实现社会目标的手法之不同而划分出五种类型，其中井字形的中间是一种独特的类型，它与四周的四种类型相对立。四周的四种类型之所以归于同一大类，是因为它们有一个共同点——都是通过泛政治化的手法追求社会目标，在社会目标的实现过程中，时刻存在社会组织

---

① 北京春晖博爱公益基金会于 2015 年和 2020 年获评 5A 级社会组织，并于 2020 年荣获第十一届"中华慈善奖"和联合国经济及社会理事会"特别咨商地位"。

将手段转化为目标的问题，从而自身出现了泛政治化而不是治理化的趋势。中间框格又代表着泛政治化的手法终于转化为专业化的手法，因而随着这一类社会组织的不断成功，社会治理的地带越来越大，但却没有任何的政治风险。

按照井字形框架划分类型，是为了在社会组织的管理工作中，第一时间瞄准中间地带，这是我们所要关注的核心。一旦做到了对中间地带社会组织的选择性支持，那么不仅专业治理体系会走向厚重的积淀，而且四周的类型还会被逐步引导朝中间汇聚。因而，真正重要而又颇具难度的正是对于社会组织的识别与实质性的判断把握。

（二）井字形结构内涵的拓展

在《社会组织走出去：优势与挑战》（范娟娟等，2022）一书中，则讨论到相似的思想。具体而言，我国的社会组织"走出去"到不同的民族国家、不同的宗教文化地域开展工作，实际上存在两种方法论指导。一种是社会组织代表国家和民族的利益，在帮助他人的同时，追求自己所属群体的价值最大化；另外一种价值视角则追求在平等、接纳、尊重的基础上进行对话，以此实现不同群体的共享价值。共享价值位于重合的地带，在这一地带进行挖掘，不仅可以将差异转化为共通，而且会加深对于"人本身的价值到底是什么"的认识，在此过程中进一步拓宽心胸、打开格局。在此之上，再以专业的手法来推动事情的落地实施。

尽管该书没有明确使用井字形框架，但实质内容却是一致的。实际上，位于井字形中间的正是共享价值；而位于四周的，则是不同民族国家之间的分立、不同宗教信仰之间的分立、不同政治派别之间的分立，我们甚至可以将不同的对立面分别置于井字形的左边和右边、上边和下边，以便更形象地理解。

因此，在社会组织"走出去"的探讨中，井字形框架的分析范围从专业拓展到价值体系，其精髓一脉相承：挖掘中间地带，将促使四周朝中间汇聚；选择性支持中间地带，将促使我们的公共政策更好地利用起社会的力量。

（三）有关 INGO 的研究

有关 INGO 的研究主要包括两个部分：第一，INGO "走进来"，第二，国内的社会组织"走出去"。任一方面都涉及两个不同的视角问题，一种观点关注的是井字形中间的部分，从而以积极和建构性的视角，发现不同群体之间可以实现的共享价值以及以专业性解决问题实现社会治理的手法与潜力：一是聚焦于 INGO 的管理和合作，张译允和张纯琍（2022）对国内关于境外 NGO 的期刊文献进行分析后认为，目前国内的已有研究多数在讨论如何管理境外 NGO 而忽略了服务和引导的重要性。赵环和高丽（2017）认为长期以来以管控为本位的境外 NGO 管理机制转为整合式吸纳，在管理路径上以法治化建设为基石，以柔性化行政为手段，以社会化治理为创新。陈晓春和文婧（2017）提出通过强化制度准入、合作中贯穿中西方文化、采取合作理念创新等途径优化在华境外 NGO 与中国政府的合作。二是关注 INGO 的作用与专业性，韩俊魁（2006）通过境外在华扶贫类 NGO 的典型案例研究，发现 INGO 在扶贫实践及培育本土 NGO 方面给了我们很多启示，包括参与的理念与专业性的体现。谢舜和王天维（2021）比较了中西方社会组织的发展路径，主张中国社会组织的高质量发展需要立足本土差异化的需求，因地制宜地利用本土资源，借助外部动力激发内生动力。

另一个视角则落入了井字形的四周，从中看到的是 INGO "走进来"所带来的风险，有的看到了谨慎的防范需求，有的则看到了赤裸裸的危害性行为。构建全面的监督体系以防止境外 NGO 假借公益和慈善之名从事危害社会的活动，有效防范和化解境外 NGO 对非传统安全的消极影响（陈旭清、高满良，2020）。近年来，某些境外 NGO 的活动给我国的安全稳定带来了一定程度的威胁和危害，因此对在华境外 NGO 的管理需实行立体化风险外防（王丽娟，2016）。雷悦露等（2021）研究表明，要加大对境外 NGO 的监管力度，防范和抵御西方敌对势力借助境外 NGO 损害我国社会的图谋。

而在社会组织"走出去"方面，也落入两种不同的视角之中。一种观点认为，要借助于中国社会组织"走出去"，传递文化、习惯、规范和正义的影响力，提升国家的公信力、建设和维护魅力。经由 NGO 援助行为传递的文化、信仰、习惯、规范所体现的正义、人道、和平等，是一个国家软实力以及对受援国人民产生吸引力和影响力的关键（马庆钰，2022）。另一种观点则认为"走出去"要进入本土化情境中，运用专业的能力参与到全球治理之中，关注共享价值以及解决共性的治理问题。李岚睿（2021）实地调研了 SOS 儿童村等 4 个 INGO 在东南亚等地的发展，发现其将儿童权益保护、难民救助、残障人士赋能、促进社会公平与正义等全球性议题置于本土情境中加以解决，取得了良好的成效，进而提出中国社会组织"走出去"可遵循本土化的行动路径，采用"去政治的自主性"发展策略，弱化政治敏感性。在全球气候治理领域，当前国内与气候变化相关的 NGO 在议题设置、项目运作等方面的影响力有限，亟须提升我国 NGO 参与国际气候治理的能力、效率和水平，为此需要在管理体制、资金机制等方面进行改革，为 NGO"走出去"充分赋能（潘家华、王谋，2022）。

当前，由于"走出去"的规模与研究深度相对不足，这方面的讨论并不充分。但一个基本事实是，我国的社会组织"走出去"仍然处于初级阶段。中国社会组织在国际治理体系中的作用非常有限，在国际舞台还缺乏影响力与话语权（邓国胜、王杨，2015）。中国 NGO 在"走出去"的过程中面临着身份合法性、行为合法性和结果合法性的挑战（王杨、邓国胜，2017）。

但正因如此，在尚且处于初级阶段的时期，将关注点定位于井字形中间地带具有特殊的重要意义。因为两种不同的视角选择，意味着社会组织"走出去"之后不同的潜力开发可能性，意味着两种完全不同的含义和追求。

三 案例呈现与分析

（一）源头及所蕴含的张力

北京春晖博爱公益基金会（以下简称"春晖博爱"）2012 年在国内正式注册成立，从半边天基金会（以下简称"半边天"）接棒后独立运作。20 多年前，美国一位好莱坞剧作家博珍妮领养了两名中国福利院的儿童，在家庭无微不至的关爱下，两个女儿幸福快乐地成长。受此触动，博珍妮决心将家庭般的、无国界的爱带给福利院所有儿童，于 1998 年在美国注册成立了半边天[①]。2000 年，半边天带着对儿童关爱的理念及资金进入国内的两家福利院，开启了福利院孤残儿童服务的历程。

半边天进入之初，受限于经济发展落后、人手短缺、物资匮乏等客观条件，一名保育员通常同时照顾 20 ~ 30 个孩子，有限的精力只能优先用于保障儿童吃饱穿暖、有地方睡等基本生存需求，缺乏关注、情感交流和陪伴等。在集中供养模式下，儿童出现了各种身心发展滞后的情况。显然，当时儿童的成长状态、生存环境离半边天团队以儿童为中心、注重儿童全面发展的追求相去甚远。

与此同时，当博珍妮和国外志愿者满怀爱意背着玩具、绘本、器材等进入

[①] 进入中国以后，在民政部注册了北京办事处。

福利院时，国人对这一跨越国界援助的行为褒贬不一，同时有三种观点：第一种观点是"中国的孩子有中国政府供养，有能力也有钱，不需要外国人来提供帮助"；第二种观点是一些不好的情形和短板暴露给外国人有损国家颜面，为此要严防死守，不能随意让对方进入福利院，即使允许进入也要有所防范；第三种观点则认为借助于半边天理念和方法的培训，改善福利院的环境和养育抚育方式，"通过学习别人的优点来弥补我们自己的不足，为儿童们带来好处，人改变了社会环境就会改变，我们的国家也会越来越好"。

这是一个令人感动的公益源头，但是研究者观察到其中存在明显的张力，因为从这一源头完全可以进入井字形框架中间或四周两条轨道中的任意一条：第一，进入中间共享价值的轨道，因为关注福利院里的孤儿是全人类共有的爱的体现，所有人都享有那份爱护孩子的感受；第二，引入另一条轨道，来自国外的服务者们或许会看到一些不尽如人意的场景，不能理解甚至愤怒，专门将影像、数据等资料收集起来并公开，从而进入政治对话或价值观点对话（比如人权的话语）的轨道。

那么，现实中的情形是怎样的？实际上，半边天的行动从一开始就限于井字形结构的中间地带，坚决回避进入井字形左右两端的对话。典型做法是自始至终，包括海外捐赠人、志愿者等在内的服务团队在现场，强调严格的纪律，比如不得携带相机、不得在院内拍照、未经允许不得在院内随意活动等，以保护受助儿童的尊严，并且将行动目标严格限定在纯粹的、身体力行的儿童服务之中。从另一个角度看，半边天国内国外的公益行动者，从未对政治上的对话、人权话语上的对话感兴趣，这些内容根本不会成为其行为选择。

至此，仅仅是通过案例中非常局部的信息，我们便可以得到启发：当试图确定对境外非营利组织的管理策略时，需要识别出选择处在井字形中间地带追求共享价值的 INGO，并且以支持性的方式对待。

（二）共享价值深化过程中的挑战及其克服

1. 一组挑战

半边天及后来的春晖博爱将服务儿童的理念和做法总结为回应式教育抚育。所谓回应式是在服务儿童的过程中，以儿童本身为中心，让儿童在成长过程中尽可能打开自己，自主表达自己的内在情感与需求；外界服务者通过各种方式进行回应，并通过回应而引导。回应式的服务体系，不再满足于儿童吃饱喝足睡好或者呆坐着看电视，而是要让孩子们全面动起来。在情感方面，一线服务者要与儿童建立起安全的情感依恋关系；在活动与成长方面，则要让儿童进入游戏和互动之中，进入各种以兴趣为基础的学习过程中；在身体康复方面，则引入生活中康复以及融合教育的概念①。这一切的追求都表明以儿童的尊严与价值为核心的共享价值得到了更高程度的强调。

高目标的追求同时带来了一系列的挑战，只有突破挑战，高目标才能真正达成。其中有三大主要挑战点。在福利院中引入回应式首先遇到的一关是如何让院长和院内工作人员一同走入这一轨道。在传统文化观念里，人们对于儿童的爱并非如此，更可能的是让孩子们风吹不着、雨打不着、饿不着等，或者既然残疾了，就无须投入那么多来康复了。挑战点二是即便说服了他们，一线服务者在具体行动的过程中是否能够掌握相应的方法，从而将回应式操作出来。挑战点之三，当回应式的理念进入更复杂的儿童发展环境中，比如模拟家庭或者融合教育的体系时，所面临的挑战更大、难度更高，一线服务者还能够胜任吗？

面对以上三大挑战，从半边天到春晖博爱，在实践中逐渐探索出了相应的解法。本文限于篇幅，只做简单的介绍。

2. 对于挑战的解决方案

第一大难点在于如何说服福利院的领导与服务者们愿意进入这一轨道。

显然，通过说教或者简单的培训讲述都难以激活对方的内在动机。要进入这条轨道，半边天具有借鉴意义的做法是一批公益行动者率先行动起来，在做的过程中让对方看到效果，比如博珍妮与孩子们亲切地互动、平等对待所有孩子、将脑瘫儿童抱起来互动，孩子们很快焕发了生机；用三个月的时间采用回应式的手法带领福利院儿童制作模型、绘制外部街景、利用废物制作时装走秀等，让大家直接看到儿童在认知、动作、能力等方面产生的不可思议的改变等。在最初的一段时间里，孩子尊严感增强的效果尚未被明显感知到，主要是孩子们聪明起来了，康复得更快了，能力快速提升了，照料孩子们的难度降低了……这一些直接外显的功能改善，逐步打动了那些充满爱心的福利院领导和工作人员。

第二大难点是要实现回应式教育抚育，一线服务者能否掌握相应的方法，

---

① 早年福利院内大多数是被遗弃的健康女婴，后来儿童结构有所改变，目前福利院内以患有肢体残障、智力残障和先天性疾病的轻中度和重病重残儿童为主。

以及如何战胜专业性的挑战。专业性挑战分布广、类型多，此处仅举一两个服务场景为例。

一个简单的场景是，一个 1 岁左右的孩子突然之间哇哇大哭而且哭个不停时，回应式应该如何对待？半边天的示范性做法之一是，确定没有病痛和其他需求后将孩子抱起，没有哄，什么也不说，就这么静静地抱着，一直到孩子不哭为止。这个过程会花上半个小时甚至更长时间，但却是值得的，因为在整个过程中孩子都会感受到在被支持，而且是无条件地被支持。孩子的安全感得到了保证，它不仅解决了当下哭闹的问题，而且还增强了孩子在以后遇到同样的情形时抵御不良环境的能力。

第二个场景是福利院内一个学前班的课堂上，老师准备给孩子们上课，备好了石头、树桩和颜料等材料。老师在分发材料时，一个已经拿到石头的孩子开始用石头敲桌子，噪声影响了整个课程秩序。对此，常规的办法是以喝止、训斥或责令出教室等方式管控其行为，回应式则与此不同，其巧妙的解法是：老师也拿起手中的石头并告诉所有的孩子，"孩子们，来，我们一块敲"，于是孩子们兴奋起来，加入一场即兴的小游戏中，然后在孩子们的兴致释放中老师找准时机喊"停"，大家齐刷刷地停了下来，之后顺利回到课堂教学环节，所有孩子都在跟随着老师的节奏走。增加一个临时性的小环节，顺着孩子的脉络方向走而且丝毫不伤害他的尊严，还让所有孩子兴奋地投入进来，事后再与之沟通，当时的场景、规则是什么以及为什么要遵守规则。

第三大挑战是在推动融合教育及康教融合时，需要让福利院里的轻度残障儿童与重度残障儿童一起活动、生活和学习，一线服务者能够将回应式做到底吗？

首先，回应式的做法做到位之后是有益于重症儿童的发展的。以一个具体的服务场景为例，徐动型脑瘫患儿小西，残障程度较重，整体能力较差。原来教他学习用抹布擦窗户的动作，除了老师拉着他的手一起擦时偶尔动一下，从不独立操作。进入融合班之后，他看到另一个轻度残障的小男孩正在用抹布擦玻璃，便自发地拿起抹布模仿着擦了起来。融合的场域为重症儿童创设了激发动机的情境刺激，使其在内心中兴奋起来，在行为上主动地模仿。但要创设出这一情境，一个关键的问题是如何让轻度障碍的孩子有持久的兴趣，去呼应融合的安排。换言之，轻度障碍的儿童愿意和重症儿童一起玩吗？他们也能得到回应并从中受益吗？因此，融合教育从一开始就需要在设计上具备这一思路，即建构出不同程度的儿童群体发展共赢的融合环境。问题继续深入，轻度障碍儿童的受益点是什么？半边天自主探索出的答案是，让轻度障碍的儿童产生出助人的感觉，感受到自己帮助他人、照顾他人的责任感以及获得帮助他人而产生的乐趣和价值实现感，从而与回应式追求人的发展的总体目标呼应起来。对于同样残障的儿童而言，这一价值回报亦是稀缺且珍贵的，原本能力不足的他们难以获得这样的价值体验。

3. 专业能力是共享价值的重要组分

对上述三个挑战点及半边天相应的解决方案做进一步的分析。

首先，当坚守某一特定的理念并致力于将其带到另一种文化中时，往往会遇到在受益方的环境中还没有接受这一理念的习惯的情况甚至存在障碍，因而需要通过专业化的手法将理念植入。专业性的存在说明，即便在共享价值层面达成了共识，理念的兑现仍然具有难度，而本案例中正是应用了特定的手法与思路解决了诸多难题。

其次，即便所追求的共享价值是基础性的善，它的落地实施依然需要一定的手法，上述内容则展示出与理念相配套的专业手法。但是，共享价值不仅仅包含基础性的善，还包含让人的自我彻底打开，让人的尊严感和价值感得到最高程度的满足等内容。同时，一线服务人员需要拥有专业能力，解决共享价值如何落地的问题。

综上所述，在共享价值落地与深化的过程中，专业性是至关重要的概念和组分。通过专业性让共享价值得到最基础性的奠定，还可以让代表共享价值的理念由浅入深地建构起来，即由基础性的善走向人的尊严与价值。专业性还可以在更多的场所来解决公共服务、公共治理领域中的问题，以此取代曾经的话语体系、江湖模式、政治抗争等手法。需要强调的是，专业性并不是指课本上的理论知识，而是服务者们自觉不自觉地探索并总结出来的做法体系，以及将之固定下来形成的特定服务模式。

（三）对于本土现实的尊重

1. 良好意愿与现实是否吻合的问题

项目在不断展开中会遇到各种问题，其中一个是助人者会先在地认为存在一些有益于儿童发展的手法或行为方式，据此投入努力加以推动。但有时候一些好意并不符合实际情况，因而它们无法落地。

例如，随着服务的持续推进，半边天的回应式教育抚育从福利院拓展到乡村，将帮助的群体扩展至乡村留守儿童。项目运作初期，一名国外的资深儿童教育老师与本土团队发生了争议，她要求在儿童活动中心培养当地儿童的卫生习惯，这一用意是好的，大家很快达成了一致。但在具体方式上，她坚持要求发放牙线，认为牙线是卫生习惯的标配之一，本土团队则看到由于与乡村的习惯不一致，这在本土是无法落地的，只需配备当地常见的卫生用具。此外，关于项目中的师生比也产生了很大的分歧，一方认为严格保障服务质量就一定要和美国的师生比保持一致；另一方则坚持要考虑乡村的实际情况，尤其是外来团队撤出之后服务的可持续性。双方就此展开了激烈的讨论，各执一词，僵持不下，创始人博珍妮提出国外团队可以提出各种建议，但"以后中国的项目，所有决定由中国人来做"。

在助人者看来有益的善举，却在落地过程中遇到困难，原因多种多样。第一种可能是，这的确是好事，但对方暂时还不理解，于是就可以使用上一部分提到的方法来解决问题；第二种可能是一些善举不符合当地的实际情况，此处便是这一情形，对此的解法则是将决策权限归还给一线本土的行动者。

2. 上升为对本土运作者的尊重

从半边天到春晖博爱的发展进程中，一个里程碑式的事件是将行动的自主权完全下移，从而让资助方式和运作模式发生根本性转变。

半边天自从 2000 年与中国第一家福利院合作以来，一直按照传统的资助合作模式，承担包含物资、人员工资等项目运作的所有费用。一方面，回应式教育抚育进入越来越多的福利院，在各级民政部门及福利院系统内形成了良好的口碑；另一方面，随着国家对儿童福利的重视以及财政投入的不断增加，一部分福利院已经具有购买服务的资金，全国范围内许多有想法的民政部门领导和福利院院长主动寻求合作。2014 年，新的资助模式应运而生——种子项目。种子项目的资助和合作方式是基金会将服务模式引入福利院，只在开始阶段一次性资助一笔资金和支付几位固定人员的工资，福利院匹配同等的资金和人员启动运作，此后由福利院来购买基金会的培训、服务等。同时，具体的服务项目充分发挥福利院的主动性，因地制宜地设计并组织展开，由院方来主导，探索出适合院内儿童且能够落地生根的服务模式，基金会只在此基础上提供专业支持。

这一转变不仅意味着可以更好地实现供需对接，更重要的是，它将行动的主体身份转移给了福利院。这是值得解读的现象，其深层的含义是既带来理念又带来资金的资助者开始真正地尊重一线运作者了，不再是居高临下地递送善意，开始与基层的运作者形成伙伴关系，后者最终成为行动的主导者。

3. 基金会的本土化遵循同一理念

2012 年，博珍妮及半边天团队观察到中国团队已经具备独立运作的能力和担当，中国社会也具有了筹款和本土化运作的空间，酝酿已久的春晖博爱在国内独立注册成立。博珍妮放手将筹款和项目的实际运作都交给团队成员全部为中国人的春晖博爱负责。带着博珍妮的授权与信任，春晖博爱开始了探索与发展的新阶段。事实上，博珍妮从一开始就在考虑"项目迟早还是要交给中国人负责"，因此，虽然独立运作的前期遇到了各种弯路和障碍，博珍妮及半边天团队仍然鼓励春晖博爱大胆尝试，并根据团队的需要及时提供专业上的支持以及方向把握。2017 年，博珍妮完全交棒，只担任基金会的理事，日常几乎不再主动过问或者要求汇报工作，非常认可中国团队，在逐步放手的同时还一直将春晖博爱推向前台，期待春晖博爱梳理从国际化到本土化的经历并向越南等其他国家的本土团队分享经验。

一个国际机构完全转化为一个中国本土化的基金会，只是后者仍然保持有国际背景。从中可以看到，重要的不是是否具有国际背景，而是基金会是否将重心落到实际解决社会问题上，以及是否能够做到为一线行动者赋权。本案例中，半边天基金会具有发起者的身份、资金筹措者的身份，却从不寄望于占据着公益行动的顶端位置。增能赋权成为其核心理念之一，是最为重要的共享价值内容。

综上所述，我们服务于儿童，就要对儿童充分尊重；借助于福利院服务于儿童，就需要对福利院尊重；通过本土机构进行公益行动，就需要对本土公益团队予以尊重。尊重是共享价值中的一个核心模块，是位置相对较高的部分。而尊重的具体体现，便是将主体地位赋予对方，双方达成平等的关系，由"居高临下式"的帮助逐渐转化为一线行动者成为实质上的主体。

四 研究结论

基于井字形分析框架，本文深入思考研究了春晖博爱的案例，得出了一些有政策潜力的结论。

（一）共享价值与专业性

共享价值不是一个固定的点，而是可以升级迭代与挖掘深化的。

共享价值可以不断升级。在基础层面，共享价值可以是人道主义的内容，是基础性的善良，再往上则是人的平等和尊严，一个人被赋权以及其自我的打开，其身份的主体性得到保证。

共享价值可以不断深化。共享价值是一个不断开发、不断深化的过程。它可以体现为善良，还可以深化为特定的理念。本案例中，随着理念的不断落地，共享价值由浅入深，不断深化。

专业性与共享价值是一件事情的两个侧面。在共享价值的落地、升级、不断加深等诸多环节中会遭遇到各种挑战与难点。每每在此时，专业性就体现出它独特的作用：通过专业性的开拓，挑战点被攻克，问题得到解决，价值得以深化。

因此专业性和共享价值是相互融合、相互促进的，拥有了专业性，共享价值可以更加顺利地拓展开来，最终走通一个又一个路径节点，井字形的中间区域不断扩展。当井字形中间地带积累到一定程度之后，井字形四周所占的比重就会下降，四周之间因为其差异而产生的冲突也会减弱。共享价值与专业性共同起作用，达成我们所期待的结果。

（二）政策启发

1. 区分考察 INGO 有两个视角

第一种视角是瞄准井字形四周，四周分别聚集着因民族国家、宗教信仰、政治派别等差异而产生的不同群体，每一群体各自围绕着自身的特殊利益进行表达。由于不同类别之间的观点各不相同，相互间会产生有针对性的激烈争论。尽管如此，在井字形的分析框架中，四种不同的类型又构成了一个统一的类别，从而与位于中间地带的类别相对立。后者则是井字形中间的视角，它的内容包含从共享价值到专业化运作的成分。在中间框格内，首先消除类别之间的差异与分化，择取共享的成分；沿此开发与建构，有助于人们朝向共赢式的社会前进。

2. 选择性支持

要收获井字形中间地带的巨大潜力，实现多类别群体共赢的结果，就需要拥有对 INGO 进行鉴别的能力，对致力于共享价值和专业化运作建构的 INGO，在政策上予以区别性对待。一方面对 INGO 的支持要到位，另一方面则要尽量消除对其无端的担忧与防范。开发政策空间，让这类机构能够更好地开展活动，让其潜在的积极效果被最大程度地开发出来。所以，选择性支持包含的两步是选择和支持。

同时，进入中国社会并在本土化过程中已经完成扎根生长的 INGO，在共享价值和专业化的推动方面已经证明了自己。在相当程度上，这是我们国家发展过程中所需要吸纳的力量，需要参照其价值理念和解决问题手法，将之当作社会发展与进步的力量来对待。

3. 发挥社会组织"走出去"的优势

国际交往中的主体既有代表国家的政府，也有代表全社会公共利益的社会组织。社会组织具有更为广阔的发言空间，在与政府主体的对比中，更有可能进入井字形中间地带，既不是进入国家利益倡导的轨道，更不是进入国家利益的对立面。使用井字形框架分析问题，有助于实现四周地带的利益共赢。正如在半边天与春晖博爱的行动中，东方和西方之间的价值差异不复存在，政治上左派和右派的差异也不复存在。真正被强调的重点是各对立面所共同关心的人的尊严与发展问题，以及实现这一目标的专业手法。

当前时代，在政府层面的外交之外，社会组织的民间交往具有格外重要的意义。因此，要支持具有国际化倾向的社会组织发展，推动本土社会组织构建国际化活动网络，拓展新的外交空间（孙海泳，2018）。需要注意的是，在国际交往中，需要避免政治吸纳社会的可能性。如果政治主导的力量过于强大，社会组织话语权过于弱小，将会出现社会组织的优势失去的结果。实际上，正是社会组织引导我们进入井字形中间地带的可能性，带来了共享价值的潜力。

4. 关于社会组织"走出去"的战略方向

井字形的分析框架还可以运用于国家社会组织"走出去"的战略目标中。在"走出去"的过程中同样存在两个不同的视角，其一是让社会组织进入政治范畴，从而代表国家的利益表达立场；其二则是以共享价值和专业性的方式来解决问题，将不同群体共同面临的资源与问题凸显出来，从而助力于实现人类命运共同体这一根本性的目标。

后者应当是"走出去"所坚守的准则，它不仅适用于社会组织"走出去"领域，而且适用于央企或民营企业"走出去"尽企业社会责任的情形。尽管企业做公益事业完全可以有自身的利益诉求，但其所投入的资源越大程度地用于井字形中间地带越好，由此引发双方基于共享价值的共鸣，而不是对方的抵触或防范。

参考文献

陈晓春、文婧（2017）：《在华境外非政府组织管理如何"更上一层楼"》，《人民论坛》，第8期。

陈旭清、高满良（2020）：《境外NGO对北京地区非传统安全的影响研究》，《中国行政管理》，第12期。

邓国胜、王杨（2015）：《中国社会组织"走出去"的必要性与政策建议》，《教学与研究》，第9期。

范娟娟、陶传进、卢玮静（2022）：《社会组织走出去：优势与挑战》，北京：社会科学文献出版社。

韩俊魁（2006）：《境外在华扶贫类NGO的典型案例：世界宣明会永胜项目十年》，《学会》，第11期。

雷悦露、李亚真、刘黎明（2021）：《敌对势力利用境外非政府组织渗透活动及其对策——以公安网络监管为视角》，《四川警察学院学报》，第1期。

李岚睿（2021）：《INGO参与东南亚区域治理的"本土化"路径研究——基于印尼境内的案例调查》，广西大学硕士学位论文。

刘超、贺小美、高超（2020）：《欧美国家海外利益保护中的NGO：作用与启示》，《湖南工业大学学报》（社会科学版），第4期。

马庆钰（2022）：《中国NGO参与全球治理的优势与时机》，《理论探讨》，第1期。

潘家华、王谋（2022）：《提升非政府组织参与国际气候治理能力的建议》，《环境保护》，第6期。

孙海泳（2018）：《境外非政府组织因素对中国外交的影响及其应对》，《国际展望》，第1期。

陶传进、张欢欢（2020）：《分类支持：社会组织管理的一个新视角》，《新视野》，第2期。

王丽娟（2016）：《对在华境外非政府组织的风险管理研究》，《管理观察》，第3期。

王杨、邓国胜（2017）：《中国非政府组织参与全球治理的合法性及其行动策略——以中国非政府组织参与海外救灾为例》，《社会科学》，第6期。

谢舜、王天维（2021）：《社会组织的嵌入性与本土化培育》，《江汉论坛》，第5期。

张译允、张纯珂（2022）：《国内境外非政府组织研究的进展与未来展望——基于

CNKI 期刊文献数据》,《云南行政学院学报》,第 2 期。

赵环、高丽(2017):《整合式吸纳:在华境外非政府组织管理的机制创新及其实践》,《社会工作与管理》,第 2 期。

Shared Value Framework vs. Value Selling Framework: Two Perspectives of INGO's International Philanthropic Operations

Tao Chuanjin & Dai Ying

[**Abstract**] This paper illustrates how INGOs enter shared values zone of difference peoples in cross-border social activities by theory construction and cases analysis. Conclusions: First, the connotation of shared value is humanity, regardless of race, belief or nationality, committed to alleviating people's sufferings and increasing their welfare and dignity; second, the shared values of different peoples increase in the process of learning from each other in international philanthropy; third, the process also transforms the disagreements, conflicts, battles and confrontations into the greatest common factor of values; fourth, expertise of social sciences, rather than the preferences of values, need to be followed, showing the enlightenment to policy making and the progressive direction of international social change.

[**Keywords**] INGO; Shared Value; Expertise

责任编辑:蓝煜昕

论公益慈善共同体的构建*

——从对主体性观念的超越出发

刘　文　于秀琴　王　鑫**

【摘要】 构建公益慈善共同体是推动公益慈善事业发展的重要方向。主体性作为现代社会生成和运行的基本动力，在带来社会进步的同时也构成了一些深层矛盾的源头，公益慈善共同体的构建受到了源自主体性观念及其行动的阻滞。利他性作为公益慈善领域的基本特征，并没有消解主体性观念的辖制，反而在很大程度上被主体性观念所占据而异化为"主体性利他"，透过"主体性利他"概念可以进一步解析公益慈善共同体构建的困境。他在性观念蕴含了超越主体性和"主体性利他"观念的可能，韧性指向的慈善实践也展现出了不同于主体性行动的新面向，它们在帮助理解反思"主体性利他"观念的同时，也为构建公益慈善共同体的行动路向提供了基本导引。

【关键词】 公益慈善共同体；主体性；主体性利他；他在性

---

* 国家社科基金重大项目"发挥第三次分配作用促进慈善事业健康发展研究"（21&ZD184），烟台市校地融合发展项目"公益慈善特色的网格化社区构建及治理现代化实现路径研究"（2021xd02）。

** 刘文，山东工商学院公共管理学院（公益慈善学院）讲师；于秀琴，山东工商学院公共管理学院（公益慈善学院）教授；王鑫，山东工商学院公共管理学院（公益慈善学院）副教授。

一 问题的提出

20 世纪中后期以来，在社群主义的复兴和发展过程中，共同体的观念和主张再一次被强调和重视。进入 21 世纪，中国学界对共同体的关注度不断提升，党的十八大以来，习近平总书记多次对共同体的观念和追求进行不同层面的强调和阐述，共同体成为中国学界和实务界共同关注的焦点。无论是从全球还是区域的层面来看，共同体观念的兴起都是对人类社会总体形势的一种因应，包含着对当下和未来人类社会存在和发展的一种可能性建构。共同体作为一个概念，其意涵具有历史性和复杂性，在新的社会时代背景下生成的共同体观念，也具有以往时代所不具备的构成要件和价值指向。我们当下所谈论的共同体，无论是命运共同体还是治理共同体，共同的价值判断和预设是"人的共生共在"（张康之、张乾友，2012），指向的是超越彼此分离的合作与交融，也即一种"合作共同体"（张康之，2016）。这样一种共同体的观念和主张不同于传统的理解，认为共同体是生成于血缘、地缘、礼俗和情感基础之上有共同价值的社会存在形态（滕尼斯，1999），传统意义上理解的共同体得以生成的基本条件在工业化和城市化进程中受到了消解。同时，新的共同体观念和主张更加不同于在结构功能意义上理解的"社会共同体"，将共同体视作对原子化个体进行结构功能性整合的区位性存在，这种意义上的共同体本质上是一种形式化、工具性存在，是对竞争性社会运行过程的一种描述。

从社会总体演进历程来看，无论是传统意义上的共同体的消解，还是新的共同体的生成，一个共同的关键作用因素就是近代以来形成的主体性观念，主体性作为现代性的核心特征，是理解现代社会生成和建构的基本视角。对于传统自然共同体的消解而言，主体性观念使得人作为主体，基于自身的理性思考和判断自主地行动，每一个人都成为具有自身独立性的社会存在。在"脱域化"（吉登斯，2011：18）的过程中，具有主体性的人又进一步地从传统中脱离出来，在抽象的意义上成为一般的"原子化个人"。原子化个人之间生成的则是一种主客体关系结构，也即个体将自身视为主体，而将其他个体视为服务自身的客体。在这样一种总体情景中，社会的基本联结主要依靠具有契约性和竞争性的制度规约，主体之间形成的也就主要是一种分工协作的社会结构。近代以来的这种社会演进过程，包含着对传统社会建立在地缘、血缘、文化风俗等基础之上的所谓有机共同体的祛除（波兰尼，2007：111）。对于新的共同体的生成与建构而言，一方面，建基在主体性观念之上的主体，是生成和建构新的共同体的基元构成，在当今的人类社会，主体已经成为一种根深蒂固的存在，我们不可能摒弃主体而再回到混元的社会形态。另一方面，主体性观念及在其基础上衍生出的各种主体中心主义，又构成了新的共同体生成和建构的基础性障碍。影响共同体建构的各种内在的、外在的和生成性的因素有很多，但是，主体性观念基础之上的主体性存在是一切其他因素能够起作用的根源，当前，各个领域的共同体建构实践所面临的根本性挑战都在于如何克服主体性观念及其基础上的行动所制造的合作难题。探究共同体的生成和建构，绕不开主体性这一基础面向，共同体建构和生成的出路也首先在于对主体性观念的新的理解和超越。

伴随着慈善事业规模和作用的不断扩大，慈善主体和主体间关系的日益多元，以及慈善事业所处社会场域的复杂化，构建包括政府、公益慈善组织以及不特定的社会主体在内的多元主体相互融合、共同成长的公益慈善共同体成为一种必要。对于公益慈善共同体的构建而言，主体性问题仍然是绕不开的，主体性观念对于慈善主体的行动以及主体间关系的展开仍然具有基础性作用。公益慈善领域的特殊性在于，其是以利他性和公共性为旨归的，在一定程度上包含着对主体性观念的反思和超越，这也使其最具备有利于共同体生成的基础性条件。但经验研究表明，指向慈善共同体生成的公益慈善生态（康晓光、张哲，2020：73～82）、慈善主体间关系（黄荣贵等，2014：37～60）等多个关涉主体性的实践面向都不尽如人意。由此引出的问题是，如果说主体性观念对于共同体的生成和构建具有基础性的影响，那么，在公益慈善这一具有自身特殊性的场域中，主体性观念及其行动在共同体的构建过程中具有哪些消极面向？公共性和利他性的基本价值指向为什么难以有效消解主体性观念的辖制？如何才能有效地消解主体性观念对于共同体构建的阻滞，从而指向慈善共同体的生成？

出于对上述问题的关怀，本文从主体性的理解视域出发，着力分析和审视主体性观念在阻滞慈善共同体生成中的主要显现方式，探讨为什么以利他性和公共性为指向的公益慈善领域并没有消解主体性观念的辖制，特别是通过对主体性与利他性之间的关系进行阐发，提出"主体性利他"这一解释性概念范畴，进而在观念和实践的发展演进中，找寻克服和化解这些阻滞的可能，提出构建公益慈善共同体的基本行动路向。本研究力图能够在基础性的观念和行动面向对公益慈善共同体的构建产生引导和推动作用。

二　主体性视域下公益慈善共同体构建的问题审视

作为具体存在形态的公益慈善共同体呈现的是一种结果，其中包含着对主客体关系结构超越的主体间性，以及在主体间性中呈现的合作交融性等基本特征。达致这样一种共同体存在形态，需要经过生成和建构的过程，公益慈善共同体的构建是一个社会基本构成观念、主体关系结构、主体自身形态等多种因素综合作用的复杂过程。我们关于主体性观念对公益慈善共同体构建之影响的探究，也主要是从其基本的生成过程层面来展开的。

概括来看，在主体性视域中，公益慈善共同体的构建主要存在四个方面的问题。首先，在国家—社会关系视域下，公益慈善共同体的构建存在一定的制度约束。公益慈善主体作为一种社会性存在，是在社会领域中孕育生成的，公益慈善主体的快速成长也就意味着社会领域的发展，而公益慈善共同体的构建无疑更意味着社会领域力量的联结和扩展。所有这些都将在某种程度上构成对国家建构秩序的潜在挑战（徐湘林，2005：7~11），尤其是在主体性观念作用下，许多社会组织和慈善主体表现出了明显的主体性欲求，虽然它们在很大程度上都宣称自身所代表的是社会性层面的共同价值或公共价值，但实际上并没有真正超越主体性观念的辖制，也就是说，那些所谓的共同价值或公共价值只是基于主体性的自我证成。在国家的层面上，一方面，因为同样受到主体性观念的影响而保持着对社会领域的干预和约束；另一方面，由于受主体性观念辖制的部分社会主体的确在某种程度上对公共秩序造成了破坏，国家采取进一步的规控行动（康晓光、韩恒，2005：73~89）。就我们国家的情况来看，在过去一段时期，社会组织发展的步伐和节奏在总体上受到了国家层面的基本调节和把控，社会组织在数量规模上基本保持了较快的发展，同时，民间性的社会组织发展和公益慈善生态建构仍然处在比较初级的阶段（康晓光、张哲，2020：73~82）。

在公益慈善主体间关系层面，共同体的构建还面临着来自"内部"的阻滞。这里说的公益慈善主体主要是指公益慈善组织。因为主体性观念的影响，慈善主体在与其他主体的关系建构中存在多种问题，一是呈现出"中心—边缘"的结构问题，大的有影响力的组织能够对其他组织形成吸附，同时也可能包含着对边缘草根组织的排斥；二是其他一般性组织之间容易缺乏真诚的联结与合作意向。在不同的情境中，引致问题的原因是具体的、多样的，但是从基础性的层面来看，多元主体受到内在的主体性观念辖制却是一个共同的因素，其他外在性因素的确为主体的行动选择提供了依据，但是这些依据能够在多大程度上影响主体的选择，限制性因素在何种意义上构成多大程度的限制，则受到主体认知观念的影响，而主体性观念在很大程度上又决定了主体的认知取向。实践中，有的公益慈善组织出于对社会地位、信誉和认可度的考虑，会选择避免与其他同类的边缘草根组织发生关联（黄荣贵等，2014：37~60）。在具体的情境中做出这种选择，可能是具有现实合理性的，但从深层的主体认知观念来看，还是因为受到了主体性观念内在的封闭性辖制，而不能在更开放的理解视域中看到公益慈善事业发展的大格局。

如果说公益慈善组织之间的关系结构问题源自慈善主体"内部"，那么，慈善组织与其活动对象的关系结构问题，就可被视作一种"外部"问题。构建公益慈善共同体首先需要体认的就是，这不单单是公益慈善组织之间的一种关系结构问题，还包含慈善活动客体以及与它们之间的关系结构。没有慈善活动的客体对象，就没有任何形式的慈善活动存在的必要，不能真正深入慈善活动客体之中，与之形成深入交融，任何慈善主体及其慈善活动都将是水月镜花。公益慈善共同体既是对公益慈善组织之间主客体结构的消解，也包含了对传统意义上的慈善主体与慈善客体之间主客体结构的消解。实践中，公益慈善组织容易出现以主体自居的情况，按照自身的理解来对慈善对象开展项目活动，程序上科学严谨，但却不能真正深入问题情境之中，与慈善活动对象形成主体间的交融，结果往往不尽如人意（邓燕华，2019：147~166）。如果慈善组织不能够将慈善对象当作比自身更为关键的主体来对待，就不可能真正理解和把握行动的方向，那些科学的调查研究因为没有认知观念的转向，也很难有深入的洞见，指向共同体建构的合作行动也难以展开。另外，在当下的慈善领域，还存在诸如"慈善营销"等源自商业领域的主张和实践，将慈善活动对象当作项目营销宣传的客体来对待，这本质上也是一种主体性观念在作祟，不应该否定一些商业模式和做法的有效性，但也必须认识到公益慈善领域的独特性，进而探究能够促进慈善事业持续发展的行动路径，构建公益慈善共同体本身就属于这种探索尝试。

最后，构建公益慈善共同体还面临着慈善组织自身层面的问题。组织是现代社会的基本单元，而现代组织的基础典范则是韦伯的理性官僚制，也即一种以工具理性为主导的去人性化组织形态，围绕这一组织形态所形成的是等级分工协作模式。这样一种组织存在形态具有确定性条件下的系统效率优势，但对于复杂条件下的组织灵活运作则会形成阻碍。公益慈善组织因为其生成方式的不同而有别于一般的官僚制组织，然而，伴随着组织的发展和组织规模的扩大，特别是一些具有官僚制机构背景的慈善组织，往往也会呈现出官僚制组织的色彩。这就会对公益慈善共同体的构建构成一定的障碍，因为公益慈善共同体是基于主体间的开放性交融合作而生成的，而一个自身建立在主客体分立基础上、由工具理性主导的封闭系统，很难具备一种开放性的理解与合作能力。

三 "主体性利他"观念解析及其超越

从主体性的视域来看，主体性观念及其实践构成了对公益慈善共同体构建的阻滞，但如上文所述，公益慈善领域最为显著也是最为基本的特征就是利他性，而利他性似乎与主体性基础之上生成的原子化个体、工具理性组织、主客体关系结构都没有关联，而且还在一定程度上包含了对它们的消解。因而，要进一步理解和把握主体性观念何以构成公益慈善共同体构建的阻碍，需要对主体性与利他性的关系进行解析，从而具体透视公益慈善共同体构建在主体性层面所遭遇的困境，反思为什么利他性的指向并没有消解主体性观念制造的问题。

利他性作为一种对他者处境的直观感知和自然反应，本身是源自人先天道德潜质的内在命令，也就是康德意义上的实践理性，或者王阳明所说的良知。在这个本源层面上，利他指向包含着对一切主体性取向的超越。但是，一旦进入具体情境之中，问题就变得复杂起来了，因为人们往往需要做出进一步的具体理解和判断，而这些理解和判断就成了对利他性的具体界定，利他性本身也就超出了其原初意涵，变成了一种利他指向的理解和判断。在主体性观念流行的场域中，这个转化过程为主体性观念的发酵和介入提供了机会，逐渐地，原初的利他指向被遮蔽，利他指向的理解和判断实际上变成了一种主体性的判断和选择，虽然这些判断和选择宣称是利他指向的，而何为利他指向，又取决于主体的判断和理解本身。康德为了解决这个问题，论证指出，"纯粹理性单凭自身就是实践的，并给予人一条我们称之为道德法则的普遍法则"（康德，2011：30~31）。然而，不但康德的解释和论证是不完全的，在社会历史实践中，实际起作用的大都还是主体性的论断，这些论断独断地宣称自身的利他指向。比如，在近代科学的演进过程中，培根、笛卡尔等先驱都曾明确地宣称，科学的目的是人类的健康和幸福（笛卡尔，2004：49），指向的是"伟大社会"（培根，1959：28），但从其所产生的认知观念取向以及近代社会的实际发展来看，也都还是一种包含利他指向的主体性论断。

　　所以，当我们谈论利他性时，很大程度上是在谈论主体性观念之上的利他性，也就是一种"主体性利他"。在观念层面上，经常将"利他"和"利己"对立起来，但从主体性的面向理解，二者是同源的，它们具有相同的内在依据，只是具体的指向不同而已。原初的利他指向一旦被主体性观念所包裹，就是被各种自认为是合理的、善的观念和认识所辖制，基于原初利他指向所能开展的行动可能性也就被遮蔽和限制了。主体性利他指向因为主体性观念本身的局限，不但在行动中呈现出某种独断性，使其可能与其他的利他性行动发生冲突，比如实践中很多环保主义行动所面临的局面；而且，因为主体性观念的独断性和封闭性，这些主体性利他观念不能够真正激发和盘活组织内部的创造性潜力，实现组织结构和运行方式的蜕变。在主体性利他的视域中，慈善组织的主体性利他追求与普通组织的目标追求没有区别，它对于破解慈善组织与慈善活动对象之间的主客体关系结构也没有实质意义。主体性利他的追求和目标，在构成慈善组织及其行动的基本动力的同时，也为慈善组织及其行动的充分展开施加了内在的约束，这是公益慈善领域以利他性为导向但却依然面临诸多困境的一个基础性影响因素。

　　利他性的观念要实现一种原初之上的自在展开，就必须对主体性观念保持警惕。尤其是在当下这个价值多元的时代，各种主张都可能冒以慈善利他之名开展行动，主体之间的关系更是错综复杂。在那些具有本真性利他指向的观念中，都包含着对主体性观念的超越，它们承认人的自由自主，同时又强调真正的自由自主是不能居于其自身之中的，比如，基督教思想中对人在开敞中实现生命成长的主张，老子思想中关于不自居的洞见，等等。儒家思想既包含了对人的原初利他指向的认识，如孟子关于人之四端的阐述，同时也在某种程度上将利他性限定在一种相对消极的范围之内，比如对于孔子讲的"己所不欲，勿施于人"，就不能过度地解读为"己所欲，施于人"。当然，儒家思想在总体上具有一种向外的扩展性和进发性，也就是所谓的入世精神，扩展和入世本身没有问题，重要的在于对扩展性的具体阐发。晚近以来，对主体性观念批判最为彻底的当数法国哲学家列维纳斯，他强调以作为绝对外在性的他者来打破主体自身的独断（列维纳斯，2016），他在性观念自在地包含了对利他性观念的基础性约束，是对主体性利他思想最为强劲也是最有针对性的纠正，当然，在列维纳斯那里，因为过于强调他者之于主体的优先，在某种程度上限制了主体间的延展交融。

在当下这样一个主体性的世界中实现对主体性的消解和升华，还须经历漫长和曲折的过程，公益慈善领域因为原初利他指向的存在，最有可能率先实现对主体性观念的突破。虽然在这一领域也存在并不是以原初利他指向为出发点的组织和行动，但利他仍然是基本面，那些包含超越主体性观念的思想，在公益慈善领域也是最容易展开的。对主体性利他观念的超越，呈现出来的就是利他指向在问题情境之中的自在延展。利他性就其本真的意涵来说，就是指向他者、融入他者，而不是外在地认识、把握和指导他者，因而，利他性首先是一种他在性，或者说他在性才是利他性的基本底色，利他只是一种外在化的显现形式。作为一种外显形式的利他指向就不能以自身为依据，对他者进行剪裁，而是要呈现出真正的开放性，向他者及其情境敞开，不断地领会问题之所在，在主体间的交融中展开行动。从实践的面向看，消解了主体性的利他指向所呈现出的是一种实事求是的行动方式，不拘于某种具体的主体性利他取向，回到问题和情境本身，探求具体可行的路径方法。消解了主体性观念的利他指向，不但会在外向的行动布展和主体间的结构关系层面带来新的有益变化，对于组织内部的结构和运行而言，也会形成变革性的导向，这是因为消解了主体性独断而释放的外部行动可能性，将会引致组织释放内部行动空间以适应外部空间的变化，同时，因为主导观念的变化，组织成员的原初利他性也将得到组织层面的支持和激发，组织结构和运行方式也将因此而发生改变。

实践中许多公益慈善组织的存在和发展，已经在某种程度上超出了主体性观念的界限。一些边缘草根组织，直接生成于问题情境之中，组织创办者和成员有的甚至都是问题的遭遇者，他们往往没有受到某些外部观念的影响，而是实事求是地从问题出发自主地探索出路，找到切实可行的办法。另外，许多公益慈善组织在发展过程中，因为多方面条件和环境的限制，不能够完全按照自身的意愿来展开行动，但它们并没有采取主体性的"对抗"行动，而是做出很好的适应。对于这类适应性发展，不应简单地将其看作是一种被动性行为，而是要认识到适应性背后的组织韧性，而组织韧性的内在根据则是一种韧性观念，这样一种韧性观念不但可以为组织的生存发展提供空间，在更高的层面上，也为包括政府在内的多主体融合发展提供了更大空间，特别是为党和国家引领的全局式慈善共同体的生成奠定了基础。需要指出的是，对于国家层面的控制和规范，也应从超越主体性视域的全局性面向来理解，看到公益慈善发展的新格局。如果只是从主体性的视域看问题，看到的就更多的是对抗性，更深层的指向就是对所谓的社会主体性问题的强调，实际上这也是局限于主体性观念的表现，在此意义上，超越主体性也包含着对国家—社会二分认识框架的超越。

伴随着互联网技术的深入普及，网络虚拟世界已经全方位嵌入人们的生活和行动中，公益慈善领域也不例外，诞生了许多新的慈善行动方式，有学者将这些新兴的慈善业态总称为"后现代慈善"（康晓光，2018）。"后现代慈善"至少在两个层面上超出了主体性范畴下的慈善行动方式，一是在组织结构层面，慈善主体凭借网络平台可以实现相互之间的自由联结，不必拘泥于时空条件的限制，更加完全地根据兴趣旨向组织起来，组织结构和行动方式本身更为松散灵活，呈现出了显著的去中心化，包含着对主体中心主义模式的颠覆。二是在慈善观念和慈善活动方式层面，几乎人人都有条件作为慈善主体开展自己所构想的慈善行动，呈现出非常强劲的多元化和创新性，而且，并不刻意追求和执着于某种刻板的慈善理念，慈善活动的迭代更新极为迅捷，这些方面的变化也在很大程度上构成了对主体性观念和行动方式的超越。"后现代慈善"的诸多表现方式，为公益慈善共同体的可能形态带来了新的极为宽广的想象和生成空间。

论公益慈善共同体的构建

四　公益慈善共同体构建的行动路向

我们从主体性的理解视域解析了公益慈善共同体构建所面对的问题，并通过"主体性利他"概念探究了主体性观念难以消解的原因，对慈善理念和实践中所包含的超越主体性观念的可能性进行了阐述，在此基础上，提出构建公益慈善共同体的几个行动路向，为具体实践提供方向性的导引。

第一，包括政府和慈善组织在内的多元主体，要认识到自身在主体性观念层面的局限，以及自身所蕴含的超越主体性观念的依据。慈善组织要理解和把握政府相关规范和引领措施的积极面向，不断增强组织自身的韧性与适应性，积极融入社会整体的慈善发展格局之中；政府也要深刻理解慈善组织的利他本性，加大对慈善组织生存和发展的支持力度，为慈善组织充分发挥自身潜能和优势创造条件，在对慈善组织的规范和引领中更加注重对自身主体性观念的限制，同时，也要积极引导慈善组织打破自身主体性观念的辖制。两方面的共同作用，推动社会整体公益慈善生态向着更加融合的方向演进，为公益慈善共同体的构建奠定全局性基础。

第二，慈善组织自身应跳出主体性的观念视野，看到公益慈善事业发展的大格局以及公共场域和公共问题的复杂性，以更加开放的观念和视野看待慈善组织之间的关系形态。具体而言，慈善组织应该深刻认识到相互之间的共生共在关系，中心组织要将支持和帮助边缘草根组织作为自身的重要使命，认识到边缘草根组织对于慈善生态系统的极端重要性，同时不断从边缘草根组织汲取创新发展的动力；边缘草根组织在寻求支持帮助的过程中，也要学习中心组织有益的规范性和专业性发展举措，不断增强组织发展韧性。不同领域和类型的慈善组织在各自开展慈善活动的过程中，要具备开放的理解视域，综合性理解分析问题，看到公共问题的关联性和复杂性，避免局限于自身的狭隘认知中，在公共问题场域中探寻组织间的合作，而非基于各自所谓的组织目标开展竞争。

第三，慈善组织在开展慈善活动的过程中，要树立更加明确的问题导向意识，在以问题为导向的利他行动中推动共同体建构。如上文所指出的，原初的利他指向是慈善组织存在的依据和动力，而这一总体性指向需要在问题情境中做出具体的因应和变化。慈善组织要在总体的利他指向指引下，深入具体的问题场域中，灵活地探索有效的对策，其中的关键在于，作为慈善主体的慈善组织必须承认和尊重慈善对象的主体地位，寻求与作为慈善主体的慈善对象在问题情境中的合作交融，唯其如此，才有可能找寻到恰当的问题解决之道。以问题为导向的慈善组织行动，还要求对慈善组织内部的运行结构和方式进行优化调整，如果一个组织的内部运行方式不能为以问题为导向的行动方式提供支持，想让其对外遵循问题导向的行动方式也将是难以实现的，在这一方面，"任务型组织"（张康之等，2009）的结构运行方式可以提供一些借鉴。

第四，伴随着"后现代慈善"所带来的慈善行动方式的新变化，公益慈善共同体的存在形态本身具有了更多的可能性，这就需要对慈善共同体做出更多的构想和阐释。应该结合网络社会的流动性、多元性、去中心化等基本特征，对共同体的存在形态进行新的阐发。未来的慈善共同体可能会呈现出多种存在形态，而且，这些具体的共同体存在形态本身又可能是处于流变之中的，总体的公益慈善领域可能会呈现出一种比较模糊的、处于融动延展之中的存在样态。实际上，边界的模糊和融合不单表现在公益慈善领域，也是一种社会总体形态的变化，如此公益慈善共同体可能就不再是一种实体意义上的存在，而是会显现为一种无形但却有力的联结。这样一种可能的演变形态有其自在的发展演进过程，对于既存的慈善主体而言，重要的就是要对新生的行动方式保持开放，并积极融入新的发展趋势当中。政府层面在加强规范引导的同时，也要注意提升规范引导方式的前瞻性和创新性，为更多新颖灵活有效的慈善行动方式的发生提供助力，从而也为更为广泛和多元的公益慈善共同体构建营造良好的环境。

参考文献

〔英〕安东尼·吉登斯（2011）：《现代性的后果》，田禾译，南京：译林出版社。

邓燕华（2019）：《社会建设视角下社会组织的情境合法性》，《中国社会科学》，第6期。

〔法〕笛卡尔（2004）：《谈谈方法》，王太庆译，北京：商务印书馆。

黄荣贵、桂勇、孙小逸（2014）：《微博空间组织间网络结构及其形成机制 以环保NGO为例》，《社会》，第3期。

〔英〕卡尔·波兰尼（2007）：《大转型——我们时代的政治与经济起源》，冯钢、刘阳译，杭州：浙江人民出版社。

〔德〕康德（2011）：《实践理性批判》，李秋零译注，北京：中国人民大学出版社。

康晓光（2018）：《超慈善——中国慈善新时代的特征及其由来》，《中国第三部门观察报告 2018》，北京：社会科学文献出版社。

康晓光、韩恒（2005）：《分类控制：当前中国大陆国家与社会关系研究》，《社会学研究》，第 6 期。

康晓光、张哲（2020）：《行政吸纳社会的"新边疆"——以北京市慈善生态系统为例》，《南通大学学报》（社会科学版），第 2 期。

〔英〕培根（1959）：《新大西岛》，何新译，北京：商务印书馆。

〔德〕滕尼斯（1999）：《共同体与社会》，林荣远译，北京：商务印书馆。

徐湘林（2005）：《政治特性、效率误区与发展空间——非政府组织的现实主义理性审视》，《公共管理学报》，第 3 期。

〔法〕伊曼努尔·列维纳斯（2016）：《总体与无限》，朱刚译，北京：北京大学出版社。

张康之等（2009）：《任务型组织研究》，北京：中国人民大学出版社。

张康之（2016）：《为了人的共生共在》，北京：人民出版社。

张康之、张乾友（2012）：《共同体的进化》，北京：中国社会科学出版社。

On the Construction of Charity Community

—Starting from the Transcendence of the Concept of Subjectivity

Liu Wen, Yu Xiuqin & Wang Xin

[**Abstract**] Building a charitable community is the basic way to promote the development of public philanthropy. Subjectivity, as the basic driving force for the generation and operation of modern society, not only brings social progress, but also constitutes the source of some deep-seated contradictions. The construction of charitable community is hindered by the concept of subjectivity and its actions. Altruism, as a basic feature of the field of public welfare and charity, does not eliminate the dominance of the subjectivity, but is largely occupied by the subjective concept and alienated into "subjective altruism", which can be further analyzed through the concept of "subjective altruism" The dilemma of charity community construction. The alterity concept contains the possibility of transcending the concept of subjectivity and "subjective altruism", and the resilient charity practice also shows a new aspect that is different from subjectivity action. They help understand and reflect on the concept of "subjective altruism", and at the same time, it also provides basic guidance for the action path of building a charitable community.

[**Keywords**] Charitable Community; Subjectivity; Subjective Altruism; Alterity

责任编辑：俞祖成

NP

论公益慈善共同体的构建

ESG 实践的逻辑起点：基于系统文献综述的整合性研究框架[*]

郑若愚　赵乐乐　张蓍文^{**}

【摘要】 ESG 既是 CSR 的进化产物，又是推进 CSR 的重要力量。当前，ESG 已发展为一项全球性的热门话题，引发了学术界的广泛关注。然而，由于 ESG 固有的复杂性，围绕其展开的研究得出了差异化甚至相互冲突的结论，一些学者对 ESG 本身的理解也存在较大差异。为此，本文运用系统文献综述法，按照主题编码结果对 ESG 相关文献进行全面回顾，构建出"ESG 投资—ESG 信息披露与评价—ESG 治理"的整合性研究框架。在此基础上，本文进一步探究了上述三种 ESG 实践的逻辑起点，并提出：（1）ESG 投资的逻辑起点是实现不同价值类型之间相互转化；（2）ESG 信息披露与评价的逻辑起点是对组织边界的拓展及模糊化，实现外部性内部化过程；（3）ESG 治理的逻辑起点是组织治理逻辑的转变，即由单一治理逻辑转向混合治理逻辑。本文为重新认识 ESG 提供了新的思路，帮助未来研究者厘清现有 ESG 研究脉络并指明未来研究方向，同时为参与 ESG 实践的行动主体提供

---

* 本文为上海财经大学研究生创新基金项目"碳中和背景下 ESG 投资与企业绿色创新"（CXJJ‑2021‑382）的阶段性成果。

** 郑若愚，上海财经大学商学院博士研究生；赵乐乐，暨南大学管理学院硕士研究生；张蓍文（通讯作者），上海财经大学外国语学院学生。

了新的范式选择思路。

【关键词】ESG；CSR；逻辑起点；整合性研究框架；系统文献综述

一　引言

环境、社会和治理（Environment, Social and Governance，ESG）是企业社会责任（Corporate Social Responsibility，CSR）发展到一定阶段后受外部因素的影响进化而成的（李诗、黄世忠，2022：13～25）。以 Friedman 为代表的股东中心主义认为，企业的唯一职责是追求股东利益最大化。随后，一些学者提出 CSR 的概念，强调企业不应一味追求高额利润，还应对社会有所贡献。1953年，Bowen 在《商人的社会责任》一书中对 CSR 做出较为严谨的定义，即"企业为实现社会目标和价值而实施的政策、计划和行动"。但直到 20 世纪 80 年代以前，世界商业舞台仍旧是以股东至上观点为主导。Freeman（1984）提出的利益相关者理论对股东中心主义发起了强烈挑战。他将企业视为不同利益相关者的利益集合体，认为企业的责任应是利益相关者利益最大化。近些年来，低碳转型和绿色发展成为经济社会发展的共识，利益相关者对企业 ESG 信息的获取产生了巨大需求，以自愿披露为主的 CSR 报告难以满足，导致 CSR 的式微和 ESG 的崛起。2004 年，联合国环境规划署首次提出 ESG 概念，两年后高盛发布的研究报告将环境、社会和治理三方面因素整合在一起。

当前，学界已经围绕 ESG 问题展开了探索性研究，其中包括发表在 *Strategic Management Journal*、*Administrative Science Quarterly*、*Management Science* 等国际顶尖管理学学术期刊上的文章。从研究主题来看，现有文献可大致分为 ESG 投资、ESG 信息披露与评价、ESG 治理三大类别。然而，各研究主题的结果普遍存在差异，且问题较为分散，多从单个方面进行分析，缺乏一个整合性的研究框架。同时，现有研究缺乏对不同 ESG 实践底层逻辑的清晰认知，因此难以有效回答 ESG 理念下的价值创造方式、组织边界界定与组织治理逻辑等问题。这一定程度上会加剧各类行动主体在 ESG 实践过程中出现的认知与行为困惑问题，进而可能引发 ESG 负面影响。

为解决上述问题，本研究运用系统文献法针对这一前沿性问题展开文献检索，尝试构建关于 ESG 的理论研究框架，并为未来研究厘清方向。在此基础上，本文进一步审视了 ESG 实践的底层逻辑问题，分别对 ESG 投资、ESG 信息披露与评价、ESG 治理的逻辑起点进行深入分析。本文边际贡献如下：其一，通过系统梳理文献，整合现阶段零散研究，初步厘清了目前 ESG 相关研究领域所关注的核心主题，并搭建了 ESG 的整合性理论研究框架，对推动后续系统研究具有重要的理论和指导意义；其二，在理论层面，对 ESG 实践范式的底层逻辑展开研究，系统地澄清了 ESG 理念下的价值创造方式、组织边界界定和组织治理逻辑等多重理论困惑，有助于破解学界对 ESG 理念认知不一的问题。

二　研究方法

借鉴 Pittaway 等（2004：137–168）的研究，本文采用系统文献综述法（Systematic Literature Review，SLR）对 ESG 相关研究进行全面回顾。SLR 帮助研究者以严谨的和可复制的方式定位、选择、评价和整合大量宽泛的研究，对某一研究领域已知的和未知的做出清晰梳理。本研究采用 *Web of Science* 和 EB-SCO 财经类学术全文数据库，运用布尔逻辑检索搜索与 "ESG＊" 相匹配的文献主题。剔除重复文献后，共检索到 2002～2021 年在具有同行评议的学术期刊上发表并使用英文写作的论文 4681 篇。考虑到纳入文献综述的论文质量，本文对上述结果进行再次筛选，将条件设定为在 ABS 3 星及以上期刊上发表的论文，最终得到 2007～2021 年发表的 158 篇相关文献（见图 1）。

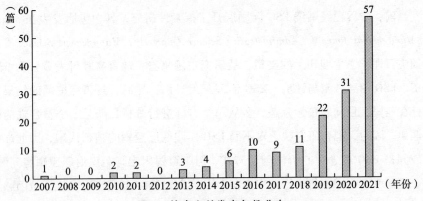

图 1　检索文献发表年份分布

从历年文献发表数量来看，总体呈现出非均衡的增长模式，并且可分为三个阶段。第一阶段是萌芽期（2007～2014 年），其中第一篇研究成果于 2007 年发表在 *Corporate Governance：An International Review* 上，研究了资产所有者与被投企业 ESG 绩效改善之间的关系，指出 ESG 理念是实施积极制度变革的黄金机会（Kiernan，2007：478－485）。随后 7 年左右时间，相关研究散见于 *Business Strategy and the Environment* 和 *Journal of Business Ethics* 等学术期刊，且主要围绕 ESG 来源（Eccles & Viviers，2011：389－402）、内涵（Girerd-Potin, et al.，2014：559－576）、发展状况（Weber，2014：303－317）以及 ESG 的合理性（Coleman，2011：247－258）等议题展开。第二阶段是平稳增长期（2015～2018 年），主要探讨了 ESG 的前因（Amel-Zadeh & Serafeim，2018：87－103）、过程和方式（Lai, et al.，2016：165－177）以及结果（Lee, et al.，2016：40－53）等问题。这一阶段实证研究仍为大部分，且案例研究数量开始增多。第三阶段是爆发期（2019 年至今），相关研究呈现井喷式增长，研究主题趋向多元化，研究议题逐步深入。

进一步分析发现，ESG 相关研究主要发表于金融学、管理学、会计学、环境研究等领域学术期刊。如表 1 所示，*Business Strategy and the Environment* 上发文 40 篇，占比 25.3%；*Journal of Business Ethics* 上发文 28 篇，占比 17.7%；*Journal of Corporate Finance* 发文 10 篇，占比 6.3%；*Corporate Governance：An International Review* 上发文 7 篇，占比 4.4%；*Journal of Business Research* 上发文 6 篇，占比 3.8%。同时，近年来，主流金融学期刊中已有 2 本（*Journal of Financial Economics*、*The Review of Financial Studies*）、主流管理学期刊中已有 5 本（*Strategic Management Journal*、*Administrative Science Quarterly*、*Journal of International Business Studies*、*Management Science*、*Journal of Management*）开始讨论 ESG 相关主题，且发表量达到 10.76%（17 篇）。可以说，ESG 逐渐进入主流研究者的视野。

表 1　ESG 文献发表期刊 TOP 10

单位：篇,%

期刊来源	数量	百分比
Business Strategy and the Environment	40	25.3
Journal of Business Ethics	28	17.7
Journal of Corporate Finance	10	6.3
Corporate Governance：An International Review	7	4.4

续表

期刊来源	数量	百分比
Journal of Business Research	6	3.8
Financial Analysis Journal	6	3.8
Journal of Financial Economics	5	3.2
International Review of Financial Analysis	4	2.5
Journal of Environmental Management	4	2.5
European Financial Management	3	1.9
其他	45	28.5
总计	158	100

资料来源：作者整理。

在对文献情况形成基本了解后，我们针对所选158篇文献进行主题编码，将文献研究主题进行归类并按照时间发展进行梳理（朱秀梅等，2020：19～35），呈现出ESG研究主题的动态发展趋势。

三　主题文献回顾

主题编码结果表明，现有研究主要关注ESG投资、ESG信息披露与评价、ESG治理三个方面。通过对相关文献进行系统梳理，本文构建出如图2所示的

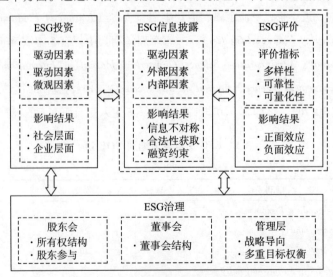

图2　ESG整合性研究框架

ESG 整合性研究框架。下文将分别对每个主题的文献进行全面回顾，并提出有针对性的未来研究建议。

（一）ESG 投资

ESG 投资是 ESG 实践的起点，推动了后续 ESG 信息披露与评价及 ESG 治理的发展，同时也是学术界持续关注的研究热点。最早关注投资活动的社会、环境影响的是道德投资，通常由教会、慈善机构和非政府组织等机构进行。ESG 投资则是由道德投资以及后来的社会责任投资（Social Responsible Investment，SRI）发展而来，是一种将 ESG 因素纳入投资决策过程的投资实践。

1. ESG 投资的驱动因素

根据 Scott（2001：57 - 87）提出的分类框架，可将 ESG 投资的制度成因分为规制性、规范性和文化 - 认知性三大要素（Serafeim，2020：26 - 46；Widyawati，2020：619 - 637）。有趣的是，Hoepner 等（2021：389 - 414）发现规范性和文化 - 认知性要素是促使投资者签署负责任投资原则（Principals for Responsible Investment，PRI）① 的关键制度因素，而规制性要素反而会降低投资者加入该原则的可能性。

最近的制度文献开始关注环境不确定性对组织战略决策的影响过程。例如，Tashman 和 Rivera（2016：1507 - 1525）结合制度理论和资源依赖理论，探讨组织应对生态不确定性的战略决策过程。类似的情况也发生在 ESG 领域，自然灾害引起公众对环境问题的广泛关注，影响投资者的 ESG 投资决策和投资组合配置过程（Kollias & Papadamou，2016：493 - 505）。随着全球碳排放量急剧增加，上市公司还面临气候问题引发的监管风险，导致更高的不确定性。应对监管压力并降低这种不确定性是驱动 ESG 投资的又一重要因素（Engle，et al.，2020：1184 - 1216）。企业管理者普遍认为，与撤资相比，主动风险管理和积极参与是解决监管风险的更优途径（Krueger，et al.，2020：1067 - 1111）。

从个人角度来看，获取超额收益是 ESG 投资最主要的动机，其次才是满足客户需求或道德考虑等（Amel-Zadeh & Serafeim，2018：87 - 103）。此外，人口统计学特征（Escrig-Olmedo，et al.，2013：410 - 428）、对 ESG 事件的感知、预期回报和态度（Diouf，et al.，2016：45 - 67），以及对长期收益的追求（Er-

---

① PRI 是由联合国环境规划署（UNEP）和联合国全球契约（UN Global Compact）联合发起的一项关于 ESG 投资的全球性倡议。

hemjamts & Huang, 2019：61 - 79）也是预测投资者行为的重要参考因素。

2. ESG 投资的影响结果

从宏观视角来看，ESG 投资能够作为一种制度因素，影响当地企业的环境绩效（Yan, et al., 2021：903 - 944）。同时，ESG 投资有利于弱化投资活动对环境的负面作用并促进社会问题的解决，是维持全球可持续发展的关键（Cunha, et al., 2021：3821 - 3838）。

从企业内部视角来看，现有研究主要从公司绩效和风险控制两个方面展开。公司绩效方面，现有研究尚未得出一致结论。一些研究认为，ESG 投资与公司绩效（Takahashi & Yamada, 2021）正相关，持有绿色债券能够提升公司股价、改善股票流动性，有益于公司股东利益（Tang & Zhang, 2020）。另一些研究则认为 ESG 投资至少不会牺牲经济收益（Ahmed, et al., 2021：1669 - 1683）。然而，还有研究发现 ESG 投资降低了公司财务绩效（Liagkouras, et al., 2022：1493 - 1518）。公司风险控制方面，ESG 投资增强了投资组合抵御各项风险的能力（Fu, et al., 2020；Liagkouras, et al., 2022：1493 - 1518）。例如，Pástor 等（2021：550 - 571）构建了包含 ESG 因素的投资模型，表明绿色资产可以有效应对气候风险。

3. 未来研究建议

一方面，现有研究主要从制度和投资者个人角度探究 ESG 投资的驱动因素，忽视了中观层面如企业内部治理结构等因素的影响，建议未来研究予以补充。另一方面，以往学者主要关注 ESG 投资对企业层面的影响，忽视了其宏观层面的结果。ESG 投资是一个多维度投资实践，能够对更广泛的社会环境产生深远影响。建议未来研究进一步探究 ESG 投资对解决社会问题的实际效能，并深入挖掘其内在机制，丰富已有的研究结果。同时，不同研究发现 ESG 投资对企业财务绩效的影响存在差异，这可能与企业、行业、ESG 投资类型等多方面的因素有关，未来研究可进一步探索。

（二）ESG 信息披露与评价

ESG 信息披露是企业向利益相关者传递企业信息的沟通渠道，亦是投资者确定投资方向和投资战略以及评价机构对企业进行 ESG 评分的参考依据。通过对 ESG 信息披露与评价主题文献的梳理，我们提炼了 ESG 信息披露驱动因素、影响结果、评价指标和评价结果四部分研究内容。

1. ESG 信息披露驱动因素

从组织外部视角来看，国家层面特征如政治制度（法律框架和腐败）（Lokuwaduge & Heenetigala，2017：438－450）、劳动制度（劳动保护和失业率）和文化制度（社会凝聚力和平等机会）会显著影响公司 ESG 信息披露行为，但是这种影响存在区域异质性特征（Baldini，et al.，2018：79－98）。文化方面，宗教信仰与 ESG 披露之间存在非线性的 U 形关系（Terzani & Turzo，2021：485－496）。另外，ESG 信息披露还受到区域经济发展水平（Ali，et al.，2017：273－294）、资本约束（Cheng，et al.，2014：1－23）和资本成本，以及与 ESG 信息披露法规相关的股价波动等诸多因素的影响（Amel-Zadeh & Serafeim，2018：87－103）。

从组织内部视角来看，企业规模、所有权性质、董事会结构等因素对 ESG 信息披露具有重要影响。与大公司相比，中小企业的披露行为会导致资本成本增加，但中小规模的家族企业却能够通过 ESG 信息披露获取一些额外收益（Gjergji，et al.，2021：683－693）。Yu 和 Luu（2021）发现交叉上市公司比仅在国内市场上市的公司披露更多的 ESG 信息，以此应对外部资本市场所施加的社会责任压力。另外一些研究基于高阶理论，探讨了董事会结构（Arayssi，et al.，2020：137－161；Lagasio & Cucari，2019：701－711）、高管任期（McBrayer，2018：1074－1086）和 CEO 的二元性（Campanella，et al.，2021：474－484）对 ESG 信息披露的影响。

2. ESG 信息披露的影响结果

基于信号理论和合法性理论，ESG 信息披露一方面扩展了公司信息披露的内容，另一方面也扩大了信息接收者的数量（Raimo，et al.，2021：1412－1421）。基于利益相关者理论，ESG 信息披露能够有效补充金融信息，有利于促进金融参与者和企业追求共同利益和可持续发展（Galbreath，2013：529－541；Reber，et al.，2022：867－886），满足利益相关者与投资者信息需求的同时，提高企业融资能力（Raimo，et al.，2021：1412－1421）。

3. ESG 评价

现有研究主要对 ESG 评价的方式透明性、标准一致性和结果可靠性提出质疑。首先，尽管 ESG 评价机构对外公开关于其评价方法的信息，但是一些关键信息并未完全揭露（Gibson，et al.，2021：104－127）。其次，由于数据格式、质量控制和收集方式的差异，产生的数据呈现碎片化以及不一致性，导致 ESG 评价指标缺乏统一标准（Sethi，2005：99 - 129）。同时，企业所创造的环境和社会价值难以准确衡量（MacMahon，2020：52 - 54），阻碍了 ESG 评价的量化。最后，ESG 评价的可靠性存在不确定性。例如，Drempetic 等（2020：333 - 360）发现规模更大的企业能提供更多的可用数据（正面或负面），而数据量的提升一定会提高评价机构对该公司的整体可持续性评估。

最后，关于 ESG 评价与公司综合绩效之间联系的实证研究仍然没能得出一致结论（Girerd-Potin, et al.，2014：559 - 576）。一方面，有研究通过实证检验证明 ESG 评价有助于投资者进行有效的负责任的投资，并预测长期绩效优势（Crifo, et al.，2019：1127 - 1146）。另一方面，也有研究认为 ESG 评分较高的企业并没有取得更高的超额回报（Takahashi & Yamada，2021）。此外，ESG 评价不一致与股票收益率正相关（Gibson, et al.，2021：104 - 127），ESG 评级不确定性会导致市场溢价上升，股票需求下降（Avramov, et al.，2022：642 - 664）。

4. 未来研究建议

ESG 信息披露。目前，ESG 信息披露大多仍属于一种自愿性行为，但已有少数国家或地区制定了 ESG 信息强制披露法规，建议未来研究运用双重差分模型对此类法规的实际效果进行实证检验。其次，企业"漂绿"行为频发，如何有效避免企业利用 ESG 信息披露进行"漂绿"是未来研究应重点关注的问题。例如，可以探究如何借助数字技术的赋能作用对企业"漂绿"行为进行提前预防。最后，ESG 信息披露准则在不同国家和地区存在显著差异，尚未形成统一标准。现有研究主要以发达经济体为研究对象，未来要更多转向发展中国家或地区。

ESG 评价。ESG 评价的根本目的是衡量企业的可持续发展绩效，给利益相关者提供有效参考。然而，各个国家或地区在客观条件、文化背景和价值观等方面存在显著差异，导致它们对推进可持续发展目标的侧重点有所不同。未来研究可以从不同国家或地区的实际情况出发，制定符合其发展要求的 ESG 评价指标。但是，为便于在全球范围对各国 ESG 绩效进行横向比较，不能仅强调定制化的评价指标，还应基于联合国提出的可持续发展目标（SDGs）总体框架，构建具有普适意义的规范评价体系。

（三）ESG 治理

公司治理是一组规范公司相关各方责、权、利的制度安排，是现代企业发展过程中最重要的制度架构（高闯，2013：1），一般分为狭义公司治理和广义公司治理（Keasey, et al., 1997）。狭义公司治理指公司所有者对管理者进行监督和管理的正式制度，包括股东会、董事会和管理层等。广义公司治理指规范公司与各个利益相关者的正式及非正式制度，包括狭义公司治理，另外还包括股东、债权人、员工、供应商和政府等利益相关者。基于文献编码结果，本文聚焦于狭义公司治理范畴，重点关注股东会、董事会和管理层的 ESG 治理行动。

1. 股东会

股东所有权结构是影响公司 ESG 治理的关键因素之一。研究表明，养老基金持股比例与公司 ESG 绩效呈显著正相关关系（Alda, 2019：1060 - 1071；Kim, et al., 2019：4901 - 4926），而所有权结构分散化的公司通常拥有更高的社会绩效（Govindan, et al., 2021）。

积极参与策略是公司股东参与公司 ESG 治理的常见方式。根据 Scott（2001：57 - 87）的制度三要素框架，Yamahaki 和 Frynas（2016：509 - 527）验证了规制性制度（如相关立法）是促使投资者采取积极参与策略的重要因素。为了探索积极股东参与策略的作用，一些研究将积极参与策略划分为私人参与和群体参与两种，发现两者对公司 ESG 表现都有积极影响（Pawliczek, et al., 2021：1088 - 1136；Semenova & Hassel, 2019：144 - 161）。而另一些研究发现，积极参与对先前 ESG 评分较低的公司有积极作用，但对先前 ESG 评分较高的公司有负面影响（Barko, et al., 2021：777 - 812）。有趣的是，在家族企业中，积极股东参与策略和公司 ESG 绩效之间也呈负相关关系（Rees & Rodionova, 2015：184 - 202）。

2. 董事会

大量研究从性别比例的角度探讨董事会结构对公司 ESG 治理的影响，且主要认为董事会性别多样性对公司价值（Qureshi, et al., 2020：1199 - 1214）、ESG 绩效（Govindan, et al., 2021）和 ESG 信息披露水平（Bui, et al., 2021：3839 - 3853；De Masi, et al., 2021：1865 - 1878）存在显著积极作用。然而，上述研究主要采用欧美发达经济体的上市公司作为研究对象，缺乏对欠发达市场的关注。Husted 和 Sousa-Filho（2019：220 – 227）以拉丁美洲市场为背景，发现女性董事比例与 ESG 信息披露呈显著负相关关系，表明董事会性别比例对 ESG 治理的影响可能受到市场成熟程度的调节。

另外一些研究分别探讨董事会结构的子维度对公司 ESG 绩效的影响。Crifo 等（2019：1127 – 1146）的研究表明，内部董事比例与公司的环境和治理绩效正相关，而通用专家（general experts）比例与治理绩效负相关。Husted 和 Sousa-Filho（2019：220 – 227）发现董事会规模、独立董事对 ESG 信息披露有显著积极影响，但 CEO 双重身份与 ESG 信息披露之间显著负相关。Nekhili 等（2021：3061 – 3087）则认为，当董事会中有员工董事时，ESG 绩效与公司市场价值存在负相关关系。还有一些研究注意到公司 ESG 治理中的"伪绿"行为，即董事会独立性和性别多样性都能促使企业采取积极的碳减排举措，但却并没有降低公司的实际碳排放量（Haque，2017：347 – 364；Haque & Ntim，2020：525 – 546）。

3. 管理层

高阶理论认为，管理层拥有公司的直接经营权，能够决定公司的战略导向与战略决策。在 ESG 治理研究中，一些学者发现实施 ESG 战略能够提高公司股价（Havlinova & Kukacka，2021）和创新能力（Broadstock，et al.，2020：99 – 110）。Brower 和 Rowe（2017：134 – 142）的研究表明，以客户和股东为导向的公司具有较高的社会绩效，而以内部为导向的公司通常社会绩效较低。也有学者发现，公司实施的生态友好型政策与财务绩效没有显著相关性（Petitjean，2019：502 – 511）。

按照以往观点来看，考虑 ESG 因素涉及对经济、环境和社会的多重目标权衡，如何管理这种权衡是 ESG 治理领域中的核心问题。然而，Beckmann 等（2014：18 – 37）却认为，公司 ESG 治理的核心任务不是多重目标权衡，而是转变这种权衡情况，通过功能性道德承诺实现可持续性价值创造。以往的观点建立在不同目标之间相互冲突的基础之上，并认为实现其中一种目标必然损害其他目标。而 Beckmann 等（2014：18 – 37）则强调多重目标间的协同作用，并关注不同价值类型之间的相互转化过程。

4. 未来研究建议

现有研究主要关注企业管理层在 ESG 治理中的角色，强调自上而下式的

ESG 治理模式，而忽略了由员工发起的自下而上式的 ESG 治理，以及由外部利益相关者（媒体、消费者等）参与的 ESG 治理。建议未来学者借鉴组织行为学的思路，探讨员工建言（voice）行为、媒体舆论压力和消费者反馈等在企业 ESG 治理中的影响及其作用机制。其次，尽管多数研究认为实施 ESG 战略并未给公司造成负面影响，但本文认为在 ESG 治理研究中，与传统公司治理类似的代理问题依然存在。一方面，强大的股东保护政策会削弱管理者的自由裁量权，从而限制管理者对公司 ESG 表现的关注（Del Bosco & Misani，2016：977 - 990）。另一方面，公司管理层可能会为了个人利益（如公民声誉）而过度进行 ESG 投资（Barnea & Rubin，2010：71 - 86）。未来研究应当重点关注如何掌握好这两种效应之间的平衡。

四　ESG 实践的逻辑起点

通过文献回顾，我们发现现有研究主要关注 ESG 成因的表象，缺乏对其底层逻辑的理论探讨。为推动 ESG 研究深化，本文从价值转化、组织边界和治理逻辑三个方面剖析 ESG 实践的逻辑起点，帮助未来研究者探明 ESG 实践发展的理论根源。

（一）ESG 投资的逻辑起点

1. 资源基础观下的价值独占思想

战略管理学者提出的资源基础观（Resource-Based View，RBV）强调为公司产生租金的资源和能力，并认为价值独占是企业建立持续竞争优势的必要条件之一（Barney，1991：99 - 120）。价值占有确保了企业拥有尽可能多的可用资源，能够投资于未来价值创造；而价值创造也允许价值占有，但优先考虑价值创造而忽视价值占有，最终可能会阻碍公司从价值创造中获取利润（Wagner，et al.，2010：840 - 848）。在此思想指导下，企业通过合作与投资追求最大化价值创造和价值独占，并尽可能保持两者之间的动态平衡。在商业合作中，企业必须积极地将合作创造价值的一部分占为己有（Mizik & Jacobson，2003：63 - 76），并且采用隔离机制和隐性资源机制阻止合作伙伴侵占价值（Ellegaard，et al.，2014：185 - 198）。就投资而言，企业最大化对新产品、技术、资源、商业关系的持续性投资，以拥有独特性资产，提高竞争优势。尽管 ESG 投资能够创造一定的社会和环境价值，但侵占了企业有限的资源，削减了企业未来所能创造并占有的经济价值总量（Beal, et al., 2005：66 – 78；Nilsson, 2009：5 – 31）。简言之，在价值独占思想指导下，ESG 投资阻碍了企业经济价值创造和占有，不利于企业成长，因此不在企业战略行动范畴内。

2. ESG 理念下的价值转化思想

ESG 理念由利益相关者观点发展而来。利益相关者理论认为，企业应采取长期主义视角，权衡股东与更广泛的利益相关者的利益，在实现经济价值创造的同时，兼顾社会与环境价值（Eccles & Viviers, 2011：389 – 402；Jensen, 2001：8 – 21）。在此基础上，ESG 理念提供了一个关键纽带，将非投资者利益相关者的利益、宏观层面上的社会与环境问题与股东价值联系起来（Cornell, 2021：12 – 19）。企业价值不再是简单的短期经济绩效最大化（Erhemjamts & Huang, 2019：61 – 79），而是长期视角下经济、社会与环境等多重价值之间的平衡与转化，企业通过社会价值创造实现经济价值的可持续增长。因此，ESG理念指导下的投资者在投资观念、视野与价值评估上产生根本性转变。一方面，投资者采取更长远的战略眼光，给予企业更长的发展周期，鼓励企业实现可持续发展；另一方面，投资者将企业创造经济、环境和社会价值的潜力同时纳入评估范畴，筛选具备价值转化以及多重价值创造能力的混合型组织（Crifo, et al., 2019：1127 – 1146）。

因此，ESG 投资的逻辑起点在于打破资源基础观下的价值独占思想，强调经济价值、环境价值和社会价值之间的相互转化，是对企业价值管理认知的重塑。

（二）ESG 披露与评价的逻辑起点

1. 传统经济学视角下的外部性问题

外部性问题由 Marshall 和 Pigou 在 20 世纪初提出，指的是市场行为主体的私人活动对整个社会福利产生的有利或不利影响，分别称作正外部性和负外部性。如果企业行为所产生的负外部性完全由公共部门和民间社会承担，可能会使得教育、卫生、基础设施等公共服务质量下降并引发"公地悲剧"（Kiernan, 2007：478 – 485）。对于如何解决外部性问题，已有文献给出两种方案（Dahlman, 1979：141 – 162）。一是依托政府行动，通过强制性法规减少外部性的不利影响。但由于政府约束力量有限，强制性手段难以从根本上解决外部性问题，且过多的政府干预还会导致市场效率下降，反而可能扩大外部性产生的负面影响。二是重构市场环境，推动企业主动将外部性内化（Randall，1972：175 – 183）。但基于收益 – 成本分析，企业进行外部性内部化的过高成本有违股东利益最大化原则。因此，从传统经济学视角来看，外部性问题应属于公司内部决策的考量范围之外（Kim，et al.，2019：4901 – 4926），企业缺乏向外界披露非财务信息的有力动机。

2. ESG 理念下的外部性内部化过程

福利经济学家以及经济和环境政策学者提出，外部性内部化是社会经济福利最大化的重要条件（Bithas，2011：1703 – 1706）。交易成本则是造成外部性问题的根源，实现外部性内部化的关键在于降低企业与外部的交易成本（Dahlman，1979：141 – 162）。交易成本概念最早由 Coase（1937：386 – 405）提出，指的是交易过程本身的固有成本，目的是对组织存在的意义以及组织边界的位置进行解释。Williamson（1975）进一步完善了交易成本理论，将交易成本定义为"经济制度运行的费用"，其存在的本质是基于个体有限理性而产生的信息不对称问题。若个体完全理性，那么在进行交易活动时可以获取所需要的所有关键信息，并对未来进行精准预测，就不会产生任何交易成本。通过对组织边界的拓展和模糊化，ESG 理念为降低交易成本，进而实现外部性内部化提供了创新性的解决方案（Barko，et al.，2021：777 – 812）。具体而言，ESG 理念下的收益 – 成本分析将企业与外部利益相关者视为一个有机整体，强调从宏观视角进行整体考量，将 ESG 问题与股东价值联系起来。此时，理想状态下的企业进行外部性内部化的交易成本趋近于零，且整体收益增加，企业有更强烈的动机创造社会和环境价值。为达成上述目的，企业需要向所有利益相关者提供完整的 ESG 信息，降低信息不对称程度和交易成本，最终实现外部性内部化过程（Barko，et al.，2021：777 – 812；Christensen，et al.，2021：1176 – 1248）。

因此，ESG 信息披露与评价的逻辑起点在于打破了企业的传统组织边界，将外部性问题内部化，是对组织边界的重新定义。

（三）ESG 治理的逻辑起点

1. 新古典经济学下的企业行为由单一逻辑主导

新古典经济学家认为企业应遵循利润最大化原则，即在一定的资源要素与技术约束条件下追求经济产出最大化。基于此，企业任何对社会负责任的行为都受到经济利益驱使，而承担有损于利润的社会责任行为被视为一种错误。从制度逻辑视角来看（Thornton, et al., 2012），新古典经济学下的企业行为由单一的市场逻辑主导，任何 CSR 行为本质上需要服务于经济价值的增加，甚至 CSR 本身也被视作一种市场盈利行为（肖红军、阳镇，2020：37~53）；除市场之外的逻辑，如环境、社会逻辑等往往被视为与市场逻辑存在冲突且难以调和。在市场逻辑主导下，只有进行 CSR 活动能够创造更多经济价值，企业才会在日常经营中主动承担相应的社会职能，但在现实情况下，这一条件很难实现。因此，企业通常将经济、社会和环境价值创造活动相互割裂，在获取足够的经济收益的基础上，企业会为了应对社会压力而被迫开展 CSR 活动。

2. ESG 理念下的企业行为由混合逻辑指导

制度逻辑视角强调组织场域中不同制度逻辑之间的竞合与耦合对企业注意力焦点的动态影响，进而指导组织战略行为（Thornton, et al., 2012）。ESG 理念下的企业行为同时受到经济、环境和社会等多重逻辑的影响，企业需将注意力分配到不同的价值创造活动上。企业在满足不同逻辑之间相互竞争的需求时，还需平衡不同逻辑之间的冲突（Besharov & Smith, 2014：364 - 381；Meyer & Rowan, 1977：99 - 110）。通过将制度逻辑划分为手段与目的，Yan 等（2021：903 - 944）认为不同制度逻辑的手段与目的之间的创新性组合，有利于实现多重制度逻辑在组织内部的融合与协同。在 ESG 理念指导下的 ESG 治理体系，对多重制度逻辑的融合与协同可以通过优化股东所有权、董事会结构和高管团队来实现（Alda, 2019：1060 - 1071；Buchanan, et al., 2018：73 - 95；Nekhili, et al., 2021：3061 - 3087）。

因此，ESG 治理的逻辑起点在于融合被视为相互冲突的制度逻辑，将组织由单一治理转换为混合治理模式，是对组织内部场域中多重制度逻辑的重构。

五　总结

ESG 是推动企业投入 CSR 活动的重要工具，对解决可持续发展问题具有重要意义，当前已经成为各界关注的热门话题。本文基于系统文献综述法，选用

Web of Science 和 EBSCO 财经类学术全文数据库，运用布尔逻辑检索搜索与"ESG﹡"相匹配的文献主题，经筛选最终确认 2007～2021 年发表的共 158 篇文献，并从 ESG 投资、ESG 信息披露与评价、ESG 治理三个方面对 ESG 相关研究进行全面回顾。在此基础上，遵循"组织边界—价值创造—治理逻辑"的理论脉络剖析 ESG 实践的逻辑起点：（1）ESG 投资的逻辑起点在于打破传统的价值独占思想，强调经济价值、环境价值和社会价值之间的相互转化，是对企业价值管理认知的重塑；（2）ESG 信息披露与评价的逻辑起点在于打破了企业的传统组织边界，将外部性问题内部化，是对组织边界的重新定义；（3）ESG 治理的逻辑起点在于融合被视为相互冲突的制度逻辑，将组织由单一治理转换为混合治理模式，是对组织内部场域中多重制度逻辑的重构。最后，本文基于系统文献梳理结果，对未来 ESG 研究提出建议。

需要注意的是，ESG 是一个复杂且完整的生态系统，参与主体包括投资者、企业、政府、标准制定机构、第三方评价机构和非营利组织等，且不同 ESG 实践（ESG 投资、ESG 信息披露与评价、ESG 治理）之间属于相互依存关系。虽然目前 ESG 相关研究已经取得初步成果，但各主题研究相对孤立，并未将不同 ESG 实践纳入一个整合性框架中进行探讨。另外，ESG 生态系统中的行动主体各司其职，但鲜有文献从企业以外的角度进行深入探讨，尤其缺乏对非营利组织这类社会目标导向型组织的关注。建议未来研究基于本文提出的整合性研究框架，综合运用文献分析、案例研究和量化分析等方法，对该框架做出进一步验证、补充及改善。

参考文献

高闯主编（2013）：《公司治理学学科前沿研究报告》，北京：经济管理出版社。

李诗、黄世忠（2022）：《从 CSR 到 ESG 的演进——文献回顾与未来展望》，《财务研究》，第 4 期。

肖红军、阳镇（2020）：《平台企业社会责任：逻辑起点与实践范式》，《经济管理》，第 4 期。

朱秀梅、刘月、陈海涛（2020）：《数字创业：要素及内核生成机制研究》，《外国经济与管理》，第 4 期。

Ahmed, M. F., et al. (2021), "Modeling Demand for ESG," *The European Journal of Finance* 27 (16), pp. 1669 - 1683.

Alda, M. (2019), "Corporate Sustainability and Institutional Shareholders: The Pressure of Social Responsible Pension Funds on Environmental Firm Practices," *Business Strategy and the Environment* 28 (6), pp. 1060 – 1071.

Ali, W., et al. (2017), "Determinants of Corporate Social Responsibility (CSR) Disclosure in Developed and Developing Countries: A Literature Review," *Corporate Social Responsibility and Environmental Management* 24 (4), pp. 273 – 294.

Amel-Zadeh, A., & Serafeim, G. (2018), "Why and How Investors Use ESG Information: Evidence from a Global Survey," *Financial Analysts Journal* 74 (3), p. 17.

Arayssi, M., et al. (2020), "The Impact of Board Composition on the Level of ESG Disclosures in GCC Countries," *Sustainability Accounting, Management and Policy Journal* 11 (1), pp. 137 – 161.

Avramov, D., et al. (2022), "Sustainable Investing with ESG Rating Uncertainty," *Journal of Financial Economics* 145 (2), pp. 642 – 664.

Baldini, M., et al. (2018), "Role of Country-and Firm-Level Determinants in Environmental, Social, and Governance Disclosure," *Journal of Business Ethics* 150 (1), pp. 79 – 98.

Barko, T., et al. (2021), "Shareholder Engagement on Environmental, Social, and Governance Performance," *Journal of Business Ethics*.

Barnea, A., & Rubin, A. (2010), "Corporate Social Responsibility as a Conflict Between Shareholders," *Journal of Business Ethics* 97 (1), pp. 71 – 86.

Barney, J. B. (1991), "Firm Resource and Sustained Competitive Advantage," *Journal of Management* 17 (1), pp. 99 – 120.

Beal, D. J., et al. (2005), "Why Do We Invest Ethically?," *The Journal of Investing* 14 (3), pp. 66 – 78.

Beckmann, M., et al. (2014), "Commitment Strategies for Sustainability: How Business Firms Can Transform Trade-Offs into Win-Win Outcomes: Commitment Strategies for Sustainability," *Business Strategy and the Environment* 23 (1), pp. 18 – 37.

Besharov, M. L., & Smith, W. K. (2014), "Multiple Institutional Logics in Organizations: Explaining Their Varied Nature and Implications," *Academy of Management Review* 39 (3), pp. 364 – 381.

Bithas, K. (2011), "Sustainability and Externalities: Is the Internalization of Externalities a Sufficient Condition for Sustainability?," *Ecological Economics* 70 (10), pp. 1703 – 1706.

Broadstock, D. C., et al. (2020), "Does Corporate Social Responsibility Impact Firms' Innovation Capacity? The Indirect Link Between Environmental & Social Governance Implementation and Innovation Performance," *Journal of Business Research* 119, pp. 99 – 110.

Brower, J., & Rowe, K. (2017), "Where the Eyes Go, the Body Follows?: Understanding the Impact of Strategic Orientation on Corporate Social Performance," *Journal of Business Research* 79, pp. 134 – 142.

Buchanan, B., et al. (2018), "Corporate Social Responsibility, Firm Value, and Influential Institutional Ownership," *Journal of Corporate Finance* 52, pp. 73 – 95.

Bui, B., et al. (2021), "Climate Change Mitigation: Carbon Assurance and Reporting integrity," *Business Strategy and the Environment* 30 (8), pp. 3839 – 3853.

Campanella, F., et al. (2021), "The Role of Corporate Governance in Environmental Policy Disclosure and Sustainable Development. Generalized Estimating Equations in Longitudinal Count Data Analysis," *Corporate Social Responsibility and Environmental Management* 28 (1), pp. 474 – 484.

Cheng, B., et al. (2014), "Corporate Social Responsibility and Access to Finance: CSR and Access to Finance," *Strategic Management Journal* 35 (1), pp. 1 – 23.

Christensen, H. B., et al. (2021), "Mandatory CSR and Sustainability Reporting: Economic Analysis and Literature Review," *Review of Accounting Studies* 26 (3), pp. 1176 – 1248.

Coase, R. H., (1937), "The Nature of the Firm," *Economica* 4 (16), pp. 386 – 405.

Coleman, L. (2011), "Losses from Failure of Stakeholder Sensitive Processes: Financial Consequences for Large US Companies from Breakdowns in Product, Environmental, and Accounting Standards," *Journal of Business Ethics* 98 (2), pp. 247 – 258.

Cornell, B. (2021), "ESG Preferences, Risk and Return," *European Financial Management* 27 (1), pp. 12 – 19.

Crifo, P., et al. (2019), "Corporate Governance as a Key Driver of Corporate Sustainability in France: The Role of Board Members and Investor Relations," *Journal of Business Ethics* 159 (4), pp. 1127 – 1146.

Cunha, F. A. F., et al. (2021), "Sustainable Finance and Investment: Review and Research Agenda," *Business Strategy and the Environment* 30 (8), pp. 3821 – 3838.

Dahlman, C. J. (1979), "The Problem of Externality," *The Journal of Law and Economics* 22 (1), pp. 141 – 162.

De Masi, S., et al. (2021), "Toward Sustainable Corporate Behavior: The Effect of the Critical Mass of Female Directors on Environmental, Social, and Governance Disclosure," *Business Strategy and the Environment* 30 (4), pp. 1865 – 1878.

Del Bosco, B., & Misani, N. (2016), "The Effect of Cross-Listing on the Environmental, Social, and Governance Performance of Firms," *Journal of World Business* 51 (6), pp. 977 – 990.

Diouf, D., et al. (2016), "Exploring Factors That Influence Social Retail Investors' Decisions: Evidence from Desjardins Fund," *Journal of Business Ethics* 134 (1), pp. 45 – 67.

Drempetic, S., et al. (2020), "The Influence of Firm Size on the ESG Score: Corporate Sustainability Ratings Under Review," *Journal of Business Ethics* 167 (2), pp. 333 – 360.

Eccles, N. S., & Viviers, S. (2011), "The Origins and Menings of Names Describing Investment Prac Tices That Integrate a Consideration of ESG Issues in the Academic Literature," *Journal of Business Ethics* 104 (3), pp. 389 – 402.

Ellegaard, C., et al. (2014), "Value Appropriation in Business Exchange-Literature

Review and Future Research Opportunities," *Journal of Business & Industrial Marketing* 29 (3), pp. 185 – 198.

Engle, R. F., et al. (2020), "Hedging Climate Change News," *The Review of Financial Studies* 33 (3), pp. 1184 – 1216.

Erhemjamts, O., & Huang, K. (2019), "Institutional Ownership Horizon, Corporate Social Responsibility and Shareholder Value," *Journal of Business Research* 105, pp. 61 – 79.

Escrig-Olmedo, E., et al. (2013), "Sustainable Development and the Financial System: Society's Perceptions about Socially Responsible Investing: Socially Responsible Investing," *Business Strategy and the Environment* 22 (6), pp. 410 – 428.

Freeman, R. E. (1984), *Strategic Management: A Stakeholder Approach*, Boston: Pitman.

Fu, X., et al. (2020), "Responsible Investing in the Gaming Industry," *Journal of Corporate Finance* 64, p. 101657.

Galbreath, J. (2013), "ESG in Focus: The Australian Evidence," *Journal of Business Ethics* 118 (3), pp. 529 – 541.

Gibson, B. R., et al. (2021), "ESG Rating Disagreement and Stock Returns," *Financial Analysts Journal* 77 (4), pp. 104 – 127.

Girerd-Potin, I., et al. (2014), "Which Dimensions of Social Responsibility Concern Financial Investors?," *Journal of Business Ethics* 121 (4), pp. 559 – 576.

Gjergji, R., et al. (2021), "The Effects of Environmental, Social and Governance Disclosure on the Cost of Capital in Small and Medium Enterprises: The Role of Family Business Status," *Business Strategy and the Environment* 30 (1), pp. 683 – 693.

Govindan, K., et al. (2021), "Drivers and Value-Relevance of CSR Performance in the Logistics Sector: A Cross-Country Firm-Level Investigation," *International Journal of Production Economics* 231, p. 107835.

Haque, F. (2017), "The Effects of Board Characteristics and Sustainable Compensation Policy on Carbon Performance of UK Firms," *The British Accounting Review* 49 (3), pp. 347 – 364.

Haque, F., & Ntim, C. G. (2020), "Executive Compensation, Sustainable Compensation Policy, Carbon Performance and Market Value," *British Journal of Management* 31 (3), pp. 525 – 546.

Havlinova, A., & Kukacka, J. (2021), "Corporate Social Responsibility and Stock Prices after the Financial Crisis: The Role of Strategic CSR Activities," *Journal of Business Ethics*.

Hoepner, A. G. F., et al. (2021), "Does an Asset Owner's Institutional Setting Influence Its Decision to Sign the Principles for Responsible Investment?," *Journal of Business Ethics* 168 (2), pp. 389 – 414.

Husted, B. W., & Sousa-Filho, J. M. de (2019), "Board Structure and Environmental,

Social, and Governance Disclosure in Latin America," *Journal of Business Research* 102, pp. 220 – 227.

Jensen, M. C. (2001), "Value Maximization, Stakeholder Theory, and The Corporate Objective Function," *Journal of Applied Corporate Finance* 14 (3), pp. 8 – 21.

Keasey, K., et al. (1997), *Corporate Governance: Economic and Financial Issues*, Oxford University Press.

Kiernan, M. J. (2007), "Universal Owners and ESG: Leaving Money on the Table?," *Corporate Governance: An International Review* 15 (3), pp. 478 – 485.

Kim, I., et al. (2019), "Institutional Investors and Corporate Environmental, Social, and Governance Policies: Evidence from Toxics Release Data," *Management Science* 65 (10), pp. 4901 – 4926.

Kollias, C., & Papadamou, S. (2016), "Environmentally Responsible and Conventional Market Indices' Reaction to Natural and Anthropogenic Adversity: A Comparative Analysis," *Journal of Business Ethics* 138 (3), pp. 493 – 505.

Krueger, P., et al. (2020), "The Importance of Climate Risks for Institutional Investors," *The Review of Financial Studies* 33 (3), pp. 1067 – 1111.

Lai, A., et al. (2016), "Corporate Sustainable Development: Is 'Integrated Reporting' a Legitimation Strategy?," *Business Strategy and the Environment* 25 (3), pp. 165 – 177.

Lagasio, V., Cucari, N., (2019), "Corporate Governance and Environmental Social Governance Disclosure: A Meta-Analytical Review," *Corporate Social Responsibility and Environmental Management* 26 (4), pp. 701 – 711.

Lee, K. -H., et al. (2016), "Environmental Responsibility and Firm Performance: The Application of an Environmental, Social and Governance Model: Environmental Responsibility and Firm Performance," *Business Strategy and the Environment* 25 (1), pp. 40 – 53.

Li, J., & Wu, D. (2020), "Do Corporate Social Responsibility Engagements Lead to Real Environmental, Social, and Governance Impact?," *Management Science* 66 (6), pp. 2564 – 2588.

Liagkouras, K., et al. (2022), "Incorporating Environmental and Social Considerations into the Portfolio Optimization Process," *Annals of Operations Research* 316 (2), pp. 1493 – 1518.

Lokuwaduge, C. S. D. S., & Heenetigala, K. (2017), "Integrating Environmental, Social and Governance (ESG) Disclosure for a Sustainable Development: An Australian Study," *Business Strategy and the Environment* 26 (4), pp. 438 – 450.

MacMahon, S. (2020), "The Challenge of Rating ESG Performance," *Harvard Business Review*, p. 5.

McBrayer, G. A. (2018), "Does Persistence Explain ESG Disclosure Decisions?," *Corporate Social Responsibility and Environmental Management* 25 (6), pp. 1074 – 1086.

Meyer, J. W., & Rowan, B. (1977), "Institutionalized Organizations: Formal Structure as Myth and Ceremony," *American Journal of Sociology* 83 (2), pp. 340 – 363.

Mizik, N., & Jacobson, R. (2003), "Trading off Between Value Creation and Value

Appropriation: The Financial Implications of Shifts in Strategic Emphasis," *Journal of Marketing* 67 (1), pp. 63 – 76.

Nekhili, M. , et al. (2021), "ESG Performance and Market Value: The Moderating Role of Employee Board Representation," *The International Journal of Human Resource Management* 32 (14), pp. 3061 – 3087.

Nilsson, J. (2009), "Segmenting Socially Responsible Mutual Fund Investors: The Influence of Financial Return and Social Responsibility," *International Journal of Bank Marketing* 27 (1), pp. 5 – 31.

Pástor, Ľ. , et al. (2021), "Sustainable Investing in Equilibrium," *Journal of Financial Economics* 142 (2), pp. 550 – 571.

Pawliczek, A. , et al. (2021), "A New Take on Voice: The Influence of BlackRock's 'Dear CEO' Letters," *Review of Accounting Studies* 26 (3), pp. 1088 – 1136.

Petitjean, M. (2019), "Eco-Friendly Policies and Financial Performance: Was the Financial Crisis a Game Changer for Large US Companies?," *Energy Economics* 80, pp. 502 – 511.

Pittaway, L. , et al. (2004), "Networking and Innovation: A Systematic Review of the Evidence: Networking and Innovation: A Systematic Review of the Evidence," *International Journal of Management Reviews* 5 – 6 (3 – 4), pp. 137 – 168.

Qureshi, M. A. , et al. (2020), "The Impact of Sustainability (Environmental, Social, and Governance) Disclosure and Board Diversity on Firm Value: The Moderating Role of Industry Sensitivity," *Business Strategy and the Environment* 29 (3), pp. 1199 – 1214.

Raimo, N. , et al. (2021), "Extending the Benefits of ESG Disclosure: The Effect on the Cost of Debt Financing," *Corporate Social Responsibility and Environmental Management* 28 (4), pp. 1412 – 1421.

Randall, A. (1972), "Market Solutions to Externality Problems: Theory and Practice," *American Journal of Agricultural Economics* 54 (2), pp. 175 – 183.

Reber, B. , et al. (2022), "ESG Disclosure and Idiosyncratic Risk in Initial Public Offerings," *Journal of Business Ethics* 179 (3), pp. 867 – 886.

Rees, W. , & Rodionova, T. (2015), "The Influence of Family Ownership on Corporate Social Responsibility: An International Analysis of Publicly Listed Companies: Families and CSR," *Corporate Governance: An International Review* 23 (3), pp. 184 – 202.

Scott, W. R. (2001), *Institutions and Organizations*, Sage Publications.

Semenova, N. , & Hassel, L. G. (2019), "Private Engagement by Nordic Institutional Investors on Environmental, Social, and Governance Risks in Global Companies," *Corporate Governance: An International Review* 27 (2), pp. 144 – 161.

Sethi, S. P. (2005), "Investing in Socially Responsible Companies Is a Must for Public Pension Funds? Because There Is No Better Alternative," *Journal of Business Ethics* 56 (2), pp. 99 – 129.

Serafeim, G. , (2020), "Public Sentiment and the Price of Corporate Sustainability,"

Financial Analysts Journal 76 (2), pp. 26 ~ 46

Takahashi, H., & Yamada, K. (2021), "When the Japanese Stock Market Meets CO-VID-19: Impact of Ownership, China and US Exposure, and ESG Channels," *International Review of Financial Analysis* 74, p. 101670.

Tang, D. Y., & Zhang, Y. (2020), "Do Shareholders Benefit from Green Bonds?," *Journal of Corporate Finance* 61, p. 101427.

Tashman, P., & Rivera, J. (2016), "Ecological Uncertainty, Adaptation, and Mitigation in the U. S. Ski Resort Industry: Managing Resource Dependence and Institutional Pressures," *Strategic Management Journal* 37 (7), pp. 1507 – 1525.

Terzani, S., & Turzo, T. (2021), "Religious Social Norms and Corporate Sustainability: The Effect of Religiosity on Environmental, Social, and Governance Disclosure," *Corporate Social Responsibility and Environmental Management* 28 (1), pp. 485 – 496.

Thornton, P. H., Ocasio, W., & Lounsbury, M. (2012), *The Institutional Logics Perspective: A New Approach to Culture, Structure, and Process*, Oxford, UK: Oxford University Press.

Wagner, S. M., et al. (2010), "Creating and Appropriating Value in Collaborative Relationships," *Journal of Business Research* 63 (8), pp. 840 – 848.

Weber, O. (2014), "Environmental, Social and Governance Reporting in China: Environmental, Social and Governance Reporting in China," *Business Strategy and the Environment* 23 (5), pp. 303 – 317.

Widyawati, L. (2020), "A Systematic Literature Review of Socially Responsible Investment and Environmental Social Governance Metrics," *Business Strategy and the Environment* 29 (2), pp. 619 – 637.

Williamson, O. E. (1975), *Markets and Hierarchies: Analysis and Antitrust Implications*, London: The Free Press.

Yamahaki, C., & Frynas, J. G. (2016), "Institutional Determinants of Private Shareholder Engagement in Brazil and South Africa: The Role of Regulation," *Corporate Governance: An International Review* 24 (5), pp. 509 – 527.

Yan, S., et al. (2021), "The Impact of Logic (in) Compatibility: Green Investing, State Policy, and Corporate Environmental Performance," *Administrative Science Quarterly* 66 (4), pp. 903 – 944.

Yu, E. P., & Luu, B. V. (2021), "International Variations in ESG Disclosure-Do Cross-listed Companies Care More?," *International Review of Financial Analysis* 75, p. 101731.

中国非营利评论
China Nonprofit Review

The Logical Origin of ESG Practices: An Integrating Research Framework Based on Systematic Literature Review

Zheng Ruoyu, Zhao Lele & Zhang Ruwen

[**Abstract**] ESG is not only an evolutionary product of CSR, but also an important force to promote CSR. At present, ESG has developed into a global popular topic and attracted widespread attention around the academic community. However, due to the inherent complexity of ESG, the research about it has come to different and even conflicting conclusions, and some scholars have quite different understandings of ESG itself. Therefore, we use systematic literature review method to comprehensively review ESG literature, and constructs an integrating research framework of "ESG investment, ESG disclosure and evaluation and ESG governance". We further explore the logical origin of the three ESG practices. We propose: (1) the logical origin of ESG investment is to realize the mutual transformation between different types of value; (2) The logical origin of ESG disclosure and evaluation is to expand and blur the organizational boundary and realize the internalization process of externalities; (3) The logical origin of ESG governance is the transformation of organizational governance logic, that is, from a single governance logic to a hybrid governance logic. This paper provides new ideas for re-understanding ESG, helps future researchers clarify the existing ESG research context and point out future research directions, and provides new paradigm selection ideas for actors involved in ESG practices.

[**Keywords**] ESG; CSR; Logical Origin; Integrating Research-Framework; Systematic Literature Review

责任编辑：宋程成

和光同尘

——评名师新著《中国传统治理思想经典导读》

孟繁佳

经典之所以成为经典，不只是它在原作者创作之初，融入了饱满的情感和丰富的笔调，用以在面世之时，让观者感动并为之抵足相告。而后的岁月，经典开始广为流传，这段时期，经典对于人性的影响力开始逐渐发挥作用，很大程度上，这要归于那些后世的文人墨客。文士参与的部分，几乎可以认为，是经典的内核注释，也可以被看作是经典的二次创作，其实在所有解读与注释的过程中，经典再次被融入当时的思想与价值判断，成为再传后世的更具精髓的作品。即使历经沧桑风雨战火与出于任何私欲的人性侵辱，那些依旧风采夺目的经典，如同不断擦拭的铜镜，历久弥新，更照人间。这时，经典因其丰沛的生命价值，对人类的文明与思想，从追溯到指引，都使得经典以永生的光芒照耀天地。

很多年前，我与名师从相识相知到共识共知，是因为公益到传统文化的同行。他是我认识和知道的清华教授中，几乎是唯一能背诵《道德经》《论语》《易经》的大师级教授。我不只惊诧于名师花甲之岁的惊人记忆力，更赞叹其在中华经典上极为考究的点评与思考。无论在课堂上，与名师交互宣讲，还是与他在对酌时，倾轧心性，经典中精微妙处，名师亦信手拈来，这是对经典的无数次礼敬的至高享受。

今天这个社会，常有的是自知而不自觉的人，不常有觉醒而不自负的人，名师恰好是这样的一位老师，他将内在的，对中华经典的感受，写到了这本书里。我忝为其难，让名师捉为续貂，不敢写太多赞誉之词，只为名师大作，做个补脚，好让大家即刻离开小文，去名师那里聆听。

一如书之题名《和光同尘》，和光在历史的经典中，同尘在当下的学知践行下。

写于北京小雪

2022 年 11 月 22 日

从严格管制到多元共治：论当代社会中
非营利组织的发展逻辑[*]

——读俞祖成《社会治理视域中的日本非营利组织》

李德健　郑　燃　赖炫羽^{**}

【摘要】在迈向当代社会的过程中，非营利组织领域发生了根本性变革，从严格管制到多元共治则是其基本逻辑。该逻辑包括两个相互连通但各有侧重的面向：在非营利组织政府监管上，由严格管制向尊重自治方向转型，使非营利组织得以作为相对独立的社会组成部分而存在发展；随着非营利组织的自治发展，在公共事业参与上，由政府垄断向多元共治方向转型，使得非营利组织由受动逐渐变为能动，成为实现公共产品优化供给的重要力量。《社会治理视域中的日本非营利组织》一书对日本经验的梳理与总结为非营利组织领域这一发展逻辑提供了系统脚注，也为我国非营利组织领域的政策改革提供了域外镜鉴。

【关键词】非营利组织；严格管制；多元共治；日本；社会治理

---

* 本文为国家社科基金青年项目"第三次分配视阈下网络公益众筹平台监督困境与立法对策研究"（22CFX085）的阶段性成果。

** 李德健，浙江工业大学法学院讲师、社会法学科主任；郑燃，浙江工业大学法学院本科生；赖炫羽，浙江工业大学法学院硕士研究生。

一 引言：迈向当代社会的非营利组织

改革开放以来，随着公共产品供给多元化与多支柱社会保障体系逐渐显现，非营利部门作为一个与政府、市场三足鼎立的领域得以形成，在扶贫济困、养老扶幼、科教文卫体等社会事业中扮演着愈发重要的角色，并"发挥着制约公权力、保障私权利、化解矛盾冲突的重要作用"（马长山，2019：84～94）。政府也一改既往单纯限制发展的监管策略，并尝试与非营利组织合作共赢（李健等，2021：47～52）。因此，对于迈向当代社会的非营利组织而言，愈发需要在理论上探索其政府监管策略与公共事业①参与路径。上海外国语大学俞祖成副教授的《社会治理视域中的日本非营利组织》一书就系统地回应了这一点。书中所阐述的日本非营利组织领域从严格管制到多元共治的发展逻辑及制度变革，对我国非营利组织发展与制度完善具有很高的借鉴价值。在当前《慈善法》修法与社会组织立法的背景下，本文结合书中核心观点与论证，对这一基本逻辑及其实践表现加以探析，从而为我国共同富裕时代的非营利法制建设提供必要的学理依据与政策参考。

二 从严格管制到多元共治——日本非营利组织发展的经验

《社会治理视域中的日本非营利组织》除导论外，大致分为三个部分：理论基础（第一、二章）、政府监管（第三至六章）与公共事业参与（第七至十三章）。在这里，将书中的"制度设计"与"制度实践"修正为非营利组织政府监管与公共事业参与两个面向。因为从"严格管制到多元共治"角度来看，制度设计就是法律制度与监管者如何规制非营利组织，而制度实践则重在非营利组织参与各类公共事业。前者负责将非营利组织从传统的严格管制中"解放"出来，获得自治地位，而后者则是被"解放"后如何有效地参与公共事业。如果根据这种划分，则属于制度设计的第七章（"日本非营利组织与政府的合作伙伴关系"），更宜放入公共事业参与范畴加以探讨。

---

① 社会治理本身就蕴含着多元共治，所以本文在多处特意采用"公共事业"这一中性表述。

在明确这一点的基础上，该书第一部分解析了日本非营利组织与社会治理的动态关系以及公共性转型下的非营利组织发展路径，为后续详细探讨非营利组织政府监管与公共事业参与奠定了整体基调并做了理论预设。在这里，作者明确提出日本非营利组织在公共事业层面实现了由"政府独占"向"多元共治"的转型（俞祖成，2022：14）。其中，作者引用了神野直彦教授首先提出的关于社会治理的这一概念，即"以公民个体和非营利部门（NPO/NGO）为主体的社会体系，逐渐向政治体系和经济体系进行外延性拓展，最终成功替代政治体系所承载的社会整合功能的一种状态"（神野直彦、泽井安男，2004：10）。而且，即便从社会治理与社会管理的本质区别来看，前者也更为"强调多元主体的参与"（邓国胜，2015：12～13）。

同时需要明确的是，日本虽实现了这一转型，但作为多元共治的逻辑前提，首先应在政府监管上对非营利组织的第三部门身份予以充分尊重。这就涉及非营利组织自治性问题。在日本近代化早期阶段，政府独占公共事业，"所有民间力量必须听从政府力量的安排"（俞祖成，2022：11）。在此背景下，非营利组织监管必然呈现管控主义色彩（雨宫孝子，1998：10～15）。事实上，明治民法典第34条规定，凡欲成为法人的非营利组织必须获得主管部门许可。这种管制型公益法人制度催生了非营利组织"规制冰河期"（俞祖成，2022：12）。这与我国改革开放初期非营利组织监管制度颇为相似，例如，非营利组织合法性与登记连为一体（金锦萍，2014：1）、双重管理体制（王名、孙伟林，2011：16～19）下的"一地一会"、业务主管单位完全的自由裁量权。由此可见，日本早期非营利组织发展呈现了两个彼此牵连的现象：在政府监管上，非营利组织被束手束脚、严格管制，缺乏自治性与自主性；在公共事业参与上，非营利组织处于完全受动状态。但该现象随着社会情势发展而发生了根本性变化。

在非营利组织政府监管上，以阪神淡路大地震为契机，各种非营利组织"以灵活、快速、高效且具有人文关怀的行动，在救灾赈灾及灾后恢复过程中发挥了重要作用"（俞祖成，2022：13），使得1998年《特定非营利活动促进法》得以出台，用认证主义取代许可主义，部分突破了"日本政府对民间力量的规制枷锁"（俞祖成，2022：13）。而2008年所建构的一系列公益法人制度则"废许可主义而采准则主义""从事先规制转向事后监管"（俞祖成，2022：69），大幅强化了包括公益法人在内的非营利组织自治性。

同时,在非营利组织公共事业参与上,不论是基于反对环境破坏与污染的诉求,还是有效缓解政府财政危机与适时回应高龄化、少子化问题的需求,非营利组织由过去的那种受动状态向积极参与社会治理转型已成大势所趋。在此背景下,政府独占的治理模式已无法加以维系,政府被动接受抑或积极推动各类非营利组织参与各种社会治理就成为最近几十年公共事业领域的基本走向。该书第二章以公共性的历史演进为核心所划分的"官民对立性公共性""过渡融合性公共性""新公共性"诸阶段正是对这一基本走向的精准勾勒。

三　非营利组织的政府监管:从管制到自治

在为非营利组织从严格管制到多元共治的这一发展逻辑构建分析框架与理论依据的基础上,该书在第三章至第六章分别以非营利法人制度、NPO 法人制度、公益法人认定制度与募捐政策为对象对日本非营利组织政府监管问题进行了具体分析。据此,在非营利组织监管上,该书特别重视组织法,而行为法上则选取了即便是在我国当下也特别关注的募捐活动。通过梳理可明显发现,日本政府监管改革路径就是由传统管制主义(重在限制发展)到充分自治保障(重在有效监管)。这一路径既彰显了非营利组织作为当代社会中三大部门之一的相对独立地位,亦反映出其在公共产品供给等方面的重要作用。

在日本,公众普遍使用"NPO"来代指非营利组织,其中最为宽泛的理解方式是"市民自主设立、独立于政府和企业且不以营利为目的的民间组织"(俞祖成,2022:35)。同时,根据非营利组织是否具有法人资格,可将非营利组织区分为非法人型非营利组织与法人型非营利组织。前者是"市民在未经政府批准的情况下自由组建的不具有法人资格的任意团体",同时其"不但无须接受来自政府部门的监管或干涉,而且还能享受一定的税收优惠"(俞祖成,2022:35~36)。与之相对,法人型非营利组织需登记并受到政府强化监管。而这一点较我国更为宽松:对于三类非营利组织,社会团体与基金会必须具有法人资格;而根据《取缔非法民间组织暂行办法》第 2 条等要求,个人制、合伙制的民办非企业单位即便不具有法人资格,也必须登记,否则构成非法组织。当然,在具体实践中,对于大量并未登记的非营利组织,除非直接从事一些违法犯罪活动,否则我国政府一般采取较为宽松的处理态度(Ashley & He, 2008:

29 – 96）。

随着法人制度在日本的逐渐确立与发展，有一定规模或影响力的非营利组织多采取法人形式加以组建。因此，非营利法人制度就成为日本非营利组织法的重中之重。在这方面，日本法经历了一个渐进式发展之路，其对非营利组织由管制到自治的监管态度转变也在这个过程中得到了较好体现。

根据书中介绍，日本非营利法人制度始于明治民法典中的公益法人制度。明治民法典将法人分为营利法人与公益法人两种类型，但这两种类型根本无法囊括全部法人目的。不过至少具有公益目的的非营利组织可选择注册成为公益法人。根据明治民法典第 34 条，"凡与祭祀、宗教、慈善、学术、技艺以及其他公益相关且不以营利为目的的社团或财团"必须经主管机关许可，才可注册为法人。在二战后，日本又通过《社会福祉事业法》等民事特别法，对明治民法典中的代表性公益法人子类型加以专项规制。其后，1998 年出台《特定非营利活动促进法》，创设了特定非营利法人制度（俞祖成，2022：38 ~ 39），2001年出台《中间法人法》，弥补了介于公益法人与营利法人之间的其他类型缺失。但整体缺乏必要的整合处理，使得最新改革前的非营利法人制度呈现了如下特质：根据不同社会领域设置不同非营利法人，存在相互交叉的一般性非营利法人，不同非营利法人的会计机制与减免税收资格多有差别（俞祖成，2022：40 ~ 42）。

随着 21 世纪的到来，日本法在非营利法人领域实现了较为根本性的变革。其标志为 2006 年出台的《关于一般社团法人与一般财团法人之法律》《关于公益社团法人与公益财团法人的认定等法律》《关于一般社团法人与一般财团法人之法律及关于公益社团法人与公益财团法人的认定等法律的实施所需配套法律之整备等法律》。据此，公益法人与中间法人并行逻辑变为一般法人与公益法人递进逻辑。在这种情况下，日本非营利法人制度由管制到自治的逻辑转向可大致分为如下几个层面。

首先，基于一般法人与公益法人的递进逻辑，法人资格与公益资格被分层处理，极大地提升了非公益性非营利法人之自治性。在新法中，一般法人设立要求大幅降低，"一般社团法人只需 2 名以上会员即可，无需提供任何财产。一般财团法人只需提供纯资产 300 万日元（约人民币 18 万元）作为原始基金即可登记成立。此外，一般法人只要遵守法律规定的'利润非分配约束'原则，就可以在任何领域开展活动"（俞祖成，2022：43）。

其次，优化公益法人资格认定制度，强化保障公益法人设立的便捷性与运行的自治性。需要明确的一点是，在大陆法系中，公益法人是私法人子类型，因此，当然应具有民间自治特性（李芳，2008：95~96）；而英美法系也承认并保障慈善组织独立性（李德健、陈保君，2012：189~190）。但日本法传统上采用管制色彩颇为浓厚的许可主义，并由主管机关自行裁量设立许可与公益资格认定标准，"以此严格控制公益法人的设立，并根据需要随心所欲地设立'官办公益法人'"（俞祖成，2022：69），使得早期公益法人自治性并未得到较好保障。但近期公益法人制度改革中明确了公益认定标准，其包括但不限于如下诸点：明文规定"公益目的事业""公益目的事业财产"等重要术语，明文规定"法人运营规制""健全的内部治理机制"等关键内容，强化非营利原则，明确包括"收支相抵原则""公益目的事业比率不低于50%之原则""闲置财产额规制原则"等"财务三标准"，明文规定公益法人终止时的财产处置方式（俞祖成，2022：44）。同时，还创设了由民间人士组成的高度独立的公益认定等委员会来享有关于这些标准的实质性判定权限（俞祖成，2022：48~49），从而更好地应对政府滥用自由裁量权、随意创设有利于己的公益法人以及安置退休官员再就业（俞祖成，2022：50）等不当限缩公益法人自治性的现象。在改革后，现行法呈现的面貌极为契合公益法人的自治属性：法人设立与公益资格认定分离，以准则主义取代许可主义，公益资格认定由民间人士组成的合议制机构取代主管部门或国务厅负责，明确公益资格认定标准，在理念上将重点放在事后监管而非事前规制上（俞祖成，2022：69）。

再次，在非营利组织领域，创设了一揽子财税优惠待遇，并根据是否具有法人资格进而是否具有公益法人资格而呈现出递进式的强化优惠保障机制，从而以更为柔性的政府监管策略取代管制主义思路。例如，非法人型非营利组织可获得会费非课税的相关财税优惠待遇；而获得公益性认定的非营利组织自动获得相应的财税优惠资格，无须另行申请财税法上的优惠资格认定；并且，日本法上的"视为税金制度"与"视为捐赠制度"也有助于促进公益法人开展营利活动，为后续支持其自身公益目的发展提供多元化的资金支持（俞祖成，2022：55）。

此外，在行为法上，以募捐为典型，其相关监管制度也经历了类似的由管制到自治的过程。非营利组织尤其是慈善组织"首要任务就是募捐"（马剑银，

2016：87～93）。为此，早在1938年《社会事业法》、1941年《医疗保护法》等法律中，就对募捐有所规制，且多采取颇为严格的资格准入许可制（俞祖成，2022：95～96）。但随着战后民主政治发展，日本进入了一段"募捐规制空白期"（俞祖成，2022：97～98），同时也因社会情势剧烈变动而衍生出逼捐、诈捐、中饱私囊、"利用官方文件诱迫市民提供捐赠"、"通过在校学生要求家长捐赠"（苻田清重，1949：17～22）等乱象。其结果是，在20世纪60年代，一些地方政府部分恢复了许可制，同时对获得许可的募捐活动开展时存在的各类违法行为加以查处（俞祖成，2022：99～100）。但在当代日本，政府已大致废除了这种"双重规制"政策，而主要侧重对募捐行为本身进行合理规制（俞祖成，2022：110）。

通过以上改革，各类非营利组织均较以往实现了更为自治的运行，并且这种自治的运行状态得到了现行法的有力保障。这就为非营利组织积极参与公共事业、投身社会治理奠定了法治基础。这也构成该书最后部分的主要探讨对象。

四　非营利组织的公共事业参与：从受动到能动

在细致勾勒了非营利组织监管框架之变革逻辑后，该书接下来在公共事业参与方面对日本非营利组织加以具体论述。其中，第七章梳理了非营利组织与政府合作伙伴关系，其他后续各章则从非营利组织参与城市治理、基层治理、社区治理、全球治理、公共危机治理以及公益捐赠助力乡村振兴等方面，探讨了日本非营利组织在参与诸种公共事业领域中由受动地位向能动地位的转型过程以及多元共治格局的形成。

事实上，从非营利组织发展规律来看，在非营利组织获得自治地位并实现规模化发展后，其与政府也就不再是单纯的被监管与监管的关系。非营利组织可以积极介入公共事业，与政府通力合作，并且通过自身比较优势更为有效地应对各类社会问题（李德健、杨思斌，2022：44～52）。这就是一个在公共事业参与领域由受动变为能动并最终实现多元共治的转型逻辑，尤其强调政社之间"通过构建合作伙伴关系以共同承担起公共治理的责任"（俞祖成，2022：114）。在这种意义上，"社会治理模式的创新是政府与民间走向良性互动的双赢选择"（马金芳，2014：87～94）。而日本学界所提出的"协动"理念正是对这一合作伙伴关系的积极回应。在首先提出这一概念的荒木昭次郎教授看来，实现协动的方式是"两个或两个以上的不同行为主体在相互协商的基础上设定相互认可的活动目标，为完成这一目标各行为主体应基于平等的立场展开自主、自律的相互交流与通力合作，努力获得任何单一行为主体都设法取得的具有相乘效应的活动成果"（荒木昭次郎，2012）。

受学界影响，1999 年横滨市政府发布的《横滨市政府与市民团体之间的协动基本方针》直接提到并界定了平等、自主、独立、相互理解、目标共享、公开等六大原则（俞祖成，2022：118）。随着各地的政策效仿与实践展开，这种协动在微观上推动了非营利组织有效履行使命、确保活动持续性，推动了地方自治体有效解决社会问题、积极回应市民需求，并在宏观上推动了行政体制改革、地方自治制度完善及代表制优化（俞祖成，2022：126～129）。虽存在诸如"权力悖论""协动失灵"等问题（俞祖成，2022：129～132），但协动思想与合作理念及其实践展开无疑大幅拓展了非营利组织在参与公共事业中的活动空间，实现了非营利组织在更高层次、更广范围上对社会治理的有益助力及对社会问题的有效回应。而日本非营利组织在城市治理、基层治理、社区治理、全球治理、公共危机治理中的参与以及公益捐赠在乡村振兴中的助力均为获得自治地位的非营利组织在公共事业参与中大放异彩提供了有力佐证。

在非营利组织参与城市治理中，非常有代表性的是"市民提案制度"。该制度是指，"政府就某个社会问题主动接受 NPO 等社会力量的政策提案，并在明确相互角色和作用的基础上，通过取长补短的方式共同实施合作治理项目，以此有效地解决社会问题"（俞祖成，2022：137）。并且，在实践中，这种提案权可以回应社区居民真实诉求，还可以结合民间智慧来强化行政决策科学性（俞祖成，2022：140；金井利之，2014：14～16）。

在非营利组织参与基层治理中，一个代表性的组织化方式就是社区基金会。社区基金会是舶来品，但日本学者又对其加以概念修正，并提炼出诸如"资金筹集多元化""资助公开性""资源媒介性""市民主导性"等特质（出口正之，2007：3～7）。而随着日本公益法人制度对设立便捷性与运行自治化的保障增强，社区基金会获得更为良性的发展空间，且因为社区基金会以市民自治为基础以及多样化发展理念，各级政府介入较少，使得其在基层治理中能够更为灵活地满足民众需求（俞祖成，2022：193~195）。

在非营利组织参与社区治理中，类似于我国居委会、村委会的自治会或町内会治理的参与就颇具代表性。在日本，自治会或町内会是旨在于特定区域中将"家庭户和商业机构等力量组织起来以共同解决本区域内所面临的问题，进而作为该区域的代表性组织开展区域共同管理活动的居民自治组织"（中田实，2014：12），并构成了"社区居民自治的核心力量"（俞祖成，2022：197）。但随着传统共同体瓦解，熟人社会逐渐向陌生人社会转型，由此产生的诸如社区缺位、人口过疏、企业与居民关系对立等问题变得愈发明显。为此，各都市从20世纪70年代开始明确提出"重建社区"，试图修正"以自治会/町内会为核心的狭义社区（传统共同体）之边界，进而构建以小学校区或中学校区为范畴，以具备市民自主性和责任感的个人和家庭为构成主体，拥有共通性、地域性、开放性并在社区成员之间形成信任感的新型社区"（俞祖成，2022：220）。

在非营利组织参与全球治理方面，涉外非政府组织即为典型。日本非营利组织法对此多有涉及。例如，《特定非营利活动促进法》规定的特定非营利活动之一就是"国际协力活动"，而《关于公益社团法人与公益财团法人的认定等法律》则直接将公益目的事业之一明示为"以促进国际相互理解与协助发展海外地区的经济发展为目的的事业"。基于日本政府早期对非政府组织的限制，后者参与全球治理较晚。但随着战后日本经济起飞及海外交流开展，真正意义上民间主导的国际援助型非政府组织得以创设（俞祖成，2022：228），并在组织形态与活动区域、活动领域与援助对象、项目类型及其内容、资金来源、跨部门合作等方面实现多元发展。而政府的对话协商机制、资金援助等一系列支持政策以及非政府组织本身发达的同行网络对其积极参与全球治理功不可没（俞祖成，2022：233~264）。

在非营利组织参与公共危机治理中，红十字会即为典型。在日本，红十字会也具有一定官方色彩。在新冠肺炎疫情防控中，红十字会固有的较为系统的内部治理机制、事先根据法律而制定的系统应急应对机制与较为健全的捐赠款物分配机制为其有效应对疫情提供了颇为重要的机制保障（俞祖成，2022：265~272）。

最后，在公益捐赠助力乡村振兴中，"故乡纳税"制度即为典型。所谓故乡纳税，并非通常语义中的纳税，而是指"在限定范围内，市民可向居住地以外的任何一个地方政府提供捐赠。捐赠人实际上只需担负 2000 日元，其余捐赠可在个人所得税与住民税中扣除"（俞祖成，2022：273）。该制度属于"旨在平衡地区间财力状况的税收转移"（俞祖成，2022：278），其"创造性地开辟了地方政府吸纳市民捐赠的新渠道，进而推动地方财政的增长并推动地域间的平衡发展"（俞祖成，2022：287）。

通过以上诸种方式，日本的非营利组织乃至任何个体在一般或特定公共事业领域发挥着愈发重要的作用，为扩大和提升公共产品供给规模与效率、满足民众日益增长的各类需求、实现社会共治、优化民主制度、提升社会文明程度奠定了重要基础。

结语 "山川异域，风月同天"

自改革开放以来，我国始终面临现代化转型的历史使命。非营利组织也在这种现代化转型的大背景下真正成长起来，而围绕非营利组织的相关政策也随之不断完善。总的来说，我国非营利组织领域虽有自己的特色，例如更为浓厚的官方色彩，但其整体发展逻辑依然难逃时代大势，即"由管制的逻辑过渡到自由的逻辑，培养社会的自主性，实现社会管理方面政府和社会的协作是基本路向"（刘培峰，2012：82～87）。进言之，在非营利组织的政府监管上，由"控制型管理"（谢海定，2004：17～34）转向尊重自治；在非营利组织的公共事业参与上，由被动接受行政指令转向积极参与社会治理，并经由良性互动，甚至能够在"合作实践中影响政府行动"（郁建兴、沈永东，2017：34～41）。而关于这段发展路程，日本已先于我国几十年而走过。同时，相较于西方国家，中日两国在文化等方面的相似性决定了日本非营利组织发展经验尤为值得我们加以关注研究并结合本国国情、历史阶段或特定政策而适当引入。在此背景下，从其特殊性中提炼出一些共同性事项，实现非营利组织理论研究与制度实践中的"山川异域，风月同天"，就成为中日尤其是我国非营利组织研究者的重要使命。

在这一使命面前，目前以日本非营利组织为研究对象的学术群体可大致分为日本国内的研究者与日本国外的研究者两类。但两类群体在研究时难免存在某种局限性：前者因"身在此山中"而可能精细化研究有余但有时在视角与方法上"不识真面目"，而后者可能因文化倾向、文献占有、实地调研等方面的不足而存在天然局限。在这种意义上，俞祖成副教授无疑是兼有两者之长的代表性学者。他负笈东瀛多年，在日本同志社大学获得博士学位，并与日本非营利组织研究者始终保持密切联系；同时，归国后通过不断参加各种学术、立法与调研活动，迅速实现了本土化转型，成为国内非营利组织研究的代表性青年学者。因此，他所撰写的《社会治理视域中的日本非营利组织》一书有助于理顺日本非营利组织政府监管与公共事业参与的时代发展脉络及其制度实践逻辑，对研究日本非营利组织的中国学者具有极为重要的参考价值，也为我国非营利组织政策制定者及其他利益相关方提供了重要的域外借鉴。

当然，该书虽对日本相关理论、制度与实践介绍甚详、分析深刻，但在探讨对中国的借鉴启示时，却时常存在"浅尝辄止"的潜在倾向。这种做法一方面体现了作者不愿将观点强加于人的研究风范，另一方面也为读者在具体实践中实现"洋为中用"带来了一定的困难。因此，有待作者及学界进一步深化该领域的本土化研究，从而更为系统地回应中国问题、助力中国实践。

参考文献

出口正之（2007）:「新しい資金仲介機関の誕生」,『NPOジャーナル』, 第 17 号。

邓国胜（2015）:《社会组织与社会治理创新》,《中国民政》, 第 3 期。

荒木昭次郎（2012）:『協働型自治行政の理念と実際』, 東京: 敬文堂。

金井利之（2014）:「市民提案と正統性」,『ガバナンス』, 第 160 号。

金锦萍（2014）:《中国非营利组织法前沿问题》, 北京: 社会科学文献出版社。

李芳（2008）:《慈善性公益法人研究》, 北京: 法律出版社。

李德健、陈保君（2012）:《慈善法视野下的公益信托论——兼论慈善法的内在理念、制度目标与基本原则》, 梁慧星主编《民商法论丛》第 51 卷, 北京: 法律出版社。

李德健、杨思斌（2022）:《我国慈善应急法制的理论反思与完善路径》,《浙江工商大学学报》, 第 3 期。

李健、荣幸、孙莹（2021）:《"以人为中心"的社会组织分类支持体系重构》,《中国行政管理》, 第 2 期。

刘培峰（2012）:《非营利组织管理模式的思考》,《北京师范大学学报》（社会科学版）, 第 2 期。

马剑银（2016）:《"慈善"的法律界定》,《学术交流》, 第 7 期。

马金芳（2014）：《社会组织多元社会治理中的自治与法治》，《法学》，第 11 期。

马长山（2019）：《智慧治理时代的社会组织制度创新》，《学习与探索》，第 8 期。

神野直彦・澤井安男（2004）：『ソーシャル・ガバナンス』，東京：東洋経済新報社。

蒔田清重（1949）：「募集取締の回顧と展望」，『警察時報』，第 4 卷第 4 号。

王名、孙伟林（2011）：《社会组织管理体制：内在逻辑与发展趋势》，《中国行政管理》，第 7 期。

谢海定（2004）：《中国民间组织的合法性困境》，《法学研究》，第 2 期。

雨宮孝子（1998）：「民法 100 年と公益法人制度」，『公益法人』，第 27 卷第 8 号。

郁建兴、沈永东（2017）：《调适性合作：十八大以来中国政府与社会组织关系的策略性变革》，《政治学研究》，第 3 期。

俞祖成（2022）：《社会治理视域中的日本非营利组织》，上海：上海远东出版社。

中田实（2014）：『地域分権時代の町内会・自治会』，東京：自治体研究社。

Ashley, J., & He, P. Y. (2008), "Opening One Eye and Closing the Other: The Legal and Regulatory Environment for 'Grassroots' NPOs in China Today," *Boston University International Law Journal* 26, pp. 29 – 96.

From Strict Control to Pluralistic Governance: Developmental Logic of Non-Profit Organizations in Modern Society

—Review of Yu Zhucheng's *Japanese Non-Profit Organizations in the Context of Social Governance*

Li Dejian, Zheng Ran & Lai Xuanyu

[**Abstract**] In the process of moving towards the modern society, the field of non-profit organizations will undergo fundamental changes, which basic logic is from strict control to pluralistic governance. This logic includes two interrelated but different aspects: in terms of governmental regulation of non-profit organizations, the transformation is from strict control to respect for autonomy, enabling non-profit organizations to exist and develop as a relatively independent societal component; with the autonomous development of non-profit organizations, in relation to participation in public utilities, the transformation is from governmental monopoly to pluralistic governance, making non-profit organizations grow into an increasingly active force in realizing the optimal supply of public goods. The review and summary by the book "Japanese Non-profit Organizations in the Context of Social Governance" of Japan's experience can provide a systematic footnote for this developmental logic in the field of non-profit organizations, and also provide an external mirror for the policy reform concerning non-profit organizations in China.

[**Keywords**] Nonprofit Organizations; Strict Control; Pluralistic Governance; Japan; Social Governance

责任编辑：李长文

NP

从严格管制到多元共治：论当代社会中非营利组织的发展逻辑

社会组织参与乡村振兴的实践与书写[*]

——评《乡村振兴与可持续发展之路》

邢宇宙[**]

【摘要】社会组织参与乡村扶贫与发展是我国打赢脱贫攻坚战、实施乡村振兴战略的重要组成部分，但是从社会组织领导者视角出发加以全面而翔实记述的少之又少。时任中国扶贫基金会秘书长刘文奎撰写并出版的《乡村振兴与可持续发展之路》，通过对若干项目故事的描述，展示其 20 年来参与乡村产业扶贫和可持续发展的生动实践，一方面可以从中管窥社会组织的参与，从传统的"资源输入"补缺式扶贫到"产业发展"驱动式振兴的转变，以及背后蕴含的价值和意义；另一方面，这种基于行动者视角的反思和书写，可以视为公益行业自身开展研究和知识生产的重要形式。这两者对于思考社会组织如何更好地参与乡村振兴及开展自身能力建设都有着重要的启示。

【关键词】社会组织；扶贫；乡村振兴；行动研究

时任中国扶贫基金会副理事长兼秘书长刘文奎出版的《乡村振兴与可持续发展之路》（商务印书馆，2021）（以下简称"刘文奎著作"），虽然不是一本严

---

* 国家社会科学研究基金一般项目"共建共治共享理念下社会组织参与生态文明建设的机制研究"（20BSH112）。

** 邢宇宙，北京工业大学文法学部副教授、北京社会管理研究基地研究人员，研究方向：社会组织与社会治理。

格意义上的学术著作，但它是国内少有的以社会组织领导者视角，本着项目脉络和时间顺序，以大量丰富的事实和细节，生动描述一家大型全国性社会组织20年来参与乡村产业扶贫和可持续发展实践的著作。

长期以来，在中国政府和社会摆脱贫困和谋求发展的努力和探索中，各类社会组织的参与是重要组成部分。早在2017年12月，国务院扶贫开发领导小组下发的《关于广泛引导和动员社会组织参与脱贫攻坚的通知》中，就明确指出社会组织是动员组织社会力量参与脱贫攻坚的重要载体，是构建专项扶贫、行业扶贫、社会扶贫"三位一体"大扶贫格局的重要组成部分。刘文奎在序言中写道："20年来我们扎根西部贫困乡村，从最初对扶贫漏斗现象的思考入手，不断试错，希望找出解决乡村贫困问题的有效方法。"（第vi页）社会组织参与作为外部干预力量，一方面积极融入国家总体的扶贫战略与社会发展格局，另一方面，通过实施各类项目激发乡村社会摆脱贫困的动力，因此也构成整个社会"脱贫攻坚精神"的组成部分。刘文奎著作通过记录中国扶贫基金会在不同村庄开展的产业扶贫项目的设计、实施与成败得失，直面社会组织介入乡村发展过程中面临的问题与困境，并从个案角度剖析其中的原因，以及面向未来可能的解决方案，为社会组织参与提供了相对完整的样本，其实践过程和书写本身就具有重要意义。

一　扶贫：公益下乡与项目进村

中国扶贫基金会成立于1989年，是在民政部注册、由农业农村部主管的全国性社会组织，历经30多年的发展，已经成为中国扶贫与乡村发展领域规模最大、最具影响力的社会组织之一，其既拥有广泛的资源，也肩负着独特的使命和目标，其探索也具有重要的导向作用。最近10余年，中国扶贫基金会虽然经过体制改革，但是乡村扶贫与发展仍然是其"主业"，它自身的发展也伴随着国家扶贫战略和公益事业的演进（2022年6月，中国扶贫基金会已经更名为中国乡村发展基金会）。

回顾过去，我国走出了一条中国特色的扶贫发展道路，率先完成了联合国千年发展目标，使7亿多农村贫困人口成功脱贫。但是这条道路也经过了漫长的探索，尽管长期以来政府和社会各界实施的开发式扶贫，通过推动贫困地区的经济增长在一定程度上推进了中国大规模减贫进程，同时也减缓了区域差距的扩大趋势，但是扶贫项目的瞄准问题也比较突出，穷人没有从扶贫投资中平等受益（汪三贵，2008）。2001 年开始的新的农村扶贫战略将贫困的瞄准单元下沉到村，刘文奎及其团队也从过去的实践中注意到"扶贫村庄屡扶屡贫的根源在于资源投入不足"，从而形成"漏斗现象"，因此此后的项目都尝试以村庄为单位来实施（第 2 页），将有限的资源集中投放，以期探索贫困村的可持续发展，从而突破这种困境，于是有了书中所述的三个故事。

第一个是大凉山的社区综合发展项目。在该项目中，中国扶贫基金会作为外部公益力量，从"下乡"到最终项目"进村"落地，耗费了相当长的时间。其中，项目设计和论证等准备工作就用了 4 年时间，实施期 3 年，从 2000 年到 2007 年结束总共用了 7 年（第 11 页）。这与当时所处的环境和具备的条件有着密切的关系，正如刘文奎著作所总结的，该项目涉及面广而设计复杂，包含了项目执行、项目监测、技术支持等 3 条线、10 余家机构和团队（第 37 页），其中有境外非政府组织德国米索尔基金会的资金支持和技术咨询，其设计体现了当时国际反贫困前沿的理念，在项目全过程运用了参与式方法，项目使得各方受益，后期却面临着可持续性的大问题（第 58~59 页），核心在于不仅项目多目标策略导致资源分散，而且仍然以基础设施项目为主，聚焦贫困村生计可持续开发的项目投入较少，也未认识到关键问题在于经济发展和村庄的市场参与能力、群众自我发展能力（第 62~63 页），从而最终未能解决可持续性的问题。

第二个是民乐村项目，其是在汶川地震背景下实施的，面临着灾后重建与村庄发展的双重需求与目标，由此也增加了项目实施的难度，以及与各方沟通协调的成本，尤其是与村民灾后生活和生计恢复相关的住房重建、资金分配问题。而与之前不同的是，该项目中"基金会的参与既深入又全面：不仅掌握着灾后重建的部分捐赠资金，而且受政府委托，统筹主导全村灾后重建工作，有着很大的主导权"（第 111 页），因此基金会及其工作人员更大程度地卷入了村庄事务。好处之一是在实践中也不断印证了之前关于"村庄贫困根源"的若干认识和判断，并逐步明确了产业扶贫项目的方向，那就是"考虑引入现代企业机制，让农户通过企业运营学会合作的方法，由零散的小农生产转变成组织化的规模生产，参与市场竞争"（第 128 页），在操作层面上则是在项目中聚焦村庄产业发展，开启了合作经济的探索。尽管在民乐村的各种尝试最终都失败了，但却坚定了基金会关于"合作社是乡村可持续发展基石"的认识，吸取了"外来和尚"的局限、"操之过急"的代价等两大教训，做出了"转变村民观念是一大难点"等判断（第220～226页）。

在刘文奎看来，这也是开篇关于"漏斗"之问的答案，因此他关于民乐村项目的记述着墨甚多，占据了全书近半的篇幅。正是这些从各方角度和关系层面呈现的丰富细节，使得我们能够看到社会组织作为外部力量进入乡村，在"项目进村"的同时，伴随着"理念引入""资源输入"，不仅可能产生"利益关联"或引起"利益冲突"，也带来了基层社会与政府、农民与市场主体之间关系的微妙变化。通过民乐村项目虽然找到了解决问题的答案，但终究因为面临"信任问题""人才问题""市场风险"，并没有成功交上答卷。

二　振兴：市场导向与合作为基

实际上，从更大范围来看新的扶贫战略，虽然资源下沉到村，但仍然未能完全解决贫困户瞄准问题（李小云、徐进，2020），一些地方也出现了"不愿摘帽""越扶越贫"的现象，面临着扶贫项目和资金"使用效率"的追问。基于此，刚刚过去的"十三五"时期，精准扶贫成为党和政府贫困治理的指导思想，并围绕此构建整个反贫困的工作理念与机制。在精准扶贫战略指导下，2014年5月12日国务院扶贫开发领导小组等七部门联合制定的《建立精准扶贫工作机制实施方案》提出，"通过对贫困户和贫困村精准识别、精准帮扶、精准管理和精准考核，引导各类扶贫资源优化配置，实现扶贫到村到户，逐步构建精准扶贫工作长效机制，为科学扶贫奠定坚实基础"，也进行了最为广泛的政府和社会动员。相比之下，尽管社会组织参与并不占据规模上的优势，但是其由于灵活性和探索性，往往扮演着先导的角色，具有一定的参照价值。

在这个意义上，甘达村的项目也是对于"精准"和"效率"追问的回应。该项目与民乐村一样，也是在震后救灾与社区发展的双重目标之下，因此基金会不仅能很好地运用先前项目的经验，更好地指导村民组建和运营合作社，也有了"实事求是的政社合作"（第230页）、"州政府承诺帮忙'垄断'"（第239页）等支持，因而能看到政府在产业扶贫项目中扮演着更积极有为的角色，为合作社运营创造更好的外部环境。最终甘达村的项目，使得"集中较多资源在一个村庄做扶贫项目，通过综合施策培养村庄的自主能力，实现村庄的可持续发展，彻底堵住贫困的漏斗"（第265页）的设想变为现实。在回顾和对照三个项目之后，刘文奎著作进一步归纳如下关键点：以市场为导向、具有竞争力的产品、合作是基础、发挥村庄带头人的作用、村民参与等五大方面（第266~274页）。正如在对"深度贫困"的追问中，李小云将其概括为"现代性的缺乏"，也就是"发展"问题，因此他认为理论上难在于这些群体如何接近和把握现代性伦理，实践层面的成功案例一定是对接市场的，失败也是因为难于对接市场（李小云，2021：9）。毫无疑问，当下乡村发展的确离不开现代社会中的市场机制，其使得从传统的"资源输入"补缺式扶贫向"产业发展"驱动式振兴的转变变为现实。

这种转变在"百美村宿"和"善品公社"两个项目上得到了进一步的体现。正如刘文奎著作所指出的，它们的成功是"引入市场主体、合作共生"的胜利，采用社会企业的方式，主动把握市场机遇和消费需求推动产业发展，并且通过"将农民组织起来建立合作，以合作社为基础和平台对接市场，实现乡村资源的有效配置"（第343页），以及合作社的制度设计和电商平台的品牌运营，来解决"质量、规模和信任瓶颈"问题（第344页），从而实现了"小农户对接大市场"。

从深层来看，从过去的"扶贫"到当下的"振兴"，基于市场与社会之间的互嵌关系，理解其背后蕴含的社会意义也非常重要。因此两类话语的差异不仅表现了扶贫对象变化和乡村社会发展的客观现实，也隐含着"问题视角"与"优势视角"的价值取向、"治疗模式"与"发展性模式"的解决方式转换。在这种差异和转变背后，最有意义的或许是在总体性上，乡村不再完全代表所谓的与"现代性"对立的"传统"，而是有着丰富的经济、社会、生态资源或文化意义，愈发强调"乡村的主体性"，逐步重新界定城乡关系，从而以城乡互助和融合发展为最终目标。

因此，在乡村公益的场域，我们越来越多地看到基于城乡价值和关系嬗变的诸多表征，一场由城市到乡村的"反向运动"也渐次展开。正是在这个意义上，我们看到"一路走来，越来越多的合作社和农户的可持续发展能力得到提升，越来越多理性消费者期待着善品公社推出的新产品，越来越多的地方政府欢迎善品公社助力发展，越来越多电商平台积极提供寻求深度合作，而众多企业的捐赠支持、明星代言、媒体传播则一直是善品公社前行的力量"（第359页），这段话恰好也诠释了这类扶贫电商的运转，更多的还是基于市场之中蕴含的"社会性"基因，从而在组织形式上是社会企业的探索，也可以视为"社会经济"的一部分。

最后，乡村振兴战略的推进，为社会组织参与提供了更大的空间，也提出了新的要求。2021年6月《乡村振兴促进法》实施，当前乡村振兴战略已经走过"三步走"中的第一步，从探索起步阶段迈向2035年基本实现农业农村现代化、2050年全面实现现代化的中长期战略规划。而在当前的五年过渡期内，一方面要巩固脱贫攻坚的成果，尤其是避免深度贫困地区返贫；另一方面要保持现有主要帮扶政策总体稳定，并与乡村振兴的政策相衔接。这不仅标志着我国反贫困战略的重心转向"相对贫困问题"，也意味着推动城乡融合发展、实现农业农村现代化还有很长的路要走。

目前我国常住人口城镇化率已达到60%以上，处于城镇化较快发展阶段的中后期，城乡之间在公共服务、基础设施、产业发展、居民收入等方面存在一定的差距，且自然灾害、重大疾病、环境污染等风险，仍然是农村人口更易陷入贫困的重要原因。从长远来看，健全的社会保障制度和社会支持体系，将是政府和社会共同应对大规模返贫风险的重要基础，也是实现从小康社会走向共同富裕的必然要求。社会组织在实现乡村产业兴旺、生态宜居、乡风文明、治理有效、生活富裕等方面，可以分别从经济、社会、文化、教育、心态和环境等维度切入乡村建设与发展。当然，这些方面实际上是相互关联的，更要注重政策系统性和政社协同性。因此，一方面，社会组织参与与当前政府诸多关于民生保障和公共服务领域的政策密切关联；另一方面，支持、培育和发展社会组织尤其是服务农村发展的社会组织，是建立健全现代乡村社会治理体系、提升治理能力，推动新时代乡村全面振兴的重要路径。在这个意义上，"补缺型"与"发展型"的乡村公益同样重要，推动农民之间的合作、政社之间的协同，才能更好地激发乡村社会发展的内生动力。因此也迫切需要社会组织在实施项目和解决问题的过程中，不断总结和反思项目中的失败与成功经验，开展自身能力建设。

三　余论：行动者视角书写的意义

从更大范围来看，中国扶贫基金会的实践是我国公益事业发展历程中的一个缩影，伴随着改革开放，我国社会组织已经走过了40余年，回应了扶贫发展、性别平等、环境保护等社会需求和各类议题，通过提供直接服务、动员公众参与以及进行政策倡导，扮演着社会潜在的"变革推动者"的角色（格林，2018：3）。在这个过程中，不仅一批相对成熟的组织发展起来，而且随着自身能力建设和专业化程度的加强和提升，涌现了许多优秀的项目，在各个服务领域和人群中都发挥着重要作用，产生了很好的社会效应。

与此同时，这也是社会组织从业者自身获得成长和发展，探寻生命意义和价值认同，进而安身立命的事业。在这个过程中，这些从业者既针对机构着力的社会议题进行公益产品开发、服务项目设计，也对所在机构或行业领域的项目进行评估、总结和反思，在这个过程中不仅要面对各种挫折和失败，也在思考中生成独特的经验和启示。因此这些公益行业中具有反思意识的行动者，他们为解决问题而进行的思考和探索，本身就是研究和知识生产的过程，这类实践智慧也理应给予足够重视。

长期以来，对于社会组织行动的研究和书写主要来自外部，大多由高校和科研院所的研究者完成，他们承担政府科研项目或是接受基金会委托，撰写学术论文、政策研究或项目评估报告，这些产出有其研究立场、描述视角、解读方法和呈现方式，也对公益领域的学术进展、政策创制和行业发展产生重要影响。

公益行业自身进行的知识生产有别于这类传统的主流科学研究活动，可以视为一类基于行动者的行动研究。在行动研究领域有着重要影响力的研究者和实践者欧内斯特·斯特林格曾经指出：行动研究是一种协同探究或考察的方法，为人们解决特定问题采取系统化行动提供一种手段。其基本模式是提供一种简单有力的框架——观察、思考、行动，让人们能够用直截了当的方式着手研究，并且随着问题复杂性的增加制订出更细致的计划（斯特林格，2017：9）。当然，刘文奎著作并非这类规范意义上的行动研究，但是它符合这类研究方式的基本特征。

一般来说，机构负责人或是一线工作者往往忙于直接服务或是管理工作，因此基于社会组织及其行动者视角的书写少之又少，刘文奎著作为此提供了一份样本。一方面，它不仅是基于项目的经验总结和模式提炼，也没有回避实践中面临的困惑和遭遇的失败；另一方面，它的叙述是以作者的亲身参与为主线，但是也引述了项目同事、服务对象、评估专家，乃至合作伙伴的记述，力求一种客观真实的行动记录、多元主体的话语呈现，给读者相对完整地展现了一家社会组织参与扶贫的过程，以及机构负责人和工作人员的思考。

当然，从该书论述的完整性来看，其也还有不足之处，主要体现在全书结构和内容布局上，如果说刘文奎著作将中国扶贫基金会这场延续20余年的实验分为四个阶段的话，这四个部分的讲述应该是相对均衡的，但作者将主要篇幅放在了前三个项目上，尤其是民乐村和甘达村项目，侧重它们之于"模式探索"的过程性价值。尽管如此，这两个项目实施过程的特殊性也值得注意，如都是救灾和灾后重建背景下实施的救援类项目，且两地的资源相对有限，就项目本身而言既有成效突出之处，也有失败的经验。由此，如果说关于三个村庄的项目是"点"的话，那么后面的发展实现了"从点到面"，因为"百美村宿""善品公社"的项目规模、组织形式和合作方式都相对更加成熟，不仅覆盖了若干村庄和区域，也相继成立了社会企业，有了市场主体和地方政府的参与，并与目前的电商经济相结合，充分发挥网络平台等信息技术的作用，不仅项目的影响和成效更大，一定程度上也代表着未来的发展方向。正如刘文奎在序言中所指出的："这两个项目引入市场主体与村庄合作，大大提高了乡村产业发展项目的成功率……且这个阶段资料最为丰富。"（第ix页）但遗憾的是，全篇重模式探索的"过程"，对于模式结出的"硕果"却描述和探讨相对较少。

进一步来说，刘文奎著作侧重"讲故事"的同时，夹叙夹议，边提问题，边给出答案，也触及了许多社会组织参与面临的重要问题，但是对此展开的讨论却不够充分。其一是该著作主要从若干项目的实施出发，较少涉及基金会内部管理与组织运行情况，为此搭配阅读该机构编写的《中国扶贫基金会改革发展简史（1989～2015）》《中国扶贫基金会经典案例》，或能更好地从中观的组织视角理解项目的实施过程及其价值。其二是全篇缺少总结性的讨论，来回应这样一家致力于乡村发展的全国性社会组织，在实践过程中面临的关键问题，阐述其对于未来社会组织参与的展望，从而为其他社会组织带来更多的启示。尽管对于单本著作来说，这些评述有些苛求，但是在此指明意在强调这正是实务界和学术界需要共同思考的问题。

在中央强调"脱贫攻坚与乡村振兴的有效衔接"，接续精准扶贫工作，从中央到地方各级民政和乡村振兴部门共同推动社会组织广泛参与的背景下，目前包括中国扶贫基金会在内的社会组织开展的探索，本身就构成了"有效衔接"议题中的一部分（叶敬忠、陈诺，2021），值得实务界和学术界共同追踪和研究，也是开展政策倡导的一种重要形式。由此，中国扶贫基金会可以将项目实践更多地开放出来，即可以探索和推动多方协同的行动研究，让机构领导者、项目管理人员和一线工作者都参与进来，产出形式更多元和内容更丰富的成果。

最后，近年来确有一些社会组织或将研究倡导作为使命和目标之一，或将行动研究作为工作手法之一，抑或两者兼而有之，大致可以归为以下三种情形：一是专门进行研究咨询的智库类社会组织；二是在某个领域发展相对成熟的社会组织，通过经验总结、模式提炼，扮演着推动行业发展的支持性组织角色；三是基于组织类型或是议题领域的结合，形成社会组织的学习与研究网络。这既是现阶段社会组织自身能力建设的内在需求，也是行业内资助型基金会等机构引导的结果，构成了广义上公益行业基础设施建设的一部分。

概而言之，这类研究和书写可能在两个面向上发挥作用：一是检视机构的项目和发展，推动团队内部的交流与成长，既实现自我增能，也增强组织凝聚力和对公益事业的认同感；二是推动行业内的经验总结和知识沉淀，用于开展政策和公众倡导，扩大项目与机构影响力，从而产生更大的社会效应。为此我们期待更多如刘文奎著作这样基于实践的书写，贡献于整个公益行业的不断创新与持续发展。

参考文献

〔英〕邓肯·格林（2018）：《变革如何发生》，王晓毅等译，北京：社会科学文献出版社。

李小云（2021）：《贫困的终结》，北京：中信出版集团。

李小云、徐进（2020）：《消除贫困：中国扶贫新实践的社会学研究》，《社会学研究》，第 6 期。

刘文奎（2021）：《乡村振兴与可持续发展之路》，北京：商务印书馆。

〔美〕欧内斯特·斯特林格（2017）：《行动研究：协作型问题解决方案》，郭蔚欣译，北京：北京师范大学出版社。

汪三贵（2008）：《在发展中战胜贫困——对中国 30 年大规模减贫经验的总结与评价》，《管理世界》，第 11 期。

叶敬忠、陈诺（2021）：《脱贫攻坚与乡村振兴的有效衔接：顶层谋划、基层实践与学理诠释》，《中国农业大学学报》（社会科学版），第 5 期。

The Practice and Writing of Social Organizations Participating in Rural Revitalization

—Review of *A Way Toward Rural Vitalization and Sustainable Development*

Xing Yuzhou

NP

[**Abstract**] The participation of social organizations in rural poverty alleviation and development is an important part of winning the battle against poverty and implementing the strategy of rural revitalization in China, but there are few comprehensive and detailed accounts from the perspective of social organization leaders. *A way toward rural revitalization and sustainable development*, written and published by Liu Wenkui, then Secretary General of the China Foundation for Poverty Alleviation, shows the vivid practice of participating in rural industry poverty alleviation and sustainable development over the past 20 years through the description of several project stories. On the one hand, we can see the participation of social organizations, from the traditional "resource input" poverty alleviation to the "industrial development" driven revitalization, And the value and significance behind it; On the other hand, this reflection and writing based on the perspective of social organization leader can be regarded as an important form for them to carry out its own research and knowledge production. Both of them have important implications for thinking about how social organizations can better participate in rural revitalization and carry out their own capacity building.

[**Keywords**] Social Organization; Poverty Alleviation; Rural Vitalization; Action Research

责任编辑：俞祖成

社会组织参与乡村振兴的实践与书写

编辑手记

　　本卷录用的文章主题丰富，亦可谓分散。不过本卷的编辑定稿时值《慈善法》初次修订草案提请全国人大常委会审议，我们且将本卷主题选定为"公益慈善"，并集结几篇公益慈善相关的论文为主题文章。

　　三篇主题文章中，景燕春、朱健刚两位老师以旅港善堂——顺德绵远堂为例，探讨了华人传统善堂如何得以延续和发展，这篇文章不仅呈现了传统善堂深厚的文化基因，更重要的是，呈现了传统慈善组织现代化转型的过程。同时，绵远堂持续推动的海外移民与家乡的互动模式，实则对内地城市化背景下依托慈善活动来重新链接跨越边界的"乡情网络"、带动"城里家乡人"支持家乡发展具有重要启发意义。另外两篇文章则都涉及"现代"互联网背景下的慈善，其中赵文聘老师团队以乐捐平台上的月捐项目为例，探讨了互联网公益背景下非常前沿的组织间"共同创新"机制；周如南老师团队的文章从传播的角度，通过实验的方法探讨了公益传播中的证据类型和目标框架对网络捐赠意愿的影响。此外，本卷还有邵钢锋老师关于民国时期旅沪浙商参与宁波、绍兴地区公共医疗慈善建设的案例文章，也很有趣，与前述顺德绵远堂的故事正好可以比较起来看，如何从历史情景中看到当代社会的变与不变，以及城乡关系变迁背景下中国慈善未来可能的发展样态，值得深思。在"观察与思考"栏目中，三篇文章分别论及区块链如何助力慈善公信力建设、INGO 跨国公益运作以及公益慈善共同体，也值得学者和实践者探讨、争鸣。在"研究参考"栏目中，几位年轻学者对当下企业履行社会责任中兴起的 ESG 实践进行了系统文献综述，并提出整合性的研究框架，供关注企业慈善的学人参考。

本卷其他文章则涉及社会组织研究的不同面向，包括社会组织的生成、社会组织越轨现象、非营利组织创始人领导风格、非营利组织员工职业倦怠、非营利组织合作等。从这些选题可以看出，当前的非营利组织研究已经从过去主要关注非营利组织的制度环境，拓展到关注非营利组织自身的管理和领导力了。

写到这里，再想到本卷主题"公益慈善"和本刊刊名"中国非营利评论"的关系，不禁感慨中国非营利研究领域的话语变迁。中国非营利研究在研究对象上从早期政社关系、民间组织、社会组织、非营利组织拓展到了如今的公益慈善、社会企业、社会创业乃至企业社会价值创新，很显然经历了从组织层面向行为、文化层面的拓展；在理论基础或价值取向上经历了从市民社会、第三部门向公益慈善、社会治理、第三次分配等方面的话语转换；涉入这一领域的学人学科背景也从公共管理拓展到更广泛的工商管理、社会工作、历史学等，或者可以说中国非营利研究的视角远远超出传统的管理学视角，呈现出政治学、社会学、经济学以及人文视角相融合的综合样态，乃至一个涉及慈善制度、慈善组织、慈善行为、慈善文化各个层面的"慈善学"交叉学科呼之欲出。然而在这一研究领域日趋多元和丰富的同时，学者内心似乎也日趋分化与撕裂：我们如何在理论上对话？我们是否存在一个学术共同体？我们如何建构自身的学科身份？甚或我们是否有必要追求一个独立的"学科身份"或"学术共同体"？也即"公益慈善"研究是要建构一个单独的学科呢，还是塑造一个面向共同实践场域，但各自保持学科视角的多中心结构呢？

以上问题还没有答案，供读者、学人们探讨，也需要每一位学者做出选择。就《中国非营利评论》来说，我们保持开放的态度，吸纳多学科的视角，但也期待来稿的学者一方面要关注与各自学科既有理论的对话，另一方面也从本刊的跨学科视角中汲取灵感。

稿　约

1. 《中国非营利评论》是有关中国非营利事业和社会组织研究的专业学术出版物，分为中文刊和英文刊，均为每年出版两卷。《中国非营利评论》秉持学术宗旨，采用专家匿名审稿制度，评审标准仅以学术价值为依据，鼓励创新。

2. 《中国非营利评论》设"论文""案例""研究参考""书评""观察与思考"等栏目，刊登多种体裁的学术作品。

3. 根据国内外权威学术刊物的惯例，《中国非营利评论》要求来稿必须符合学术规范，在理论上有所创新，或在资料的收集和分析上有所贡献；书评以评论为主，其中所涉及的著作内容简介不超过全文篇幅的 1/4，所选著作以近年出版的本领域重要著作为佳。

4. 来稿切勿一稿数投。因经费和人力有限，恕不退稿，投稿一个月内作者会收到评审意见。

5. 来稿须为作者本人的研究成果。作者应保证对其作品具有著作权并不侵犯其他个人或组织的著作权。译作者应保证译本未侵犯原作者或出版者的任何可能的权利，并在可能的损害产生时自行承担损害赔偿责任。

6. 《中国非营利评论》热诚欢迎国内外学者将已经出版的论著赠予本集刊编辑部，备"书评"栏目之用，营造健康、前沿的学术研讨氛围。

7. 《中国非营利评论》英文刊（*The China Nonprofit Review*）是 Brill 出版集团在全球出版发行的标准国际刊号期刊，已被收录入 ESCI（Emerging Sources

Citation Index）。英文刊接受英文投稿，经由独立匿名评审后采用；同时精选中文刊的部分文章，经作者同意后由编辑部组织翻译采用。

8. 作者投稿时，电子稿件请发至：chinanporev@163.com（中文投稿），nporeviewe@gmail.com（英文投稿）。

9.《中国非营利评论》鼓励学术创新、探讨和争鸣，所刊文章不代表本刊编辑部立场，未经授权，不得转载、翻译。

10.《中国非营利评论》已被中国期刊网、中文科技期刊网、万方数据库、龙源期刊网等收录，为适应我国信息化建设的需要，实现刊物编辑和出版工作的网络化，扩大本刊与作者知识信息交流渠道，在本刊公开发表的作品，视同为作者同意通过本刊将其作品上传至上述网站。作者如不同意作品被收录，请在来稿时向本刊声明。但在本刊所发文章的观点均属作者个人观点，不代表本刊立场。本声明最终解释权归《中国非营利评论》编辑部所有。

由于经费所限，本刊不向作者支付稿酬，文章一经刊出，编辑部向作者寄赠当期刊物 2 本。

来稿体例

1. 各栏目内容和字数要求：

"论文"栏目发表中国非营利和社会组织领域的原创性研究，字数以8000~20000字为宜。

"案例"栏目刊登对非营利和社会组织实际运行的描述与分析性案例报告，字数以5000~15000字为宜。案例须包括以下内容：事实介绍、理论框架、运用理论框架对事实的分析。有关事实内容，要求准确具体。

"研究参考"栏目刊登国内外关于非营利相关主题的研究现状和前沿介绍、文献综述、学术信息等，字数为5000~15000字。

"书评"栏目评介重要的非营利研究著作，以5000~10000字为宜。

"观察与思考"栏目刊发非营利研究的随思随感、锐评杂论、会议与事件的评述等，字数以3000~8000字为宜。

2. 稿件第一页应包括如下信息：（1）文章标题；（2）作者姓名、单位、通信地址、邮编、电话与电子邮箱。

3. 稿件第二页应提供以下信息：（1）文章中、英文标题；（2）不超过400字的中文摘要；（3）2~5个中文关键词。书评、随笔无须提供中文摘要和关键词。

4. 稿件正文内各级标题按"一""（一）""1.""（1）"的层次设置，其中"1."以下（不包括"1."）层次标题不单占行，与正文连排。

5. 各类表、图等，均分别用阿拉伯数字连续编号，并注明图、表名称；图编号及名称置于图下端，表编号及名称置于表上端。

6. 本刊刊用的文稿，采用国际社会科学界通用的"页内注＋参考文献"方式。

基本要求：说明性注释采用当页脚注形式。注释序号用①②③……标识，每页单独排序。文献引用采用页内注，基本格式为年份制（**作者，年份：页码**），外国人名在页内注中只出现姓（容易混淆者除外），主编、编著、编译等字眼，译文作者、国别等字眼都无须在页内注里出现，但这些都必须在参考文献中注明。

文末列明相应参考文献，参考文献中外文分列（英、法、德等西语可并列，日语、俄语等应分列）。中文参考文献按照作者姓氏汉语拼音音序排列，外文参考文献按照作者姓氏首字母排序。基本格式为：

作者（书出版年份）：《书名》（版次），译者，卷数，出版地：出版社。
作者（文章发表年份）：《文章名》，《所刊载书刊名》，期数，刊载页码。
author（year），*book name*，edn.，trans.，Vol.，place：press name.
author（year），"article name"，Vol.（No.）*journal name*，pages.

图书在版编目（CIP）数据

中国非营利评论. 第三十卷，2022. No. 2 / 王名主
编. -- 北京：社会科学文献出版社，2023.2
ISBN 978 - 7 - 5228 - 1554 - 1

Ⅰ.①中… Ⅱ.①王… Ⅲ.①社会团体 - 中国 - 文集
Ⅳ.①C232 - 53

中国国家版本馆 CIP 数据核字（2023）第 048041 号

中国非营利评论（第三十卷）

主　　办 / 清华大学公益慈善研究院
主　　编 / 王　名

出 版 人 / 王利民
组稿编辑 / 刘骁军
责任编辑 / 易　卉
文稿编辑 / 侯婧怡
责任印制 / 王京美

出　　版 / 社会科学文献出版社·集刊分社（010）59367161
　　　　　　地址：北京市北三环中路甲 29 号院华龙大厦　邮编：100029
　　　　　　网址：www. ssap. com. cn
发　　行 / 社会科学文献出版社（010）59367028
印　　装 / 三河市龙林印务有限公司

规　　格 / 开　本：787mm × 1092mm　1/16
　　　　　　印　张：20.25　字　数：340 千字
版　　次 / 2023 年 2 月第 1 版　2023 年 2 月第 1 次印刷
书　　号 / ISBN 978 - 7 - 5228 - 1554 - 1
定　　价 / 128.00 元

读者服务电话：4008918866